Historia mínima de las ideas políticas en América Latina

拉丁美洲
政治思想简史

[阿根廷] 帕特里夏·富内斯————著
张贝贝————译

PATRICIA FUNES

华中科技大学出版社
http://press.hust.edu.cn
中国·武汉

湖北省版权局著作权合同登记 图字：17-2018-357 号

Original title: Historia mínima de las ideas políticas en América Latina
© El Colegio de México, A.C. 2014
All rights reserved
The simplified Chinese translation rights arranged through Rightol Media （本书中文简体版权经由锐拓传媒取得 Email:copyright@rightol.com）

图书在版编目（CIP）数据

拉丁美洲政治思想简史 /（阿根廷）帕特里夏·富内斯著；张贝贝译 . —— 武汉：华中科技大学出版社，2023.6
（拉丁美洲历史文化译丛）
ISBN 978-7-5680-9370-5

Ⅰ.①拉… Ⅱ.①帕… ②张… Ⅲ.①政治思想史—拉丁美洲 Ⅳ.① D097.3

中国国家版本馆 CIP 数据核字 (2023) 第 076756 号

拉丁美洲政治思想简史　　　　　　　　　　　　［阿根廷］帕特里夏·富内斯　著
Ladingmeizhou Zhengzhi Sixiang Jianshi
　　　　　　　　　　　　　　　　　　　　　　　张贝贝　译

策划编辑：亢博剑　刘晚成
责任编辑：刘　静
责任校对：李　琴
责任监印：朱　玢
装帧设计：璞茜设计

出版发行：华中科技大学出版社（中国·武汉）　　电　话：（027）81321913
　　　　　武汉市东湖新技术开发区华工科技园　　邮　编：430223
印　　刷：湖北新华印务有限公司
开　　本：880mm × 1230mm 1/32
印　　张：10.5
字　　数：211 千字
版　　次：2023 年 6 月第 1 版第 1 次印刷
定　　价：50.00 元

本书若有印装质量问题，请向出版社营销中心调换
全国免费服务热线：400-6679-118 竭诚为您服务
版权所有　侵权必究

| 宏观镜

编写一本涵括两个世纪历史的《拉丁美洲政治思想简史》是一项具有挑战性的工作。这项工作意味着作者必须考虑给未来的读者提供一个指南针。不过，鉴于航海图和指南针在空间和地理方面的局限性，仅有这两种工具或许是不够的。我们需要借助某种"宏观镜"的帮助，"宏观镜"是博尔赫斯想象出来的工具，它可以让我们看见普通视野容纳不了的巨大事物。梳理拉丁美洲这块对大多数人来说都称不上"温驯"的空间的漫长历史不失为一种挑战。我们不得不指出，这一行动覆盖了巨大的范围，免不了伴有选择、删削和危险，所以令人心生压力，但是，适量的风险和勇气是遍布本书的政治思想的固有特质。我们接下来将介绍这些政治思想，或许我们现在已经涉足其中了。

探讨拉丁美洲的事务是一件难事，仅是探讨拉丁美洲的存在本身就困难重重。无论是在评论界还是在社会科学界，对于拉丁美洲的边界、历史，甚至还有命运来说，都有一些顽强的捍卫者。他们斗志昂扬，并不逊色于那些抨击拉丁美洲这个集体之存在的批评家们。双方都用了一系列的理论来分析拉丁美洲，从使用身份性本质主义（地区本质主义、国家或民族本质主义）到机械套用经典理论（实证主义、马克思主义、功能主义、后现代主义），方法不一而足。每当我们试图去探究这些问题，特殊主义和普遍主义之间的紧张关系就显现出来，成为一个反复出现、时常被触碰的问题。本书则是邀请大家对这个问题进行探究。有一点是很明确的：从拉丁美洲独立之时直到今天，政治思想领域中一直存在着这一问题。很可能全世界都没有一个地方像拉丁美洲这样，它的政治思想源自地区层面，对特殊性和普遍性、原始性和复制性有一种近乎着魔的思考。同样的问题在历史长河中被反复提起（对该问题的回答也因时代要求和政权更迭而变化），而问题本身也在对拉丁美洲进行着界定。或许我们应该用这样的短语来描述它：缺乏现代性的现代化、复制品的独创性、对现代事物的做旧处理以及古代事物的现代化、不同而又协同的发展、交叉和重叠的时间。双重语义的混合表达，或者说，自相矛盾的表达才是理解拉丁美洲社会的通行证，因为这个社会丰富多样、百花齐放，极其不适合用既定或现有的阐释理论去分析。拉丁美洲的政治思想理论中经常出现诸如"次""亚""前"还有"后"这些词缀，例如，"欠发达""前资本主义""后新自由主义"等，这些有词缀的理论词汇一直被奉为圭臬。这本书的做法之一就是梳理拉丁美洲的政治思想，在写作过程中，每当陷入困境，作者都会跳出陈规，远离固有典范，"忘掉"那些前缀和后缀词。

本书旨在使用"宏观镜"这一工具分析和重建19和20世纪的拉丁美洲主流政治思想，"宏观镜"可以帮助我们纵观一段漫长历史中围绕几个争议话题展开的多种思想，而我们认为，这些话题恰恰构成了这段历史及其背后的意义。本书的创作基于不同思想之间的对话和辩论，因此思想的先后顺序会有所改变，并且会对思想进行分类。我们认为，在这两个世纪中，拉丁美洲的政治思想相对于现代思想和危机思想（这些思想在国家和革命中占主导地位，但并不是排他性的）处于等距状态。当我们说"两个世纪"的时候，我们会想到埃里克·霍布斯鲍姆（Eric Hobsbawm）的优秀理论：19世纪"长"，20世纪"短"。或许，他的理论所表达的意义已经不同了，但仍提醒着我们，21世纪的思想之路，其新颖性和惊奇性在20世纪末期就开始酝酿了，前面提到的坐标对21世纪的新颖性和惊奇性来说已不再有意义。

后现代性、超现代性、全球化和区域化改变了21世纪的思想风貌。针对这些情况所做的回应使政治思想发生了改变，例如，在不断被重新定义的政治民主领域，当我们讨论解决冲突的方式以及如何让公众共居这些问题的时候，我们的讨论内容不仅涉及选举包容、社会包容，还牵扯到差异包容。这是以前没有过的情况。尽管历史也是基于当下的问题写成的，但本书对问题的阐述将比历史上的固有理论更合理，因此也有其价值。

  这封普通的"旅行邀请信"背后并无创造理论或制定规范的野心，仅仅是将"宏观镜"加以调试。更重要的是，本书中的政治思想不能以先验论或决定论的方式去理解，不能把它们看作规范矩阵、生产方式、影响力的模式性反映，它们也不是脱离世界的独创性成果。政治思想并非凭空而生，它们是现实的影响者，同时也被所处的生产环境所影响。这里说的"现实"指的也就是时间。尽管本书是"简史"，我还是选择引用主流政治语言的一些段落，因为在这种思想交流的方式中，潜藏着历史性。以这种方式探讨这些政治思想，帮助我们重新认识它们——权且当作主流报纸头条并不存在。主流政治语言向来斩钉截铁、不容分辩，其目的包括说服人们、鼓励人们采取行动、抨击或支持某个政权，但主流政治语言从不用目的论或者因果关系去分析和解释自身。"宏观镜"旨在让那些过去看到的未来政治可能性、政治疑惑和政治想象显现出来，然后从当下（对于过去来说则是未来）的视角阅读和思考它们，不带怀旧情绪和说教意味，而是充满好奇地、综合地去梳理思考拉丁美洲政治思想。

目 录

1
国家主权和人民解放 　　　　　　　　001
革命的结束和秩序的开始： 　　　　　030
　　建立国家的思想
从革命到演变：秩序和进步 　　　　　062
国家独立的百年纪念日 　　　　　　　083
　　——寡头秩序的哀歌？

2
美洲的乌托邦——寻找和建立 　　　　105
思想的革命和革命思想 　　　　　　　118
反帝国主义和拉丁美洲主义 　　　　　141
民主的形容词 　　　　　　　　　　　161
在新秩序下： 　　　　　　　　　　　175
　　民族主义者、职团主义者和整合主义者
国家中心主义、民族主义和包容性 　　190
民众主义：一种或是多种？ 　　　　　212

3

拉丁美洲史诗：有趣的事情正在发生	223
革命和第三世界	235
发展和依赖	243
知识分子及其责任	255
铅色思想：南锥体武装部队的独裁统治	273
禁止思考拉丁美洲：思想的消失和恢复	291
智利不会忘记	304

文献说明　　　　　　　　　　　　　　313

-1-

国家主权和人民解放

> "法律的精神"难道不是指法律应该适合创造它的人民吗?
> ——西蒙·玻利瓦尔,《安古斯图拉讲话》,1819年

独立革命以及革命所激发的各种思想一直是自由主义、保守主义、民族主义或修正主义史学所偏爱的讨论对象。在极端情况下,有一些对于独立革命和思想的解释产生于19世纪后期民族主义激情的热潮中。在这些解释中,独立革命从第一次自我觉醒开始,从目的论角度来看就几乎是一件注定之事。还有一些解释把独立革命归结为基于宗主国的思想和矛盾而生的、缓慢的殖民秩序的瓦解、演变,对参与者、思想的革命性和反殖民性进行了删减或者避而不谈。

在资产阶级双重革命的世界背景下,一系列复杂的局势加速

了殖民秩序的瓦解。对拉丁美洲解放思想的重新审视之所以让人津津乐道，是因为两大过程交会到了一起：抨击、推翻旧政权，以及打破殖民协定。打破殖民协定的举措让欧洲宗主国的殖民地纷纷独立，主权、平等、自由之类的概念这才有了它们独有、特定的含义，然而这些含义仍旧在启蒙主义、契约主义、自由主义和现代普遍主义的范畴之中。这些意识形态的典范是从先前存在的思想中汲取的，正如何塞·路易斯·罗梅罗（José Luis Romero）之前指出的："殖民世界的现实经历孕育出了自发的思想，在这个世界中，人种融合以及文化移植创造了一个新的社会和一种崭新而独特的生活观念。"

我们拿圣多明各殖民地作为例子。在独立革命的一开始，"自由、平等与博爱"在大西洋两岸的含义十分不同。在这一法国最繁荣的殖民地（法国与其殖民地之间的贸易占法国经济总量的三分之二左右）的黑人奴隶们的眼中，自由原则并不涉及底层人民中最没有地位的群体：奴隶。在革命年代的法国，既有共和制的拥护者，又有君主制的支持者，既有革命者，又有旧政权的捍卫者，但同为法国人的他们联合起来，共同抵抗杜桑-卢维杜尔（Toussaint-Louverture）[①]领导的运动，后者宣布废除奴隶制（1801

[①] 杜桑·卢维杜尔，海地历史中最伟大的人物，海地革命领导者之一。（全书注释皆为译者注）

年），三年后，在让－雅克·德萨林（Jean-Jacques Dessalines）[①]的领导下，海地独立。"海地"源自印第安语，这一名字开启了它的新篇章。海地光怪陆离的历史，汇聚了各殖民地之间、殖民地自身以及海地民族的努力，以一种非常粗略的方式揭示了殖民地与其宗主国之间的差距和紧张关系，揭示了与殖民现实（其本身是多种多样的）的历史特殊性有关的人权解放意识和革命计划的普遍性之间的差距和紧张关系。1805年的海地宪法规定，所有海地人都将被视为"黑人"，因此，平等这一原则体现了第四代海地人的权利的独特性，这种特殊性是由两个世纪前的历史环境决定的，如今人们对它的反思也是热度不减。

海地革命的影响具有双重性。一方面，它在土生白人和伊比利亚半岛人中间散布了一种"极大的恐惧感"，因为在提艾拉斐尔莫地区[②]时不时会发生奴隶起义（事实上在新格拉纳达发生过）。另一方面，海地在反半岛战争的关键时刻提供了战略性的重要援助：佩蒂翁（Pétion）[③]在1816年的提艾拉斐尔莫战役中为西蒙·玻利瓦尔提供了步枪、火药、印刷机和人力。

---

① 让－雅克·德萨林，海地革命领袖，他被视为海地开国元勋。独立后称帝，加冕为雅克一世。
② 指欧洲殖民统治时期，南美洲北部和中美洲南部沿海地区。
③ 佩蒂翁，海地革命领袖，海地南部共和国的总统（1807—1818年）。

加勒比地区作为地理流通的中心和征服新大陆的起点，是独立革命开始和结束的地方。独立革命始于海地，终于古巴。两个事件相隔几乎一个世纪之久。

在18世纪末的西班牙殖民地，"我们的美洲"是第一个得到其他社会底层人群共识的词语。这个词语所包含和排除的内容、涉及的例外和细节，以及对这片大陆的不同命名，都是社会和新层面的政治思想的产物。不管创造这个词语的人是谁（众所周知，这一词语在18世纪末之前已使用过几次），我们都想在殖民秩序面临终结的政治思想背景下了解其含义。弗朗西斯科·德·米兰达（Francisco de Miranda）[1]在1806年的《群众宣言》中将这一名词进行了具象化，提出要脱离西班牙的殖民统治："有了这些帮助，我们可以很确定地说，这一天终于到来了，我们的美洲重新获得了主权独立，它的子女们可以向世界自由地表达他们丰富的情绪了。"同年，在殖民地的另一个边缘地带，在一座贫穷的城市（这座城市几乎可以说是拉普拉塔河西岸的一个村镇）中，当地居民临时自发组织起来，抗击当时已经占领城市的英国军队。从那时起，这些民兵"开始认识到自身的重要性和作为人民群众的力量。抗

---

[1] 弗朗西斯科·德·米兰达，委内瑞拉军事领导人、革命家。虽然他的西属美洲独立计划没有成功，但是他被认为是西蒙·玻利瓦尔革命的先驱者。

英战斗的结果令他们对自己有了信心，使所有人的心中充满了一种新的骑士精神，并让他们意识到他们不仅具有勇气，而且在人数方面也具有优势"，英国海军上尉亚历杭德罗·吉莱斯皮（Alejandro Gillespie）在1818年如是写道。

上文说的"子女们"便是胡安·巴勃罗·维斯卡多（Juan Pablo Viscardo）在1792年的《致美洲西班牙人的一封信》中提到的群体。这位秘鲁的耶稣会士，在新大陆被发现300周年之际，无比肯定地慷慨陈词："新世界是我们的家园，它的历史即我们的历史，因此我们必须审视我们的现状，从而采取必要的措施来维护我们的权利。"在这些措辞的基础上，独立运动的先驱者弗朗西斯科·德·米兰达提到了"我们的美洲"，给"祖国母亲"这一含义划出了一条边界，这一边界不甚稳固，但行之有效。

"美洲西班牙人""土生白人""美洲人"的说法，不仅对出生地进行了定义，而且在受税收和波旁王朝中央集权政策限制的社会分层中发挥了积极作用。洪堡在他的《关于新西班牙统治的政治评论》（1811年）中敏锐地观察到了这一事实："最落魄的欧洲人都认为自己要比那些在新大陆出生的白人优越。土生白人更喜欢被称作美洲人。1789年之后，他们经常自豪地说：'我不是西班牙人，我是美洲人。'"

"美洲"一词指的是不同的领土管辖区域或是象征性的范围，

其中掺杂了当地（城市或村庄）群体的身份，但不包括总督区（尤其是那些由波旁王朝建立的新总督区）。更多情况下，"美洲"一词指的是在殖民秩序瓦解的热潮中崛起的大陆，其中的人通常被称为"美洲民族"。在拿破仑入侵（1808年）西班牙引发宗主国权威危机之后，这个词还意味着土生白人拥有与伊比利亚半岛人民相同的权利。新格拉纳达出生的卡米洛·托雷斯（Camilo Torres），在1809年写的《伤害备忘录》中声称，土生白人"跟西班牙人别无二致，就像是佩拉约①的后裔一样"，也因此"配得上西班牙民族的荣誉、特权和优越感"。

"美洲民族"一词是独立革命新语言中的一部分。一方面，对于美洲的最高统帅米格尔·伊达尔戈（Miguel Hidalgo）②而言，革命是为了"美洲人"，而不是为了"印第安人、混血种人和高等阶级"，这种明显的革命姿态，破坏了殖民地结构的中心：等级分化、纳贡、缴税，尤其是土地。另一方面，何塞·玛利亚·莫雷洛斯（José María Morelos）③在《民族感情》（1813年）中坚称"美洲是自由的，独立于西班牙以及其他的国家、政府或君主统治"，

---

① 佩拉约，西班牙贵族，他建立了阿斯图里亚斯王国。
② 米格尔·伊达尔戈，墨西哥民族英雄，墨西哥独立之父。今日墨西哥的伊达尔戈州便是以其名命名的。
③ 何塞·玛利亚·莫雷洛斯，墨西哥革命家，墨西哥独立战争主要领导人之一。

这与新西班牙的《阿帕钦甘宪法》并不矛盾,后者强调了"墨西哥美洲"的独立,这一说法并不新颖,可以追溯到 1746 年。

在更为温和的《秘鲁计划》(1810 年)中,曼努埃尔·洛伦索·比道雷(Manuel Lorenzo Vidaurre)向"北部和南部的美洲人"发起号召。在智利革命者之间传播甚广的、匿名的《基督教政治要理问答》(1810 年),该文面向的群体是美洲人,文中明确地将其他国家与美洲分隔开来:"不论是法国人压迫你们,还是英国人统治你们,或是拉·卡尔洛塔(La Carlota)诱骗你们,抑或是葡萄牙人要你们俯首帖耳,你们的苦难都会是相同的。"

西蒙·何塞·安东尼奥·德·拉·桑迪西玛·特立尼达·玻利瓦尔·伊·庞泰·帕拉西奥斯·伊·布兰科①在著名的《一位南美洲人对此岛上一名绅士的回答》(1815 年,即《牙买加来信》)中表达了一种具有两重含义的新世界主义:其一是殖民统治体系已经老朽,不合时代潮流;其二是未来要建立起源、语言、习俗和宗教共同体的"美洲联盟"。他提出,巴拿马地峡之于美洲,就像科林斯地峡之于希腊。甚至在对国民议会委内瑞拉人民代表所做的《安戈斯图拉演说》(1819 年)中,玻利瓦尔也提出,有必要建立一个"共和国、王国和帝国的联盟"(这就是为什么他

---

① 即西蒙·玻利瓦尔。

之后邀请巴西加入联盟）。此外，玻利瓦尔确定了美洲在西方的一些坐标，他声称，美洲尽管并不是存在感全无，但仍有待建造："美洲人因其出生而成为美洲人，欧洲人因其享有的权利而成为欧洲人。我们现在面临的冲突，一方面是要与本地人争夺财产所有权，另一方面是要在我们出生的国家站稳脚跟，抵抗侵略者，因此我们的情况是最特殊和最复杂的。"对这种特殊性要求的考虑根植于美洲现实的政府形式。玻利瓦尔在1818年致布宜诺斯艾利斯政府最高领导人胡安·马丁·德·普埃伊瑞东（Juan Martín de Pueyrredón）的信中提到了一种政府形式，即"联邦式联盟"，它将是"各民族之君主，共和国之母"。

因此，这种"美洲主义"在当时充满了政治色彩。有时候，"美洲人"一词在一些演说、布告和宣传中可以用"爱国者""共和党人"，甚至"公民"来代替。"美洲人"这一定义在1817年的《伯南布哥共和国政府宣言》中出现，却没有在1822年8月1日的《巴西帝国宣言》中出现，这并不是巧合。第一份宣言中写着："祖国是我们共同的母亲，你们是她的孩子，你们是英勇的葡萄牙人的后代，你们是葡萄牙人，你们是美洲人，你们是巴西人，你们是伯南布哥人。"在第二份宣言中，巴西帝国的皇帝佩德罗·德·阿尔坎塔拉（Pedro de Alcántara）将分布在各个区域的子民（海湾人、矿工、伯南布哥人、塞阿腊人等）称为巴西人。

杜桑·卢维杜尔、米格尔·伊达尔戈、何塞·玛丽亚·莫雷洛斯和何塞·赫瓦西奥·阿蒂加斯（José Gervasio de Artigas）[①]将独立运动的社会深度扩展到极限（触及黑人奴隶、农民、农村杂工等群体）。然而，反对伊比利亚半岛殖民统治的土生白人主要包括白人、庄园主、母语为西班牙语或葡萄牙语的人。在解放运动进程的第一阶段（1808—1815年），自由派在将其奉行的普遍主义原则的合法性植根于历史的时候，遇到了不少问题。实现公民权利、政治权利以及建立共和国既是令人鼓舞的起点，又是最后要抵达的终点。然而，拉丁美洲社会在实现这些目标的过程中，也不乏阻力。所有人都知道被否认的过去是什么样的：四个世纪的"黑暗与宗主国的专制"。这种"被否认的过去"，与历史上其他的类似时期一样，都试图将自己定位在某种连续性中，从未停止向本土的、具有特殊性的历史寻求援助。例如，何塞·德·圣·马丁（José de San Martín）[②]所在的共济会会馆名叫"劳塔罗（Lautaro）"。此人是16世纪抗击西班牙征服者的阿劳尼亚印第安人酋长，他有着优秀的军事才能，该共济会正是为

[①] 何塞·赫瓦西奥·阿蒂加斯，乌拉圭独立运动领袖。
[②] 何塞·德·圣·马丁，阿根廷将军、南美洲思想家、政治家、南美西班牙殖民地独立战争的领袖之一。他将南美洲南部从西班牙的统治中解放出来，与西蒙·玻利瓦尔一道被誉为美洲的解放者，被视为国家英雄。

纪念他而建。一方面，在1816年的拉普拉塔国民会议中，建立印加君主立宪制这一设想被提出；另一方面，革命新闻界中最激进的一份报纸将最后一位印加皇帝和被拿破仑军队赶走的波旁国王费尔南多七世相提并论。贝尔纳多·德·蒙特亚古多（Bernardo de Monteagudo）在他的《阿塔瓦尔帕与费尔南多七世在天堂的对话》（1809年）中，写了两位国王之间的对话，这两位国王的共同点是，他们都被外国势力夺走了王位。在文中，阿塔瓦尔帕要求费尔南多七世将美洲的现状与300年前的美洲进行比较。但阿塔瓦尔帕和蒙特亚古多试图为印第安人和土生白人建立一种共同身份，以此将与"美洲西班牙人"有关的《伤害备忘录》和殖民统治分离开来。

在推翻西班牙的殖民统治时，如何对待美洲印第安人是一个棘手的问题。我们指的不仅是独立战争中的行动，还指先前对土生白人（也叫作"美洲西班牙人"）和"半岛人""哥特佬"或"西班牙移民"进行区分的运动。对于前者来说，这种区分只能把"美洲的"环境考虑在内。在这种环境中，仅仅从数量来看，"本土的"即"印第安的"。例如，墨西哥土生白人的"民族主义"表现为高度赞颂阿兹特克历史、无限崇拜瓜达卢佩圣母、谩骂西班牙的征服者。严格地说，印第安人以象征性的方式存在于与墨西哥民族性起源有关的故事中。

除了抵抗西班牙之外，还有另一事实促成了这种自我肯定：墨西哥的启蒙思想是伴随着18世纪后期来美洲旅居的科学家的分析而产生的。黑格尔从哲学的角度出发，认为美洲是一块没有历史的大陆，这里的动物是不成熟的：美洲的狮子、老虎和鳄鱼在形态上比旧世界中的同类动物更为弱小和无力；美洲的可食用动物含有的营养更少。布封伯爵、科尼利厄斯·德·波（Cornelius de Pauw）、纪尧姆·雷纳尔（Guillaume Raynal）和威廉·罗伯逊（William Robertson）等旅行家和科学家指出了美洲的自然、环境、人口和地理方面的"缺陷"。驳斥这些言论的论战进一步强化了西班牙语美洲土生白人对自我的身份认定，并且对土著文明有必要的恢复作用，或者至少可以说论战重现了土著文明辉煌的历史。正如大卫·布雷丁（David Brading）早前指出的那样，这场论战涉及美洲的多名知识分子。托马斯·杰斐逊（Thomas Jefferson）汇编了美洲物种的名单，他用精确的数据来驳斥布封的观点。本杰明·富兰克林（Benjamin Franklin）在巴黎与雷纳尔一起吃晚饭的时候，用经验论的方式证明，当时所有的美洲人在身高方面都要胜于同时代的法国人。

或许最重要的贡献来自新西班牙耶稣会士弗朗西斯科·哈维尔·克拉维耶罗（Francisco Javier Clavijero），他反对布封和德·波的"诽谤"，驳斥了他们错误的假想。作为后两者的对立面，他主张印第安人平等，以一种非常理想的风格，将阿兹特克文明描述得如同史诗,并将其与其他文化演变程度相近的文明进行了比较。然而,克拉维耶罗的故事止于特诺奇蒂特兰的陷落,因此他的论述脱离了困难重重的征服历史。在建构替代西班牙的相关传统和故事时,《墨西哥古代史》可以说受到了印卡·加西拉索(Inca Garcilaso)所著的《印加王室述评》的影响。另一个重要的贡献来自塞尔万多·特雷莎·德·米尔(Servando Teresa de Mier)修士,他的理论是,圣托马斯将美洲变成了基督教社会,让西班牙征服有了一个合法化的支柱:传福音。

安第斯地区的"美洲西班牙人"的情况则有所不同。大卫·布雷丁指出,在秘鲁总督辖区,当地仍然顽固地存在着活跃的酋长阶层和印第安贵族,这些力量阻碍了低层神职人员的政治领导。这一点在18世纪末的安第斯起义中得到了很好的体现,图帕克·阿马鲁(Tupac Amaru)和图帕克·卡塔里(Tupac Katari)发起起义依靠的是印加帝国的文化和宗教合法性,还有《印加王室述评》的影响力。

有关"秘鲁起义"的残酷记忆让秘鲁的土生白人和印第安人之间产生了龃龉,它警告人们:如果西班牙入侵美洲之前的美洲历史充满了活力——尤其是这种历史还具有反动性的话,那么承认这种历史就是危险的。耶稣会士胡安·巴勃罗·维斯卡尔多(Juan Pablo Viscardo)是捍卫土生白人权利的代表人物,他在为美洲人辩护的时候，明显删去了印第安历史的积极内容。

在安第斯地区，对图帕克·阿马鲁和图帕克·卡塔里领导的秘鲁起义的残酷镇压，导致利马的土生白人害怕且不愿意与西班牙决裂，印第安群体也不情愿加入独立军队。

甚至面对美洲最大的两支革命军（先是圣·马丁，后来是玻利瓦尔－苏克雷所领导）时，利马的土生白人尽管在思想上受到了废除奴役和奴隶制的解放原则的触动，但他们对印第安群体实行的政策基本不会切断与殖民统治之间的依赖关系。一个很好的例子就是秘鲁印第安人的贡赋。1821 年，何塞·德·圣·马丁通过法令废除了"印第安"一词，因为"他们是秘鲁的子女和公民，他们应当以秘鲁人的身份被承认"，同时也宣布取消印第安人贡赋。三年后，西蒙·玻利瓦尔再次宣布取消秘鲁印第安人的贡赋。但是，经济凌驾于法律，印第安人赋税制度一直存在，直到 19 世纪 50 年代，秘鲁的鸟粪收入取代了印第安人赋税，填充了秘鲁空虚的国库。

紧张关系和磋商不单单出现在意识和实践领域。政治思想本身就充斥着不同的观点。在一片正处于由旧政权向现代社会过渡的土地上，独立运动的中心思想和指导思想经常会呈现这样的面貌：权力的合法性及性质的解释不止一种，包括各类参考（英国模式、法国模式、美国模式、加的斯民主宪政模式）。宗主国内部的战争、宗主国之间的战争以及宗主国和殖民地之间的战争带来了挑战，也带来了各种各样的、杂糅的解释。

1808年，拿破仑·波拿巴（Napoleón Bonaparte）用他的武器和思想入侵了伊比利亚半岛。卡洛斯四世退位，立其子费尔南多七世为王，后者被扣留在法国巴约纳。拿破仑立他的长兄为王。西班牙民族（或者说各个民族）发动武装起义，抗击侵略者。人们被想要维护君主专制（包括其专制主义性质）的真情实感所驱动，但有时人们又试图找到反君主专制以及实现自由主义的解决方案。不管怎么做，人们的出发点都是"国家"，"国家"这一词已经被镌刻上各个群体所给的定义。从那时开始，一系列带有极大特殊性的事件爆发了。正如弗朗西斯科·普里莫·德·维尔达（Francisco Primo de Verdad）在《追忆录》（1808年）中明确表述的那样："这是一段真实而罕见的空白期……因为我们的君主离开了王位……他的合法权威被剥夺了……谁又能代表这种权威呢？"

在葡萄牙，布拉甘萨王朝做出了一个殖民历史上独一无二的大胆决定：将王室迁移到殖民地。在短短几个月内，布拉甘萨王室就决意开始这次旅途，组织了随从人员，将挂毯、瓷器和整个科英布拉的图书装到船上，由皇家海军护送着，从里斯本到了里约热内卢。若昂六世国王不得不将巴西的等级提高到王国的高度。要知道，巴西在独立之后还维持着君主专制和殖民奴隶制，同时保证了领土的统一，避免了地区分裂。这与之前西班牙殖民地的情况截然不同。

在西班牙，一场以"西班牙民族"为旗帜的议会运动开展起来。自1809年开始，美洲也开展了同旗帜的运动。然而，两场运动并没有走相同的路子，不存在一方模仿另一方的情况，两场运动也没有协同进行。

谁能使权力合法化？当国王被扣留在巴约纳时，他应该将权力交给哪个人或哪些人？面对这些问题，不管是在伊比利亚半岛，还是在殖民地，人们都有不止一种回答。君主应当是一个还是多个？殖民地和宗主国是否处于平等地位？还有一个问题：国家主权的所有者应当是一个民族还是多个民族？这个问题引发了既古老又现代的争论。

与民权性质、旧政权机构的逻辑及其特权、法律和阶层有关的传统（经院哲学派，或与此相比更加世俗的一派，抑或是自然法派），凌驾于新近从自由主义和革命主义中吸取的内容，后者的基础是建立在个体契约之上的人民主权。例如，面对王权的缺席，苏亚雷斯（Suárez）[①]的理论（因为一系列紧急情况而得以恢复）就派上了用场：在特殊情况下，向来神圣的国家主权可以从君主

---

① 应该是弗朗西斯科·苏亚雷斯，西班牙耶稣会神父、哲学家、神学家，萨拉曼卡学派主要人物之一，被认为是继托马斯·阿奎纳之后最为重要的经院派哲学家，对后世哲学有重要影响。

的手中转移到人民的手中。相反，对于卢梭来说，主权是不可转让的。对于苏亚雷斯来说，主权是一种群体属性，而对于卢梭而言，主权建立在个体的契约之上。

以上的政治交叉口所催生的问题刻不容缓，又十分重要，这些问题的答案困境既紧迫又关键，这些困境催生出许多问题，它们的答案不止一个。西班牙帝国的公民如何看待自己的公民身份？一元论的君主专制——一个受神圣律法启发的"机构"共同体——如何转变为契约（建立在社会内部的、并非超验性的"普遍意志"原则之上的）的个人主义？根深蒂固的、绝对的君主专制观念（王权基于一种民族思想，而这种民族思想的化身是国王）如何转变成一种介导的、抽象的、现代的"代表"？

什么是民族？民族的定义可以与领土有关，与爱国情感有关，与出生地有关，与当地的、法定的和集体的财产有关。正如我们在美洲一些城市的声明中多次读到的那样，民族也可以是经删减或添加之后的财产所有者、居民的集合体，或是"民族中最好和最健全的那一部分"。

1808年和1809年被历史学家弗朗索瓦-格扎维埃·盖拉（François-Xavier Guerra）认为是"关键"的两年。在这两年里，很多上述所说的理论相互重叠、杂糅。另外，紧迫的战争催生了一种动力，加快了现实政治的决策速度。根据结果来看，这些决策在意识形态上具有合理性。

无论如何，不管是让主权回到君主手中，还是将主权托付给人民，这两种主张都具有临时性和不稳定性。法律和政治论战让人们从君主专制的根本契约出发，重新审视国王与臣民之间的关系，这种条约的起源可追溯到佩拉约或智者阿方索的时代。问题是，君主专制最初建立的条约中没有提到殖民地。对于土生白人革命精英来说，这个问题变成了机会。他们重新审视了殖民地与宗主国关系的所有属性，甚至审视了国王基本的"合法权利"。尽管自1815年开始，费尔南多七世就戴上了巴洛克式的面具，但殖民地与宗主国之间的关系已远远不如之前那样受到重视了。

苏亚雷斯理论、自然法思想、百科全书派思想和启蒙思想之间的关系在当代史学中得到了详尽的分析，对其的理解是，或许现代革命思想的光芒遮盖了很多更贴近西班牙自由主义特殊性的思想，而后一种思想很少被历史学家研究。在历史学层面的中心（或许并不是当时历史事件参与者的中心）存在着一个理论问题：一个等级森严的社群主义世界，如何接受那些基于英国和法国的革命概念（例如个人、所有者、自然人和公民）的现代思想。在"新世界"中，必须把这些身份都创造出来：所有者、个人、公民。土生白人精英阶层中的雅各宾派似乎已经对此跃跃欲试。查尔斯·黑尔（Charles Hale）在这场辩论之初就指出的"欧洲－大西洋自由主义",在新的历史著作中得到了特别的修正。除了那些我们在这里不能展开讲的争议之外,我们认为,问题的核心还涉及解放问题的特殊性,而这一问题在可预见的"传统－现代"方案中似乎找不到答案。在这间政治实验室中,掺入了君主专制的危机、带有革命性质的入侵外国力量,以及殖民地与宗主国关系的破裂,这些要素将解放思想体现得淋漓尽致。

旧的词汇适应了新的事物,新的词汇却在不断地远离其原有的含义。这些词汇现在已经从人们的记忆中淡去了,但在某些历史情境中,时间的脚步加快,土生白人革命精英迫切的政治需要让他们从革命和雅各宾派的词库中提取出词汇,来表达他们的渴望。尽管这种渴望或许是暂时性的,但这些词汇确实勾画出了他们的渴望。

拉丁美洲的图书馆中有法国、英国和西班牙的思想家们的身影,甚至还有那些宗教裁判所黑名单上的人物。他们的作品悄悄潜入英国商品中,很多时候是通过走私引入的。法国的伏尔泰、卢梭、孟德斯鸠、雷纳尔和西耶斯;英国的罗伯逊、伯克、洛克、霍布斯、边沁和米尔。13个英国殖民地的独立宣言,美国宪法,约翰·亚当斯(John Adams)、托马斯·杰斐逊(Thomas Jefferson)和乔治·华盛顿(George Washington)的讲话,还有汉密尔顿的联邦主义思想。重农论者、重商主义者和自由贸易论者的思想被援引作论据，以支持在特拉法尔加海战之后频繁的交流活动——尤其是在西班牙帝国的边缘地带。

反抗或捍卫王室的起义运动似乎与美洲土地上殖民地的历史分量有关。反抗宗主国的最激进的决裂运动中，费尔南多七世怎样保卫宗主国和祈求平安都无济于事。这一运动发生在外围行政区，以及波旁王朝刚刚创建的行政区内（新格拉纳达总督区和拉普拉塔总督区），这并不是一个巧合。

惯例和计划以折中的方式融合在一起。1810年5月22日，在布宜诺斯艾利斯的议会上，两个阵营对峙起来。总督的支持者们要求代表总督辖区的所有城市，也就是说，他们捍卫的是社群主义观念：主权应当交给人民（西班牙中央委员会就是这种情况）。雅各宾派的人——胡安·何塞·卡斯特利（Juan José Castelli）、马里亚诺·莫雷诺（Mariano Moreno）①——受到"人民"这一抽象的个体集合体的概念的鼓舞，捍卫了布宜诺斯艾利斯市议会的权力。正如吉纳维芙·韦尔多（Geneviève Verdo）所指出的那样，这里指的"人民"必须被自愿地"创造"出来，委员会似乎是旧政权社会的穹顶，独揽了完成政治现代化进程的权力。这种思想中掺杂了启蒙专制和法国革命精神。

---

① 马里亚诺·莫雷诺，阿根廷律师、记者、政治家，阿根廷独立运动领袖。

宗主国为了填补权力的空白而制定的政策，有时会导致上述方案得以深化。卡米洛·托雷斯（Camilo Torres）在我们之前讲到过的《伤痛备忘录》中拒绝承认美洲土地上的殖民地和工厂，认为它们是"西班牙君主专制的一个重要组成部分"。他指出，美洲议员的数量在西班牙中央委员会中少得可怜："每个总督区或者特别自治区选出一个议员，产生的差异如此显著，美洲议员数量占整体的比例是九比三十六。"通过这种方式，他揭露了君主专制权力和西班牙委员会制度的专横本质，并警告说："如果现在这场灾难没有使我们谨慎小心，那我们什么时候才会谨慎小心？等到我们面对不幸已经毫无办法的时候吗？等到厌倦了压迫的人们不想再承受桎梏的时候吗？"

在查尔卡斯，是时候"在这些不幸的、毫无来由就被侵占的、充满了极大不公和暴政的殖民地上举起自由的旗帜"了（《拉普拉塔宣言》，1809年）。同年，起义运动出现在美洲的拉巴斯和基多，次年在布宜诺斯艾利斯、波哥大、墨西哥、圣地亚哥和加拉加斯出现。人们不仅要求享有同等的政治决策权，还要求终止商业垄断。这种垄断减少了那些在市政会中没有职位、且不拥有特权的土生白人的经济发展机会。

正如马里亚诺·莫雷诺在《庄园主代表》中向总督巴尔塔萨·伊达尔戈·德·西斯内罗斯（Baltasar Hidalgo de Cisneros）指出的那

样:"正义要求我们享有与其他民族同等的贸易,我们和其他民族都是西班牙的组成部分。"并非巧合的是,在布宜诺斯艾利斯抗击英国入侵(1806—1807年)之后的政治局面中,巴尔塔萨·伊达尔戈·德·西斯内罗斯以总督的身份和两名英国商人抵达了布宜诺斯艾利斯。

这些力量滋养了一种自发的冲动,使西班牙君主专制制度在1812年不可避免地向着自由主义转变。"爱国之情"和"幸福感"(在那个时代,这些词表达的并不是情感,而是商品的生产和交换)指的是有效行使这些权利。对于智利爱国者卡米洛·亨利克斯(Camilo Henríquez)而言,祖国指的不是"脚下的土地,也不是山丘,也不是河流,也不是树木或房屋,而是人们聚集在对所有人都同等对待的政府和法律之下"("是爱国主义还是热爱祖国",《曙光》,1812年)。亨利克斯这一祖国的概念解释了卢梭的民族概念。对祖国的热爱与面对专制、追求自由的经历联系在了一起。什么是自由地生活?亨利克斯回答:"就是共和国内部的生活,所有人都在公共事业的管理中占据一定的位置,有着某些影响。这样做是为了把本国国民与外国人区分开来,是为了让法律在人们眼中成为公民自由的保证。"

解放性政治思想的一个突出特征——这一特征因其空前性和现代性而不得不对其进行改变——就是强烈坚持在人民主权基础

之上建立共和国政府。我们回想一下,在当时,除美国之外,没有一个共和国能站得住脚,随后的君主专制制度和专制政体的复辟也证实了这一点。在拉丁美洲,除了巴西[还有其他国家的一些短暂的历史,例如1822—1823年阿古斯汀·德·伊图尔维德(Agustín de Iturbide)在墨西哥建立的帝国,1804—1806年以及1811—1820年的海地帝国],共和国体制以一种"顽固"的热情被推行着。如果有人说拉丁美洲自由主义的具体体现是共和国,那么他的言论也不为过。正如希尔达·萨巴托(Hilda Sábato)指出的那样,复杂多样的西班牙语美洲国家同美国一起,在现代史上首次以持续和大规模的方式尝试建立共和国政府。

独立运动的第一阶段(1808—1815年)充斥着秘密的言论和激进的行动。在费尔南多七世回到西班牙之后,独立派和共和派达成了广泛共识。虽然赞同者众多,但反对者也不算少,有玻利瓦尔、圣马丁、贝尔格拉诺(Belgrano)、蒙特阿古多(Monteagudo)等。

受到非凡勇气的鼓舞,尽管政治局势动荡不安,委内瑞拉的加拉加斯、玛格丽塔、库马纳、巴里纳斯、巴塞罗那、梅里达和特鲁希略七省于1811年起草的第一部西班牙美洲宪法,使同年4月的独立宣言得到了合法化确认。七省建立了共和制和民主形式的政府,还在委内瑞拉几大省份之间订立了联邦协定。

正如埃德蒙多·奥戈曼（Edmundo O'Gorman）指出的那样，最初那些拥护共和制的人既真诚又痴迷于此，他们展开了密集的辩论，出版了大量的刊物，为的是"教化君主"。这些出版物带有雅各宾派风格，体现出了这些旨在改变秩序的政治思想的坚定和热情。

起义性质的政治宣传在整个地区遍地开花，带有诸如"唤醒人""曙光"和"启蒙者"等字眼的激进教育传播的是新的爱国信条的内容。面对最为人熟知的、可预见的君主立宪制形式，共和派不断强调共和国的含义，试图减轻人们对共和国政府的疑虑和恐惧。他们借助非常古老的大众教育手段，例如《爱国教义问答》，即一本简短的小册子，有问有答。这是天主教的做法，小册子中有很多世俗化的内容。通常，册子的编写者本身就是教士，进一步证实了他们经常使用这种方式进行大众教育。最早发行的小册子中有一本叫作"基督教政治教义问答——南美洲自由民族青年指导手册"，作者是何塞·阿莫尔·德·拉·帕特里亚（José Amor de la Patria）。1810年8月，这本册子出现在智利的圣地亚哥。还有一本是1813年由教士卡米洛·亨利克斯（Camilo Henríquez）编写的《爱国者教理问答》。1811年，在布宜诺斯艾利斯，印刷发行了一本《大众教理问答——爱国群体新信徒指导手册》。在新格拉纳达总督区，教士胡安·费尔南德斯·德·索托马约尔（Juan Fernández de Sotomayor）出版了《教理问答或大众指导手册》（1814年）。路易斯·德·门德萨瓦（Luis de Mendizábal）向墨西哥的阿古斯汀·德·伊图尔维德献上《独立运动教义问答》（1821年）。带有共和国内容的《共和国教义问答，或墨西哥民族人民联邦共和国政府的要素》也于1827年出现。政治思想的四大神经中枢被解释的次数最多。对君主专制的批判、殖民地的自治、人民主权共和国，这几项几乎是必然放在一起说明的。

"共和国"这个概念最能够体现人民主权，也最能够体现构成人民主权基础的契约原则、不可侵犯原则和不可分割原则。1811年《委内瑞拉宪法》宣布："国家主权在人民手中，公民行使国家主权并通过合法组成的代表行使投票权，究其属性和本质来讲，是不可动摇、不可侵犯和不可分割的。"它还确立了人的权利：在"由自由而庄严的普遍意志构成"的法律面前，人人享有自由、安全、财产和平等的权利。受法国雅各宾派宪法（1793年）的启发，于1814年颁布的《墨西哥美洲自由制宪法令》，也称"阿帕钦甘宪法"，宪法规定了人的权利，还确立了共和国政体。它还规定了间接的普选权——虽然宪法中提到的自由概念并非严格意义上的自由。

法律面前人人平等、主权在民、三权分立鼓励了那个时期包括宣言在内的制宪行动。同时无休止地祈求"全能的上帝"和捍卫天主教的利益,似乎与此不冲突。举个特殊的例子,何塞·赫瓦西奥·阿蒂加斯在布宜诺斯艾利斯召开(1813年)的制宪会议上发表的"对参加制宪会议的东岸代表的指示",极大程度地促进了"公民自由和宗教自由"。

然而,当"死亡之战"将其粗暴的逻辑施加于军事溃败(既有反对保皇派的战斗,也有内部派系间的战斗)的惨淡景象之上时,这些政治思想就没那么有说服力了。在新格拉纳达总督区,1812年,弗朗西斯科·德·米兰达向西班牙人投降。尽管玻利瓦尔在两年后的"令人钦佩的战役"中恢复了上述立场,但他还是被博维斯(Boves)的军队和东部平原的人击败(从这次失败中可以总结出很多政治结论),委内瑞拉第二共和国覆没。同年,在拉丁美洲最南端,保皇派在智利的兰卡瓜打赢了一场至关重要的战役,莫雷洛斯(Morelos)在墨西哥被伊图尔维德的保皇派军队击败,而在新格拉纳达总督区,费尔南多七世派出的远征队在卡塔赫纳登陆。唯有1816年在图库曼举行的立宪会议能够"抵消"1814年到1815年间的坏消息了。该会议于1816年7月9日宣布了南美联合省独立。8月1日,大会发布了一项奇怪的法令。这项法令极其庄严地宣布了"革命的结束和秩序的开始"。

是时候将这些改变归入秩序中了。

在 1815 年到 1825 年（阿亚库乔之战）间，土生白人的独立军队击败了西班牙人，并在绝大部分地区宣布独立。这里说的独立有不同的情况：在秘鲁，两支解放军队的存在达到了一种平衡状态，有利于实现独立；在墨西哥和巴西，面对宗主国的自由主义革命，独立运动则是在不断加剧的殖民秩序的矛盾中产生的。

危险和挑战的一部分是遏止离心力，即内部冲突，这些冲突仅仅体现出战争本身所催生的地区军阀的矛盾和权力割据，冲突加速了殖民行政机构的消失。在讨论宪法的时候，这些冲突标志着人们的思想正朝着非常谨慎的立场转变。对过度的民主的担忧、对多数派的约束、政治集中化，甚至对个人风格强烈的领导或终身制的需要，似乎更加符合拉丁美洲社会的"人民道德"和"文明状况"。正如玻利瓦尔在《牙买加来信》中写的那样，这些殖民地甚至失去了"积极的专制"，其被"扼杀自由的武器"所取代。他呼吁对"过度雄心壮志的热情"进行控制，呼吁放弃联邦形式和行政权的三方分立。行政权应当化身为一位强大的总统，有足够的权力"不断地与我们现在局势的种种困难作斗争，与我们遭受的战争中的困难作斗争，与外部和内部的敌人作斗争，与我们将长期与之对抗的敌人作斗争"。

同一战线的贝尔纳多·德·蒙特亚古多——独立运动第一阶段最激进的政治家之一，经历了 12 年的革命奋战，走过的道路

充满不确定性,他总结了他在圣马丁担任秘鲁"护国公"期间的表现:

"内战的恐怖、独立事业的延后、因荒诞不经的原则而牺牲的成千上万个家庭……总之,所有那些我曾旁观或受其伤害的事情,使我自然而然地想到,有必要对造成这些可怕后果的原因进行思考。因民主而生的愤怒,以及有时候对联邦制度的坚持,对于美洲的人来说,一直就是那个代表不幸的盒子,那个被埃庇米修斯收下的盒子。他被火神赫菲斯托斯创造的美丽女人所诱惑,失去了理智。"

于是,他提出了一种"实用理性",以打破"美好理想的魔力"。

在那些受到质疑的美好理想中,联邦主义是其中之一。自由主义、共和主义和19世纪第一个10年的联邦主义(最初受美国模式启发,有众多狂热的捍卫者和研究者)之间的密切关系,成为捍卫独立与共和国(联邦制似乎威胁着共和国体制)之路上的一块绊脚石。

"我是一名雅各宾派人士。"弗雷·塞尔万多·特雷莎·德·米尔(Fray Servando Teresa de Mier)在演讲中这样说道。在1823年12月的墨西哥制宪议会上,他是新莱昂州的代表。他赞成共和国体制,甚至反对"一个合理而适当的联邦"。这次"预言性质的讲演"汇聚了有关权力、思想和秩序的谜语、挑战及问题,因此被人们反复地考察和解读。德·米尔说明了他的共和主义观点，并给出了有力的证据：几年前，当共和国还"被认为是蠢行和异端"的时候，费城就发出了《政治教育回忆录》。德·米尔警示人们，一旦选择了极端的联邦制，就会出现"团结性的瓦解"这一状况。在他看来，共和制乃至国家的独立都需要团结和力量来避免陷入"分歧的岛群"这一深渊。

"岛群"和"陆地"是两个常见的喻体，用来形容巴西的民族构成。正如奥克塔维奥·伊安尼（Octavio Ianni）指出的那样，从历史的角度来看，其社会、经济、政治和文化多样性使该国给人的印象是，它是随着时间流逝而形成和改变的岛群。"合并"与"分散"这两大主题贯穿了巴西的现实和巴西人的思想。巴西帝国宪法和共和国宪法接二连三地颁布，表明了运动在间歇地、反复地进行。

君主专制的余孽使佩德罗一世皇帝取消了1823年的制宪议会，并委任国会成员制定基本法。1824年的巴西宪法有可能以中央集权的方式表现了皇帝权力保守、节制的特征。除了规定中央集权的君主专制之外，宪法还规定了四方分权。在本杰明·康斯坦特（Benjamin Constant）的启发下，在三权分立的经典模式之上，增加了一项"调节权"。这项权力的职能包括提名终身参议员、召开议会特殊会议、批准或否决议会颁布的法令和决议、批准或中止各省议会颁布的法令、解散众议院、提名和罢免州长。这种政府形式遭到了多次反对：1817年的"赤道邦联"叛乱、1830—1840年的卡巴纳吉姆（Cabanagem）起义，还有1835—1845年的"破衫汉战争"。或许，正如奥克塔维奥·伊安尼指出的那样，各州是同一个"大陆"上的"岛屿"，散布在"群岛"中。

"群岛"这一词汇可以很好地形容这样一群岛屿，它们被某样东西联合到一起，而这个东西又导致它们分离。1826年的玻利瓦尔一定是感觉到了这些"岛屿"的特殊分量。雄心勃勃的联邦计划失败了，启发独立运动的思想很大程度上导致了分散和逃离的自主运动，而且这场运动可能没有回头路可走。巴拿马地峡并不是科林斯。统一的思想在拉丁美洲思想中被重新定义为追溯式或预期式的乌托邦式思想，与历史的潮流相逆。政治思想再次提出要改变秩序。

革命的结束和秩序的开始:建立国家的思想

> **法令**
> 革命的结束,秩序的开始,承认、服从并尊重议会各代表省份和民族的权力以及它们的决定。
> ——1816年8月1日《南美洲联合省代表大会宣言》,鼓动人们向着联合与秩序进发。

值得注意的是,1816年8月1日的《南美洲联合省代表大会宣言》宣布独立后不久,联合省通过法令确定了秩序的开始,还确定了"革命的结束"。这既是一个刚刚抵达的终点,又是一个新的起点。当时抵抗西班牙侵略的战争正处于白热化阶段,这一法令表现出了对不确定的财产和领土(对它们的划分仍在讨论中)进行政治筹划的迫切性。

建立代替殖民统治的政治秩序是一个漫长的过程。在这一过程中,人们解决了一系列自宣布独立之日起就出现的矛盾。殖民空间的碎块化导致了权力的分散(通常是区域性的),分散的权力织出一块长期处于向心和离心的动态张力中的政治网格。

这个过程的一个显著特点是,开明又真诚的思想在历史舞台之上产生了交流。历史舞台上的每一步都需要修正，还需要勇气和相当分量的政治经验主义的帮助。我们知道，自由民主的共和制是作为稍难驯服的社会组织框架而实施的，它们不愿意被过于严格的英国议会传统、卢梭的社会契约论、加的斯宪法模式或美国政体所框定。有时，在新旧过渡的过程中，会使用折中而原始的方法将已有的政治思想改造成新的模式。

在独立战争结束之后，挑战并不少：权力的乡村化和军事化，殖民行政机构的解体、总督区和辖区经济体系的分崩离析带来的区域性分散，传统的经济精英与后垄断贸易时代的新经济背景下诞生的精英之间的利益冲突，军事领袖的权力之争，以及世界大国的野心。

君主立宪制或共和制、自由主义或保守主义模式、中央集权制或联邦制模式从未以完全纯粹的方式施行，这种做法是打破旧制度逻辑的一种尝试。旧时的特权、特惠政策、商品专营店、商业税、严格的海关制度、商业垄断的残余、之前被旧的哈布斯堡王朝或不那么根深蒂固但有生命力的波旁王朝的总督机构平息或调解的区域性纠纷，一次又一次地介入与个人、公民、社会内部原则和权力世俗化原则、自由贸易有关的思想中。

这样看来，坚定的共和党人、阿根廷宪法（1853年）的制定者——胡安·包蒂斯塔·阿尔贝迪（Juan Bautista Alberdi）的话并不奇怪,他说"美洲的新国家(曾)需要带着总统头衔的国王"。例如智利,智利总统手握强权,智利本身则"形式上是共和制,本质上几乎是君主专制"。

面对上面提到的挑战,主要问题已经不再是抗击西班牙或葡萄牙的殖民统治,而是要制止四分五裂和自相残杀的斗争,从而捍卫革命的成果。有时,军人(或考迪罗)和知识分子的影响,还有反对理论的权力实用主义,也会带来僵局。

正如安德烈斯·贝洛(Andrés Bello,该时期的知识分子,也是玻利瓦尔的老师)于20世纪30年代初期所断言的那样,"政治空想家和乌托邦建造者们的美丽理想"是不合时宜的。精英对受新思想的启发而制定的法律抱有过度乐观的态度。新思想是为了组织拉丁美洲社会,这是自由主义者的第一个冲动行为。第二个冲动行为是,在独立战争后的这种不成熟的模式下确立宪法。两者的共同点是主张政治集权和抛弃雅各宾派思想,目的是实现美洲各民族习俗、历史和"文明状态"的存续。此外,还有一种对自由和平等原则的重新审视。这些原则倾向于"多数人的暴政",被认为是不适当的。"适度""注重现实"和"审慎"是立法者们的话语中经常出现的词汇。

1826年由解放者玻利瓦尔起草的《玻利维亚宪法》,规定了共和制原则、人民主权原则、代议制民主制和四权分立的原则,但也确定了不可忽视的革命军人群体必然建立的集权。1826年9月25日,玻利瓦尔在给哥伦比亚副总统弗朗西斯科·德·保拉·桑坦德(Francisco de Paula Santander)的信中写道,宪法将是"前所未有的、强大的,它将美利坚合众国和荷兰的优势结合起来,借鉴终身制政府和联邦制自由的内容,也就是说,宪法会一直有支持者和反对者"。西蒙·玻利瓦尔对新格拉纳达的血腥争端记忆犹新,并试图通过深化《安格斯图拉宪法》(1819年)来解决争端。另一个经常出现的问题是,如何根据当时所说的前殖民地的民众的"品德"状态,对启蒙性的现代模式进行改造。考迪罗领袖之间的不忠和背叛、地区之间的冲突所导致的幻想破灭,以及在独立战争的热潮中诞生的激情,催生出既能平衡权力、避免专制,又能保证管理手段的国家模式。

《玻利维亚宪法》设立了强有力的行政权:一名终身制总统和一位由总统任命的副总统[这里指的是何塞·安东尼奥·苏克雷(José Antonio Sucre)元帅]。对于玻利瓦尔来说,总统的形象必须"像太阳,他内心坚定,赋予全世界以生命",这个"日心说"的隐喻因其个人主义和君主专制色彩而受到抨击。那个时候,玻利瓦尔并不主张君主专制。根据大卫·布雷丁的说法,玻利瓦尔的共和主义受到了一种世俗哲学的启发,该哲学思想认为,人只有作为共和国的公民才能追求和实现美德。宪法规定立法机构由参议院、评议院和终身制检察院三部分组成。在这些立法机构身上，玻利瓦尔寄托了一种幻想：遵守与权力、社会有关的宪法和法律。这些"法律神父"应该充当"与政府对立的检察官"的角色，并承担教育"不满足于自由和强大、进一步追求美好品德的人民"的使命。受本杰明·康斯坦特的"中立力量"的启发，这种"道德力量"应当推进教育、引导舆论、提高公民素质。玻利瓦尔在这种力量中寄托了他的愿望：制止考迪罗领袖和政治野心家们的粗暴行为，培养积极负责的公民。司法权和选举权完善了四权分立制度，从选举权中可以看出一丝微弱的联邦主义思想。玻利瓦尔的这部开创性宪法的寿命极其短暂，受到了曾崇拜他的同时代人（尤其是知识分子）的质疑，如前面提到的安德烈斯·贝洛、弗雷·塞尔万多·特雷莎·德·米尔、维森特·罗卡弗尔特（Vicente Rocafuerte）、何塞·玛利亚·埃雷迪亚和曼努埃尔·洛伦佐·德·维达乌尔（Manuel Lorenzo de Vidaurre）。

19世纪初期，并非所有的宪法都遵循这种拿破仑式的准则。在1819年到1845年间，大部分宪法都带有加的斯宪法的色彩，例如1821年的大哥伦比亚宪法、1832年的新格拉纳达宪法、1823年和1828年的秘鲁宪法、1826年的阿根廷宪法。立宪主义者在加的斯宪法中看到了一个优势，那就是将英法启蒙运动的自由主义理想编织进西班牙的传统中——尽管他们也注意到了西班牙与拉丁美洲之间存在着巨大的差异。在加的斯，宪法的作用是控制君主的专制权力，削弱、规范并重新定义这种君权；而在前殖民地，当务之急则是加强中央集权。中央集权这一特点在拉丁美洲是非常显著的。在某些情况下，宪法中还加入了本杰明·康斯坦特的"中立力量"的色彩，例如1824年的巴西君主制宪法、1819年的委内瑞拉宪法、1823年的智利宪法、1836年的哥斯达黎加宪法和墨西哥宪法。

这些宪法的智慧体现了孟德斯鸠和卢梭的思想、著名的本杰明·康斯坦特的思想，还有斯塔尔夫人对法国大革命的思考，她认为——正如安东尼奥·安尼诺（Antonio Annino）指出的那样——这场革命之所以失败，是因为思想改变了：公民自由从属于政治自由是对英国道路的戏剧性逆转。这一转变中产生了两种新的专制："多数派"的雅各宾主义专制和"一个人"的拿破仑式专制。

宪法确立了主权在民原则、分权原则。宪法为公民提供保障，保护公民的财产权，为财产所有者和（或）受过教育的人提供了政治公民身份。宪法还确立了与总统有关的中央集权制：总统将其权力扩展到各省、各区，甚至那些从行政机关获得权力的各市政当局也在总统权力的辐射之下。1824年墨西哥宪法中的联邦制特点是一个例外。伊图维德帝国陷落后，在1823年的国会中，辩论的中心是国家主权的地位和实质。具体的问题是，国家主权属于谁？国家主权是国家的还是各省的？对于许多国会议员而言，这些问题的答案都与国家统一有关，而国家统一最基本的标志就是领土完整。从地区的角度考虑（立法时常常需要考虑地区因素），新西班牙语美洲是复杂的、多样的、广阔的。能与这个世界相类比的另一个地方是巴西，巴西因为其领土完整和其他的原因，几乎与西班牙语美洲在同一时期成立了君主立宪制国家。弗雷·塞尔万多与最激进的联邦主义者——例如他的朋友（墨西哥联邦宪法的主要制定者）米格尔·拉莫斯·阿里斯佩（Miguel Ramos Arizpe）——之间产生了矛盾，他提问：这是联邦制的唯一途径吗？他指出，那些坚定地拥护联邦主义信条的国家都遭受了不幸，并且"血流成河"，例如委内瑞拉、哥伦比亚，"并且在布宜诺斯艾利斯，巴西国王肆无忌惮地侵占了共和国最大和最好的一部分"。他认为，"组成联邦，用这种方式将我们联合在一起，就等于是分裂我们，还给我们带来那些他们试图用联邦制解决的问题"。他捍卫并非逆历史而行的"合理的联邦制"。

在过去的 10 年中，有关联邦制、共和制、自由主义三者关系的史学辩论非常激烈，上文已经提到了这一点。1824 年墨西哥宪法中的联邦主义与其说是从理论的角度出发，不如说是从领土的角度出发。何塞菲娜·巴斯克斯（Josefina Vázquez）就指出，与美国的联邦制不同的是，墨西哥的联邦制管理的是区域，而不是公民。以加的斯为首的一些地区充满了活力,是主权回到人民手中的结果。也有很多中央权力的捍卫者[例如,弗洛伦蒂诺·马丁内斯(Florentino Martínez)和何塞·玛利亚·卡布雷拉(José Maria Cabrera),他们坚持国家主权不可分割和不可侵犯的原则]以及更激进的联邦主义者。1823年那场有趣的辩论以及次年的宪法,都体现了一种不稳定的、处于冲突中的"主权(人民的主权、各地区或各州的主权,还有那些试图为民族创造某种自治空间的主权)之间的竞争"。

当我们谈及绝对的保守主义和中央集权制的时候,就不得不说到1833年的智利宪法以及迭戈·波塔莱斯(Diego Portales)的经历。如今我们可以在智利的国徽和钱币上看到"依靠公理和武力"这句话,这句话体现了建国思想的主导地位。保守主义思想往往并不是事先计划好的,而是一种应对方式。这就是为什么在保守主义的话语中经常出现"无政府"这个词,它针对的是受到威胁的社会秩序。但是,以智利的情况为例,一个自称为保守派的政党在早期就出现了,它诞生于积极的、成功的、有计划的经验之中。

1833年智利宪法确立的秩序、等级和中央集权化原则主导着智利的政治,直到19世纪90年代。甚至一些有自由主义倾向的人——例如财政大臣罗德里格斯·奥尔迪亚(Rodríguez Aldea)——也在1822年捍卫其关税政策时表示:"我们在所有不会对我们造成损害的事务上持自由主义的态度。"正如西蒙·科利尔（Simon Collier）所指出的那样，保守主义秩序不仅涉及政治领域，它还影响了整个世界观。"世界上所有的社会都有穷人和富人，因为上帝就是这么规定的"，1846年一位撰稿人在《秩序工匠》中写道，"没有一个人能够穷到没有东西值得被抢，也不会穷到社会秩序变动时，他毫发无伤。这就是为什么维护秩序关乎所有人的利益。"

对智利的保守人士来说，1833年的智利宪法是智利社会稳定的保证。它具有中央集权性，能赋予行政机关广大的权力。宪法轻松地赋予行政机关以"特殊权力"，允许在两个连续的总统任期内重新进行总统选举（整个19世纪，总统任期基本上都是10年，很少有人能够连任）。在与周边国家的混乱政局进行比较之后，保守派把智利政治组织的成功归功于宪法的以上特点。然而，如果是出于政治行动的需要，即使是那些非常保守的准则也可以务实地不予考虑。面对遵守人身保护令这一要求，迭戈·波塔莱斯在与1833年智利宪法的起草人之一——马里亚诺·埃加尼亚（Mariano Egaña）的争论中表达了他的看法。他认为，智利的自由法和宪法"除了会导致无政府状态、制裁缺失、民众目无法纪、长久的冲突、利益团体间的勾结与合谋之外，没有任何作用。我的确明白，不管有没有法律，在极端情况下我们都必须要侵犯那位被称作宪法的女士……对埃加尼亚，我想说，让他带着他的法律援引和论证见鬼去吧。法律应当是一个不可分割的整体,它应当正直、无偏爱"。

19世纪初期的政治思想中的另一精华部分是自由主义与民主主义之间的关系,它是至少两个世纪以来政治哲学的经典主题。自由与平等既是一个十字路口,也是西方现代性的起搏器,有关自由与平等的讨论意味着人们对人民主权、人民地位和人民权利的边沿提出了质疑。

何塞·玛利亚·路易斯·莫拉(José María Luis Mora)在《最高民权不是无限的》(1822年)中表达了这一代政治人士的普遍担忧:停止对主权及其性质和范围等概念做"过度"的解释。"到目前为止,一直都是专制主义思想……我们更换了政府,成立了独立国家,我们除了把极大的权力从一个人手里转移到多个人手里之外,什么也没有做,或者也可以说,我们把国王的权力转移到了议会的手中。"联系前文,人们根据对公民权利和政治权利的分析,对平等原则做出了更恰当的定义。自由主义对这一原则的不同解读达成的共识是,平等原则是法律平等原则。这意味着个人权利得以完善,也意味着旧政权的社会等级制和社会分层现象的困难被克服了。

莫拉认为,平等原则"对于那些没有经验的民族来说,一直都是最危险的障碍之一,他们这是第一次采用这些自由的、代议制体制的原则。他们被这个诱人的、讨人喜欢的想法所迷惑,自我说服：只要人拥有权力，那么一切就都水到渠成了……这就导致社会团体中的每个成员都渴望任职公共岗位，当因为才干不足而被拒绝的时候，他们假装受到了侮辱，而这仅仅是一个借口，用来给'平等'创造一个有攻击性的贵族阶级"。

正如纳塔利奥·博塔纳（Natalio Botana）指出的那样，这一时期的主流政治思想源于这种既保守又自由的结合体，它带来的是一个由少数人统治的、限制性的共和国，这部分人统治着一个对所有公民都开放的共和国。然而，如果再加上中央集权或联邦制的内容，这种"结合体"就复杂得多了。有中央集权自由主义者[例如，阿根廷的贝纳迪诺·里瓦达维亚（Bernardino Rivadavia）、哥伦比亚的弗朗西斯科·德·保拉·桑坦德]、联邦自由主义者[何塞·阿蒂加斯（José Artigas）、中美洲的何塞·塞西里奥·德尔·巴耶（José Cecilio del Valle）和弗朗西斯科·莫拉赞（Francisco Morazán）、墨西哥的瓜达卢佩·维多利亚（Guadalupe Victoria）]、中央集权主义的保守派[智利的迭戈·波塔莱斯、哥伦比亚的拉斐尔·努涅斯（Rafael Núñez）①]，甚至还有联邦主义的保守派[阿根廷的胡安·法孔多·吉罗家（Juan Facundo Quiroga）、哥伦比亚的马里亚诺·奥斯皮纳·罗德里克斯（Mariano Ospina Rodríguez）]。

---

① 拉斐尔·努涅斯，哥伦比亚政治理论家、诗人，曾四度担任总统一职。

19世纪后期的第三个立宪阶段强调了另一个要素,这一要素在前几十年中一直存在,但处于次要地位。这一要素即就"国家财富"而言的"幸福与进步"的观念。政治重心向经济重心的转移,对应的是世界各国由于国际劳动分工而进入国际市场。宪法的这一特性与其说是爱国的,不如说是从经济角度出发的,对社会习俗、公民身份和社会性产生制约。

整个拉丁美洲的自由主义、共和主义和民主的发展路径并不是单一的。与美洲其他国家相比,阿根廷政治思想的偏斜是显而易见的。图略·埃尔珀林·唐希(Tulio Halperin Donghi)指出,阿根廷人政治意识的觉醒和墨西哥人、哥伦比亚人、智利人的不同。这三个国家(在这里我们把它们纳入安第斯山区国家)的政治意识觉醒是在巨大希望中产生的。"他们的这种谨慎来自19世纪30年代革命以来的挫败感。与其他国家相反的是,他们以实现经济进步、社会改变为目标,后期才把重心放到政治生活上面。"

1837年,"青年阿根廷"的浪漫主义一代[埃斯特万·埃切维里亚(Esteban Echeverría)、多明戈·福斯蒂诺·萨米恩托(Domingo Faustino Sarmiento)①、胡安·包迪斯塔·阿尔韦迪(Juan Bautista Alberdi)]在罗萨斯独裁统治期间流亡到了蒙得维的亚。阿尔韦迪

---

① 多明戈·福斯蒂诺·萨米恩托,阿根廷总统、共济会会员、政治家、作家、教育家、社会学家。

在两次流亡之间（第一次是去蒙得维的亚，之后是去智利）完成了他的首次欧洲之行。这一最初的"洗礼"——在拉丁美洲知识分子的传记中很常见——短暂地强化了他的美洲主义思想。对于阿尔韦迪来说，蒙得维的亚意味着"行动"，而智利意味着"制度"。蒙得维的亚是一块战事频发的土地，所有的激情都汇聚在这里。乌拉圭白党和红党之间的派系斗争、胡安·曼努埃尔·德·罗萨斯（Juan Manuel de Rosas）的支持者、这座城市的人保卫首都的英勇行为（1843—1851年），都被亚历杭德罗·杜马斯（Alejandro Dumas）用他那富有想象力的笔法写进了《新特洛伊战争》。这块土地还历经布拉甘萨王朝的统治、葡萄牙帝国的统治，随后是巴西的君主专制。阿尔韦迪并未对这些转变做历史化处理，但他了解这些变化，这些变化也影响了他。他采用戏剧形式（"五月革命"，《戏剧编年史》，1839年）对阿根廷五月革命进行了第一次表现，然后把它献给了巴西南里奥格兰德州的共和党起义人士，这并非巧合。难道，由朱塞佩·加里波第领导的平民与共和主义者反对巴西君主专制的"破衫汉革命"中的浪漫主义竟然比五月革命中的浪漫主义精神还要少吗？对阿尔韦迪来说，南里奥格兰德州的起义是五月革命的结果，"它是一串事件链条的最后一环，这串事件链条始于1776年的费城，在布宜诺斯艾利斯得以继续，又扩展至厄瓜多尔，这是世界性革命的必然结果"。

在蒙得维的亚发生的一系列反对胡安·曼努埃尔·德·罗萨斯专制的事件带来的挫败感和教训，再加上一些个人忧虑，让阿尔韦迪在智利的这段生活与他在蒙得维的亚的生活形成了对比：迭戈·波塔莱斯政权的政治建设，以及1833年的智利宪法有着制度化、秩序化、适度的特点，使得智利稳定又保守（阿根廷的浪漫主义一代在最初的协议上产生了分歧）。在智利，阿尔韦迪为当时的总统曼努埃尔·布伦斯（Manuel Bulnes，1846年）写了传记。对于阿尔韦迪来说，五月革命只是一个预言，并不是一次征服。如果独立运动这一代人的任务是"消解和摧毁"，那么到了19世纪中期，任务就是"保留和组织"。以什么样的方式呢？在奠基性的《法律研究前述》（1837年）中，他主张，人们在思考、管理和书写时，"不要去模仿世界上的任何国家……仅仅按照人类精神的普遍法则和我们自己国情的特殊法则相结合之后所要求的去做就可以"。就这样，他建立了语言的"美洲感"。什么是19世纪初期智利的保守主义？阿尔韦迪对它的定义带着一种默然的赞赏："推动进步而又不求快，避免在缓慢的进步之路上出现跳跃和暴力，避免在改革（改革包括改变、迁移、纠正，同时也要有一定保留）中出现过度的做法和虚假的成绩……用自身的经验取代他人的理论，扎实稳固比成绩斐然更重要，讲求实际比踌躇犹疑更重要。"

对于越来越务实的阿尔韦迪来说，事实不仅胜于公关人员，也胜于立法者。他对移植美国模式的立法冲动进行了讨论和批评，因为"学人家缺点学得很像，学优点学得很不像，我们两次复制了最糟糕和最危险的模式。在这种模式下，独立的国家是如此年轻，专制国家是如此古老，它们都能够去寻找属于它们的自由主义政体的模型"。在他众多的著作中，他不止一次地否定并纠正了他以前的观点，他诠释的重心从哲学转向政治，又从政治转向经济。他认为，经济"绝对是受政治主导的"。他不止一次坦诚地说：没有一本书能够一劳永逸，也没有一篇文章能够盖棺论定。他的晚期作品之一《威廉·惠尔赖特（William Wheelwright）[①]在南美洲的工业生活和工作》（1876年），讲述的是一位来自新英格兰的美国企业家的故事，他于1823年偶然到了拉普拉塔河，那里有蒸汽船、港口和铁路，是经济自由主义的化身。这部作品从社会学的角度，精要地证明了"欲统治一方水土，则需让人民居住"的必要性。

经济人（homo economicus）[②]是文明价值观的真正承载者，是因"物治"和"习俗教育"而产生的新的革命主体。在那时，阿

[①] 威廉·惠尔赖特，美国商人，以在智利开办邮船和铁路公司而闻名。
[②] 经济人，与其相关的是"经济人假设"，即假定人思考和行为都是目标理性的，唯一试图获得的经济好处就是物质性补偿的最大化。这一假设常用作经济学和某些心理学分析的基本假设。

尔韦迪已经确信土著人"稀少、未开化并且贫穷",是不可"驯化"的。他着重提出了实体的、物质的"移植",即引入能干的、乖顺的外来移民("100年来,穷人、高乔人和混血种人都没能创造出一个英国工人")。惠尔赖特代表了"反对旧殖民秩序的南美洲革命的最美好、最健康的一面"。西班牙的政治革命必须通过克服这些困难来完成:民族隔阂,沟通不足,劳动力短缺,人员未开化、不遵守纪律,还有对对外交通和对外贸易的排斥情绪。作为1853年宪法的制定者,阿尔韦迪提出了两条指导政策的原则:第一,在那些曾经是西班牙殖民地的国家中,公民社会要优于政治社会(即国家),"因为公民社会至少在工业文化上是由优于本地人的外国人组成的";第二,"国家的进步应更少地归功于本国同胞,应更多地归功于那些没有政治权利的外国人"。玻利瓦尔结束了第一次革命,而惠尔赖特开始了第二次革命。在该问题和其他问题上,阿尔韦迪再次与多明戈·福斯蒂诺·萨米恩托就他的"文明与野蛮"的观念进行了辩论。萨米恩托把形式和内容搞混了,认为在有工作的地方就不可能存在野蛮的情况。因此,阿尔韦迪也不同意这位来自圣胡安的知识分子坚持的教育政策,以及"教育"与"训练"之间的差异。更重要的是,如果按萨米恩托所说的,国家要创建"1000个奇维尔科伊"(以产业主为中心的农业殖民地),那么对于阿尔韦迪来说,就必须要通过多多"制造"惠尔赖特这样的人来重建社会。这些人被剥夺了政治权利，但拥有其他的公民保障，遵循政治经济学的经典规则，尽可能少受国家干预。

取得进步的时候到了，这一问题已经被19世纪后期的自由主义改革者们讨论过了，他们通过有选择性地强化或舍弃前辈们的规则来讨论这一问题。随着生产力的发展，权力的各种世俗化原则在当时汇合到了一起。因此，原则性的、教条性的问题与市场动态引起的问题交替出现。世俗化浪潮是国家特性成立的先决条件。在很多时候，世俗化指的是解除死者、长子手中土地的永久占有权，以及解除印第安人和教会的土地及共有财产的永久占有权。国家不仅应该有合法暴力行为的垄断权，还应具备收取并非来自旧殖民垄断的税款的能力，而且应领导教育事业，登记出生、死亡和结婚的人口，最后这几项事务是由教会负责的。保守派们捍卫着一种物质的、行政的和象征性的权力，他们对殖民秩序少有怀念，他们倾向于现代化的管理，但他们坚信教会和天主教是唯一能够封固共同身份的泥浆，能够团结年轻的国家，防止气若游丝的"坚固"消失在空气中。

具有政治合法性的教会，作为乡村和城市财产的所有者，以及社会的精神向导，其经济和象征性力量是19世纪后期自由主义者和保守派之间矛盾的中心。教会面对自由主义的态度非常坚决。庇护九世是唯一的一位以梵蒂冈代表的身份访问拉丁美洲的教皇，他发布了《何等关怀》（1864年）通谕及其附录《谬说要录》。教皇对现代性和自由主义提出了强烈的批评。《谬说要录》中指出错误：分离教会与国家，限制教会的世俗权力，崇尚世俗主义和个人主义。这种反现代的倾向严重削弱了保守主义的氛围。一个极端的例子是，1869年由保守主义和教权主义者曼努埃尔·加西亚·莫雷诺（Manuel García Moreno）推动颁布了厄瓜多尔宪法。该宪法规定，公民必须信奉罗马天主教。加西亚·莫雷诺给庇护九世教皇写信的次数比他想写的次数要少得多——为的是不打扰教皇。加西亚·莫雷诺非常严格地遵循着自己的原则。他在制宪会议的开场演说中指出，现代文明"由于背离了天主教的原则，正在堕落和退化，也正是由于这个原因，现代文明的特性也在渐渐地、普遍地被削弱，这可以称为19世纪的常见病。我建议，有必要在跪在上帝祭坛下的人与宗教的仇敌之间，建造一道防御墙，我还认为，此举是宪法所支持的改革中至关重要的举措"。

关于这个问题的另一个极端，从政治角度进行的最有力的世俗化进程发生在乌拉圭。的确，乌拉圭的教会并不是一个强大的机构，但是阿根廷的教会也不是，阿根廷并没有达到乌拉圭那种政教分离的程度。从阿蒂加斯的思想开始，世俗主义就是乌拉圭政治文化的中心。在所谓的"世俗化决定性的五年"（1859—1863年）中，乌拉圭颁布了民事婚姻法、墓地法和世俗教育法。

在教士阶层并不强大的乌拉圭，反教权主义者早就于1907年确立了有关夫妻双方自愿离婚的法律（在其邻国阿根廷，同样的法律80年后才得以确立），并于1913年立法规定，凭女性单方意愿即可离婚。自从1918年的宪法改革将所有节日都世俗化之后，直到今天，乌拉圭还是该地区唯一一个把圣周当作"旅行周"来庆祝的国家；圣诞节在乌拉圭被认为是"家庭日"；圣灵受孕节（12月8日）被称为"海滩日"（主教通常会祝福拉普拉塔河里的水）。

一方面，智利保守党政权的逐渐开放是因为更为温和的自由党人设法将自由主义原则强加在了保守派身上，而无须诉诸1833年的宪法改革；另一方面，宪法粗暴地消除了自由主义受革命浪漫主义和基于民众情感的微弱的社会主义影响而产生的偏差。弗朗西斯科·毕尔巴鄂（Francisco Bilbao）在《智利的社会性》（1844年）中讲的就是这种情况。毕尔巴鄂深谙埃德加·基内（Edgar Quinet）和拉莫奈（Lammenais）的思想，要求智利保守组织以某种背叛或反常的方式完成国家独立的大业。他相信"希望革命结果得以延续就是希望进行另一场革命"，他对智利的习俗和政治进行了严厉的道德批评。他认为，对通奸（"恋人状态"）进行谴责是虚伪的，他还揭露了各种社会现实，例如丈夫对妻子的奴役，上层人士对平民阶层的虐待和剥削，以及贫困现象。他认为教会和西班牙的封建余孽应该对这些问题负责。这本书在智利的精英群体中产生了巨大影响,引起了激烈的辩论和巨大的争议。毕尔巴鄂被指控犯有亵渎罪和不道德罪,他的书籍被"刽子手"公开烧毁。多年后,他与圣地亚哥·阿尔科斯(Santiago Arcos)一起加入了平等协会(1850年),后者与比库纳·麦肯纳(Vicuña Mackenna)、维克托里诺·拉斯塔里亚(Victorino Lastarria)和曼努埃尔·里卡巴伦(Manuel Recabarren)之后将成为提出社会问题的先锋。圣地亚哥·阿尔科斯组建了民主共和党,坚持自由主义和平等主义思想。阿尔科斯认为,在没有建成社会主义的情况下,这个党派需要一个激进的计划,例如,提出一项土地改革方案。这个计划是阿尔科斯在监狱中撰写的。

激进自由主义在两个地方得到了体现,一个是新格拉纳达地区(1858年自由主义宪法颁布后的哥伦比亚),另一个是墨西哥。

新格拉纳达的自由派和保守派之间的意识形态斗争给19世纪的政治打上了印记,产生了哥伦比亚政治文化特有的两党制。自由党成立于1848年,该党派的纲要由埃塞奎尔·罗哈斯(Ezequiel Rojas)撰写。他决心铲除殖民秩序的残余,他在《通告》报上写道,仅获得独立并不能够成为国家:

"国家不仅实际上而且法律上也完全独立……那些不渴望通过贸易、农业或采矿获得财富的人们,不追求幸福和社会福利的人们,以及在世界上不履行使命的人们,他们不配拥有属于自己的制度,也不配追求文明国家的地位,更不配将自己的名字写在开明又伟大的民族名单上面。"

对此的反应来得很迅速,次年,马里亚诺·奥斯皮纳和何塞·尤塞比奥·卡罗(José Eusebio Caro)创立了保守党(1849年)。何塞·尤塞比奥·卡罗对他的思想论调进行了定义:"保守党这一称谓意味着我们讨厌有摧毁性的事物,我们寻找有保留性的事物;我们讨厌带来疾病的事物,我们寻找能够治愈他人的事物;我们讨厌燃烧的事物,我们寻找发光的事物。"

于1849年到1885年间执行的自由党方案最为激进:政教分离,废除奴隶制,剥夺教士阶层特权,驱逐耶稣会士(这一行动在新格拉纳达的反响尤为激烈),实行普选、直接选举和不记名选举,废除死刑,减轻处罚力度,采用陪审团进行审判,削弱行政机关的职能,增强各省行政权力,甚至废除军队。这一时期的经济政策也同样激进:教会财产国有化,主张工商业自由,废除垄断,采用什一税,鼓励自由贸易。

里奥内格罗宪法(1863年)确立了国家的名字为哥伦比亚合众国,将自由主义的思想发挥到了极致。它增强了各联邦州(安蒂奥基亚、玻利瓦尔、博亚卡、考卡、昆迪纳马卡、马格达莱纳、巴拿马、桑坦德和托利马)的权力,最低程度地保留了中央的一些权力,例如,对外交关系的管理方式,以及在对外战争时期的一些权能。

根据人们的描述，自由的范围非常广泛，新格拉纳达的代表们去巴黎拜访维克多·雨果（Victor Hugo），并给了他一份政治材料副本。雨果说这份政治材料是给"天使们"看的。保守派在提到这件事的时候，除了质疑它的真实性以外，还指出了这种理想主义的"夸张"，只不过他们的"夸张"和雨果的"夸张"是不同的意思。

例如，对于马里亚诺·奥斯皮纳来说，两党之间的分水岭是一个道德问题，尤其是在世俗化措施方面。在他看来，红党的目的是让所有的宗教原则消失，引起混乱，破坏基督教文明的基础。在驱逐耶稣会士时，他就察觉到了这种堕落的现象，这种现象在自由主义的出版物中也随处可见，它重现了"维克多·雨果对抗宗教和神父的演讲"。他强烈批评边沁功利主义和感觉主义，他用法国大革命期间欧洲右派[埃德蒙·伯克（Edmund Burke）、杰米·巴尔姆斯（Jaime Balmes）、路易斯·德·博纳尔德（Louis de Bonald）和约瑟夫·德·迈斯特（Joseph de Maistre）]的思想来对抗改革派，但他也重新接受了反雅各宾派的前耶稣会士洛伦佐·赫瓦兹（Lorenzo Hervás）、潘杜罗（Panduro）和阿古斯汀·巴鲁埃尔（Agustín Barruel）的思想。保守派从《法国革命的起因》和《雅各宾主义历史回忆录》（两部都是1794年的作品）这些著作中吸取了描写共济会成员和反基督教人士堕落行为的措辞和语气，以及不怀好意地解读哥伦比亚自由党的政治思想，而哥伦比亚自由党被看作"共产主义的使徒"和"一群用暴力取代文明的粗人"。因此,保守派的报纸名为"文明",其中不无讽刺的含义。马里亚诺·奥斯皮纳在1849年这样问道:什么是文明?

"手工业者、工人和闲汉们拉帮结派,散布着这样的思想:私有制等同于盗窃,支撑社会体系的思想都是有害的幻觉……他们这样做是在暗示,屠杀知识分子是合法的。这样一来,所有人都会变得一样无知。对富人进行谋杀并剥夺他们的财产也是合法的,这样一来,所有人在财富上都是平等的,或者可以说,所有人都经受同样的苦难。这帮人聚集在一起,侵蚀并腐化无知的社会,发动无知的群体与文明的群体相对抗……"

自由主义的政府获得了重要的民间群体(尤其是波哥大的群体)的支持,尽管长远来看,他们采取的许多措施最后对他们很不利。自由主义者最初分为各各他派(激进自由主义者,理论上追随英国思想)和德拉古派(最平民化和最大众化的派别,他们赞成拉马丁、孔多塞、傅立叶、圣西蒙的思想,并且熟读欧仁·苏的经典小说《流浪的犹太人》,强烈抨击耶稣会)。哥伦比亚自由主义者的一个特点是受到人民拥护,并被城市大众阶层接纳,尤其是得到手工匠人们的支持,手工匠人们从反对波旁王朝改良主义的考姆奈罗起义运动(1781年)以来就成立了行会、社群,这些组织都有反政府性质。两个派别聚集在民主社群中,经济开放过程中的竞争伤害使他们关系破裂。德拉古派之所以得此名，是因为他们同意执行死刑，支持军队，并且捍卫保护主义。在何塞·马里亚·奥万多（José María Obando）担任总统期间，"斗篷派"和"礼服派"之间的冲突极端化，并且带有阶级性质。次年，各各他派和保守派组成的临时同盟扼制住了这一冲突。保守派采取了一系列严厉的措施，失败者被流放到巴拿马，他们在那里死于疟疾。这并没有阻止自由主义者和保守主义者之间发生其他冲突（例如1860年的内战）。然而，在联邦组织和自由贸易协议方面，甚至在没收殖民地经济资产（在许多情况下，这使保守派人士获益）方面，保守派人士基本不会反对改革者。自由主义者们毕竟是人，而不是"天使"，在巩固国家政权方面，自由主义者们并没有表现得像建立国家政权时那样充满活力。19世纪中期的许多联邦自由主义者[何塞·马里亚·桑佩尔（José María Samper）、拉斐尔·努涅斯]加入了保守派的行列。1863年的自由主义宪法在所谓的"复兴"政府期间也被削弱了。曾是自由主义者的拉斐尔·努涅斯于1880年提出了"复兴还是灾难"的口号。"复兴"的主张产生于自由主义和保守主义的联盟之中，该主张要求建立一个强大的中央集权国家，采用总统制，实现保守的现代化。总统制巩固了基于教会合法权力和斯宾塞实证主义的国家权力。复兴者们（努涅斯、卡罗）批准了1886年的中央集权宪法，于1887年与天主教会签署了协约,恢复了宗教教育。

努涅斯是知识分子和诗人,也是哥伦比亚国歌歌词的作者。在 19 世纪末,他对波菲里奥·迪亚兹(Porfirio Díaz)钦佩得无以复加。在一篇名为《墨西哥的一课》(1893 年)的文章中,他将墨西哥的局势描述成"完全和平"的、安全的、有秩序的、充满经济活力的,"通过建造铁路,墨西哥实现了国家统一,协调与平衡了工业和贸易的关系。随后,资金和劳动力流动起来,国家取得了肉眼可见的进步"。努涅斯将哥伦比亚的复兴与墨西哥的现实进行了比较,并指出"墨西哥的获胜政党在墨西哥所做的事情与哥伦比亚的独立派自由主义者所做的事情是一样的,后者与哥伦比亚的绝大多数旧保守派一样,都采用了折中主义的做法"。

"我们难道不是在与上帝的律法做斗争吗?"自由主义知识分子伊格纳西奥·拉米雷斯(Ignacio Ramírez)在 1856 年的墨西哥制宪大会上提出了这个问题。正如查尔斯·黑尔早先提出的那样,自由主义者面临着挑战,他们需要对两件矛盾的事情做出回应:一方面,他们必须建立一个强大的政权;另一方面,他们要与传统的社会结构做斗争。因此,在保障个人自由、经济自由与建立一个强大的国家之间就产生了冲突。这个强大的国家政权对一些团体和社群也行使有效的主权,而这些团体和社群也拥有强大的合法权力。抵制现代化改革的不仅有这些团体势力,还有一些受到外界鼓舞、因政权薄弱而跃跃欲试的分散势力。最初的自由主义改革者们是在一座装着雅各宾派的普遍主义原则和独立战争余烬的熔炉中锻造了自己的思想。他们的思想主要是政治性的。第二批改革者们（尤其是在墨西哥）在思考问题的时候也基本以独立战争作为背景，但是重点则放在了经济改革上面，他们将经济改革作为通往政权稳定的道路。

我们在总结政治思想的时候，会认为战争影响政治。虽然也很有必要指出战争至少存在过，但是抛却这个纯粹暴力的阶段不提，我们分析政治思想是从事物本身出发的。虽然战争扼杀思想，但战争同样也会塑造思想。一方面这个话题超出了本书要探讨的范围；另一方面，史学作品并未从地区角度给予这个问题足够的关注。内部战争和外部战争定义了国家的属性之一：领土主权。但是，战争不仅划定了政治边界图，还修改了思想道路的方向。我们之所以说"内部"和"外部"，是因为在某些情况下，两者之间存在结合和并置的情况，这一情况决定了与"外部"相关的国家边界的范围，还有"内部"所包含和排除的范围。

19世纪的拉丁美洲战争具有同期性，这一特点在各地区建立国家的过程中发挥了一定作用，也在建造汇聚各种政治思想的熔炉中起到了作用。独立战争之后，至少有三个同期性阶段。这里我们举一些例子：阿根廷、智利与秘鲁的反对派组成的联合复兴军发动的反对秘鲁－玻利维亚邦联的战争（1836—1839年）、"破衫汉"战争（1835—1845年）和得克萨斯战争（1835—1836年）在同时期。19世纪初期的另一个同期性阶段是在拉普拉塔河的格兰德战争（1839—1851年）时期，乌拉圭白党，即"阿根廷"联邦主义者（胡安·曼努埃尔·德·罗萨斯的政府）对抗与主张国家统一的"阿根廷人"联合起来的东部地区的红党，其中还有巴西帝国的外交和军事参与。在此背景下，法国和英国利用军事及外交压力在布宜诺斯艾利斯港口实施了封锁，并于1845年向内河推进。同一时期，美墨战争（1846—1848年）打响，尤卡坦半岛出现了分裂主义趋势，1847年尤卡坦半岛阶级之战打响。在19世纪后期，与法国对墨西哥的干预（1862—1867年）发生在同一时期的是1864至1870年的巴拉圭战争，又被称为"三国同盟战争"[该方由巴西帝国、巴托洛梅·米特雷（Bartolomé Mitre）总统执政的阿根廷、维南西奥·弗洛雷斯（Venancio Flores）领导的乌拉圭红党组成]，对抗的是弗朗西斯科·索拉诺·洛佩斯（Francisco Solano López）①任职时期的巴拉圭。1879至1883年智利对秘鲁和玻利维亚发起太平洋战争，其地缘政治后果仍然存在（在玻利维亚的出海口），与其同时期的是被含蓄地称作"征服沙漠"

---

① 弗朗西斯科·索拉诺·洛佩斯（1827年7月24日—1870年3月1日），总统（1862—1870年）、巴拉圭独裁者。他将巴拉圭拖入战火（三国同盟战争），使巴拉圭几乎被巴西、阿根廷和乌拉圭摧毁。

的军事活动,这是胡里奥·阿根廷诺·罗卡(Julio Argentino Roca)将军对巴塔哥尼亚原住民的一次残酷攻击,其原因也与安第斯山脉另一侧发生的"阿劳卡尼亚的和解"(1861—1883年)有关。

与反殖民战争不同,在19世纪初期和后期(差不多直到1880年)的战争不止一次将外部战争(除了墨西哥之外,这些国家受殖民统治所影响,国界都是不稳定的)和内部战争相结合。战争让各种思想的交响曲处于一种"温和-激进"的动态变化之中。向心力和离心力之间的钟摆或激励或扼制了中央集权思想、联邦主义思想、共和主义思想、君主制思想。外部战争和内部战争的结合分不同的情况。例如,巴西废除奴隶制(1888年)与共和主义、自由主义的思想密不可分,也与英国1834年废除黑奴贩卖制度有关,还与资本主义的发展有关,在这种资本主义制度中,对于蔗糖经济和后来的咖啡经济而言,奴隶劳动力无论是在资本积累上还是在竞争力上,都不再有利可图。人们从三国同盟战争中也吸取了很大的教训。在这场战争中,阿根廷、乌拉圭和巴西的联合军队用了五年的时间才击败弗朗西斯科·索拉诺·洛佩斯的军队。巴西的军队是南锥体①最强大的军队,其部队主要由黑人奴隶组成。另一个对巴西废奴主义、自由主义和共和主义

---

① 南锥体,指的是南美洲位于南回归线以南的地区。

思想起到加强作用的基础是，人们认识到奴隶无法捍卫巴西的国界。类似的例子还有很多。

在墨西哥，与"专制和混乱"保持距离是一件难事，这是属于 19 世纪中期思想家们的一个典型困境，战争贯穿始终：得克萨斯独立战争、美墨战争、法国的入侵战争。战争导致了政治和经济危机。凡事都喜欢参与的墨西哥将军桑塔·安纳（Santa Anna）最后一次复辟企图，显示出这种政治游戏已经过时。面对这种情况，有些人坚持他们的自由主义，另一些人则坚持他们的保守主义。卢卡斯·阿拉曼（Lucas Alamán）就属于这种情况，他在 1852 年指出"我们反对联邦制，反对迄今为止遵循的选举制和代议制，反对选举出来的政府，反对所有被称为'人民选举'的东西"，他呼吁维护天主教，"这是将所有墨西哥人联系在一起的唯一的共同纽带"。因此，留给温和派的政治空间非常之小。正如路易斯·冈萨雷斯·伊·冈萨雷斯（Luis González y González）指出的那样，从阿尤特拉起义者们称自己为自由主义者，并把拥护桑塔·安娜独裁的人称为保守派和"螃蟹"的那天起，改革的步调就奠定了。当时，联邦主义和自由主义是两种被强化的共存的思想，它们与中央集权相对立，而中央集权与保守主义思想有直接的关系，只不过——正如何塞菲娜·佐拉伊达·巴斯克斯（Josefina Zoraida Vázquez）指出的那样——阿尤特拉计划

（1854年）并未明确指出共和主义应当采用的政体是中央集权制还是联邦制。

拉丁美洲历史上长期存在的核心问题是土地问题。有关土地的想法和做法贯穿了微观社会、宏观社会和政治层面。墨西哥自由主义的一个显著特征是其大胆而激进的土地改革。面对保守派的反应和"纯粹"自由主义者的主导地位，1856年的《莱尔多法》、1857年的《伊格莱西奥斯法》，还有适当增加世俗自由和世俗保障条款的1857年宪法（已经不再宣扬不容忍宗教），都随着1859年法律的颁布而得到了深化：宣布政教分离，将教会的财产国有化，确立观念自由和宗教自由。

这项计划的出发点是采用激进的方式重新规划土地资源。自由主义者们希望借此施展"进步的力量"，打破殖民时期的落后局面，释放经济潜力。没收死人手中的土地并将其投放到市场上，解救那些在恶劣的条件下在田间地头劳作的雇工，让农民摆脱自给自足的惯例，用马克思的话来说，就是拆除"那些噩梦一般压制着活人大脑的传统习俗"。土地包含着许多意义。自由主义者们在理论上认为，将土地财产从村社用地和佃租制度中解放出来，会使农民转变为生产工人，鼓励更多勤劳能干的移民前来，此举不仅能使经济得到增长，还能带来与经济息息相关的、人们期待已久的政治稳定。在这项激进的举措中，他们期望能够开垦出这样一片土地：在这片土地上，积极的实证主义教育代替迷信，辛勤的工作代替招兵买马和起义暴动，高速铁路代替曾经的宗教朝圣。

世俗化和国有化成为同义词。政府不仅对群体财产进行征收，也对文化财产进行征收，使人们得以创造出一个摆脱了无处不在的宗教势力的公共空间，将国家置于其他的信仰和财产之上。巩固这个共和主义的空间意味着要用其他的合法性、神圣性和身份感来取代宗教势力。正如安尼克·伦佩里埃（Annick Lempérière）分析的那样，如果想要阐释自由主义计划，仅凭政治和经济是不够的，否则，为什么要禁止街头的宗教游行呢？教会占有财产，意味着各行各业都要完成宗教任务（游行、圣徒节日、九日斋等等），这就抑制了民族身份和共和国身份的文化和政治意识。

墨西哥保守派呼吁恢复君主制，而奥地利王子最终使他们自取其辱。除此之外，这位哈布斯堡家族的马克西米利安大公推行的一系列改革也辜负了保守派的期待。贝尼托·华雷斯（Benito Juárez）上任后，伴随着更加温和的、和总统的肤色一样混杂的思想，又是另一番风云变动。是时候让拉丁美洲的大多数国家与历史和解了，是时候让它们将 19 世纪末发生的事情写入历史了。

最终，就像米盖尔·伊扎德（Miquel Izard）的一篇关于委内瑞拉考迪罗主义的文章标题那样："斗了这么久，最终还是以和谈结束"。19世纪的政治思想和心脏一样舒张和收缩，在改革和革命之间来回搏动。到了19世纪末，这一整个世纪的政治思想可以概括为"秩序和进步"，其内容可以提炼成一句话，一句使19世纪政治思想的喧哗得以平息的话：革命让位于演变。

从革命到演变：秩序和进步

> 除了制度、政体和政府的突变之外，我们需要一切。我们需要持续的努力带来的缓慢进步，而不是国家政变或煽动性的心血来潮。总而言之，我们要演变，不要革命！
>
> ——卡洛斯·安东尼奥·邦吉（Carlos Antonio Bunge），《我们的美洲：社会心理学》，1903 年

演变、和平、管理与和谐是与 19 世纪末拉丁美洲政治话语的现代化和文明化动态息息相关的词语。进步是必然的，在当时几乎没有人怀疑这一点。连自由主义也意味着秩序，这与那些抽象的自由主义者的观念是明显割裂的。正如加比诺·巴雷达（Gabino Barreda）的那篇著名的《公民演说》（1867 年）所说的：自由为手段，秩序为基础，进步为终点。墨西哥总统波菲里奥·迪亚兹执政时期的科学家报纸就被称作"自由"。胡斯托·塞拉（Justo Sierra）是这份报纸的总编，他有意脱离了那些曾经指导旧自由主义者们的"失效的、过时的东西"。这位美洲的大师说："我们没那么热情冲动，我们更倾向于怀疑主义，或者可以说我们更自私。

我们在为牛顿二项式定理寻找一种新的解释,致力于自然选择,对社会学研究报以热忱之心。我们很少关心天堂的事情,我们更加关注尘世的命运。"

自然科学的范式转移至人文科学,数据、客观性、分类、观察、分级、规则和标准在很长一段时间里都是认识论的标准范式。对秩序和正面知识的呼声淹没了政治权力的空间,并在文化和政治领域掀起了一系列由"文字共和国"的精英发起的运动。

文科内部的学科界限、文科和政治之间的学科界限尚不够确,学者、哲学家、思想家、人文主义者、理论家、知识分子、教授……这些称谓时常会混合和重叠。那个时期的大多数思想家醉心于诗歌、语法、文学、新闻学和历史。他们中的不少人在从事文艺活动时多才多艺的特点和浮士德精神,也体现在他们制定教育政策、起草法典和法律条文、主持正义或担任共和国总统等方面。布宜诺斯艾利斯大学哲学与文学学院院长两次舍弃院长职位,成为菲格罗亚·阿尔科塔(Figueroa Alcorta)总统(1906年)和罗克·萨恩斯·佩尼亚(Roque Sáenz Peña)总统(1912年)的财政部部长,这种事情不足为奇。巴托洛梅·米特雷(Bartolomé Mitre)在任职阿根廷总统期间,写出了《贝尔格拉诺与阿根廷独立史》的第一版,此事引起了胡安·包蒂斯塔·阿尔贝迪的不满,后者与诸多艺术家一样,对巴托洛梅·米特雷就任总统期间书写历史这一行为进行了批评，他质问道："与一个左手写作、右手制定法令的历史学家能讨论出什么结果来呢？"另一个例子是米格尔·安东尼奥·卡罗（Miguel Antonio Caro），他是哥伦比亚保守主义复兴时期的总统，翻译过维吉尔的作品，是语言学家，既致力于语法研究，关注西班牙语世界和天主教事务，又忙于国家的琐细事务。还有胡斯托·塞拉，他不仅在公共教育部（1901年）和公共教育局（1905年）——这两个机构都是他创建的——积极地从事教育工作，还出版了《墨西哥的社会演变》（1900—1902年）一书。这是一本合集，其中有两篇他写的关于墨西哥思想的经典文章，后来这两篇文章以"墨西哥的政治演变"为题出版。

对国家进行巩固，意味着要有选择性地从历史中提取出独特的符号，"创造"出一个民族。过去被"创造"出来，就是为了给年轻的国家提供历史基础和厚度。这一现代化的过程需要地基和砝码，还需要人民用不带"形而上残留"的世俗化知识去考察地理、气候和人口问题。这种对国家的评估意味着要对拉丁美洲社会的过去和现在进行详尽的描述，这种描述是令人沮丧还是令人心生希望，取决于分析的结果。在大多数情况下，世俗化进程对在知识与合法性上一家独大的天主教有制衡作用。取代它的是"正面的宗教"，后者渗透了大部分的文化领域。法律、规范、因果关系成为获得秩序的必要条件，以取得渐进性的进步。因此，人们返回过去,既不是鲫鱼式的行为,也不是为了怀旧,而是将过去作为有教育意义的故事来讲述。19世纪末的文人们在写传记性或历史作品的时候,都带着一种愉悦感,此事并非偶然。

不管是以浪漫主义的形式还是实证主义的形式,19世纪的史学叙述都始于国家的独立。也就是说,从目的论角度出发,从殖民秩序瓦解的那一刻起,历史就已经被预设好了。这种叙事方式,与其说是一个国家以历史为根基,不如说是一个国家对历史进行否定。有洞察力的伟人们推动了自由与进步的广泛运动,历史的车轮不可避免地往前行进。原住民的文化没有受到直接的批判,因此被遗忘。农村的文化也是如此。例如,委内瑞拉人鲁菲诺·布兰科·丰博纳(Rufino Blanco Fombona)宣扬说"农民的迟钝和粗鄙让我无法忍受。他们总是搞错这个搞错那个,想要把他们从劣等群体的可悲处境中解救出来是不可能的"。此外,过去向来是与政治军事历史和伟人们的传记并肩同行的。巴西的哈努阿里奥·德·孔哈·巴博萨(Januário da Cunha Barbosa)是巴西历史和地理研究院(1838年)的创始人,他认为,掌握某个时期所有杰出人物的传记就是掌握该时期的历史。另一位在巴西进行历史研究的弗朗西斯科·瓦恩哈根(Francisco Varnhagen)不仅再次肯定这一观点,还毫不掩饰他对"卑劣平民"的鄙视。对他来说,巴西的历史就是布拉甘萨王朝的历史。智利的迭戈·巴罗斯·阿拉纳(Diego Barros Arana)写道,如果历史上没有出现模范伟人,那么历史学家的义务则是把他们创造出来。

卢卡斯·阿拉曼在他的《墨西哥历史:从 1808 年为独立奠定基础的第一批运动到现在》一书中,贬低了独立运动过程中由伊达尔戈和莫雷洛斯神父领导的 1810 年农民和印第安人运动的意义。他把伊达尔戈描绘得粗俗不堪,还将墨西哥的独立归功于阿古斯汀·伊图尔维德(Agustín Iturbide)率领的"三保证军队"(1822 年进入墨西哥)中的土生白人。到 19 世纪末,波菲里奥·帕拉(Porfirio Parra)总结说,撰写历史应该是"一门强调因果关系的、真正的科学,它证明了因果关系定律。该定律从事实出发,上升到法则,同时又根据法则来对事实进行阐释"。

文绉绉的、教化性的、有崇拜意味的传记式叙事并未提及底层人民在历史进程中扮演的角色,甚至对他们的领导作用采取了消极评价,拉普拉塔地区的何塞·赫瓦西奥·阿蒂加斯就是其中一个例子。即使在实证主义史学这一密闭的领域中,我们也不该认为不同的历史观之间不存在争议。不同的人有不同的解释,所使用的史料也不同,所属的政治派系也不同,存在许多激烈的争论:自由派路易斯·玛利亚·莫拉(Luis María Mora)和保守派卢卡斯·阿拉曼关于墨西哥独立的争论,还有巴托洛梅·米特雷和维森特·菲德尔·洛佩斯(Vicente Fidel López)之间的争论。但是,后两位在某一方面持一致的观点。米特雷给洛佩斯写信说道:"我们几乎都对伟人有着同样的偏爱,并且对那些野蛮的滋事者——例如阿蒂加斯,有着同样的厌恶,对于野蛮的滋事者来说,我们已经在历史层面上将其埋葬了。"他们俩的另一个共同之处是承认历史具有爱国教化的功能,它的使命是将国家同质化,它承载着文明的价值观。例如,米特雷在1864年出版的《有关阿根廷革命的历史研究:贝尔格拉诺与古埃姆斯》中,宣称他写这本书的目的是"唤醒被民族分裂而削弱的阿根廷的国家情感"。与他相同的是,瓦恩哈根(1906年)说道:"我寻找爱国主义灵感,并试图有效地约束某些松散的国家观念。"与他同一时代的弗朗西斯科·鲍扎(Francisco Bauzá)坦承,他因"爱国本能"才有勇气编写出《西班牙在乌拉圭的统治历史》(1880—1882年)这一历史巨著。

尽管这些对历史的叙述明摆着是为了创造民族身份的符号与象征,但它们也不是一成不变的,甚至会有一些例外。墨西哥的胡斯托·塞拉在书中提到了夸乌特莫克[Cuauhtémoc,反抗埃尔南·科尔特斯(Hernán Cortés)①的最后一位阿兹特克首领]和贝尼托·华雷斯(有印第安血统,他率领人们将墨西哥从法国侵略

---

① 埃尔南·科尔特斯,殖民时代活跃在南美洲的西班牙殖民者,以摧毁阿兹特克古文明,并在墨西哥建立西班牙殖民地而闻名,埃尔南·科尔特斯和同时代的西班牙殖民者开启了西班牙美洲殖民时代的第一阶段。

者手中夺回）的历史重要性，借此，胡斯托·塞拉承认了墨西哥人民在历史进程中发挥的主导作用。《墨西哥民族的政治演化》将个人事件与集体运动相结合，而集体运动最终以独立、改革和国家成立而结束。

同样的情况也发生在语言的使用方面。没有人对西班牙语作为官方语言这一事实提出质疑。曾被浪漫主义一代当作问题的"语言"一事，又被重新提出，但人们更多探讨语法问题，而非语言本身的问题。对安德烈斯·贝洛而言，研究卡斯蒂利亚语的语法学家是该语言必不可少的"监护人"，他们传播这门语言的正确用法，并监督使用情况，因为"正如我们在美洲看到的那样，如果监督不当，一不留神就可能导致卡斯蒂利亚语堕落为一门充斥着法语语汇的方言"。当时的智利大学校长担心的是，美洲的语言可能会被分散、败坏，甚至会导致人与人之间无法沟通的结果。官方语言的正式化这一特点使国家得以成立，也成了一个用来"管教野蛮"的工具。语言和法律相辅相成。正如胡里奥·拉莫斯（Julio Ramos）指出的那样，语言是理性的一种范式，它在整理美洲式"混乱"的道路上，引导着新社会的事业的进行。

可能没有其他政府像哥伦比亚复兴时期的政府那样，将语言和法律看作民族性的地基。人们维护天主教，并将其作为政治合法性的来源。人们还对语法产生了一种奇特的崇拜心理。历史学家马尔科姆·戴斯（Malcolm Deas）指出，掌握语法、语言定律和语言奥秘是1885年到1930年间，保守派的领导权的一个非常重要的组成部分。一个显而易见的事实是，几乎所有的总统[拉斐尔·努涅斯、米格尔·安东尼奥·卡罗、何塞·曼努埃尔·马罗奎恩（José Manuel Marroquín）、马可·菲德尔·苏亚雷斯（Marco Fidel Suárez）]都不是靠血统、财富或军事力量获得权力的，他们在做总统之前分别是律师、诗人、语法学家和拉丁语学者。

对于米格尔·安东尼奥·卡罗来说，语言、宗教和政治之间存在着一种对应关系。他在自己的著作中坚决拥护激进天主教教义以及反实证主义的斗争，他将语法梳理成了有序的语法学。卡罗建立了不平等原则，将其作为社会秩序的关键。在他的著作和演说中，他对什么是天主教，什么是正确的卡斯蒂利亚语，以及什么是哥伦比亚民族做出了定义。该地区的第一所语言研究院就是哥伦比亚语言研究院，此事并非巧合。在研究院建成仪式（1871年）上，卡罗发表了博采众长的长篇演讲，演讲充满了经典语录、诗歌、词源学和语言学细节。卡罗认为，除了文学使命，语言还有更多的使命。语言研究院不仅管理语言规范，还培养哥伦比亚民族的道德品质："难道还有人看不到文字对高尚的情操、柔和与纯净的习俗所产生的有益影响吗？"那些把"自然和粗俗，朴素和糟糕的贫乏"混为一谈的人，被排除在民族之外。语法是一种挑选精英的标准,它划定了一条界线,将那些拒绝捍卫卡斯蒂利亚语纯洁性的人排除在外。

然而,在巩固国家政权的过程中,实证主义思想占据了主导地位,成为一种"爱国宗教",弥合了行为的合法性与政治实践之间的鸿沟。实证主义思想也许不仅仅是认知科学的命题,还是一种世界观,它从两种意义上对国家的构成产生了直接影响:一方面,在占主导地位的文明和进步思想之上,又增加了科学性;另一方面,它与不同的国家机构(教育、司法、卫生)相连接,后者根据这些思想制定公共政策。

在医学社会学中,第三代实证主义者将民族的身份标志以及阻碍发展的最明显原因归结为拉丁美洲社会的种族构成。这个解释透出一种失望,而不是一种对个体自由和自决权的强烈悲观情绪。个体自由和自决权已经从哲学领域转移到了政治领域。对诸如"群众"或"人民"等的关注不仅将现代化发展的阻碍列为问题,还将精英领导层的品性合理化了。

什么是"国家灵魂"?这是一个与方法论相关的问题,确立政治秩序的根据是国家灵魂。这就将社会遗传学与身份的话题联系了起来,然后把身份的话题与政治秩序也联系在一起。20世纪前10年的文章运用了有机生物学的比喻来形容国家,对论述语言进行医学化处理,对社会性进行自然化和物化处理,让"社会"

听上去像一个划分了等级的功能性有机体。有一些文章写得很好：阿根廷的胡安·阿尔瓦雷斯（Juan Álvarez）的《政治病理学手册》（1889年）、委内瑞拉的塞萨尔·祖梅塔（César Zumeta）的《生病的大陆》（1899年）、阿根廷的曼努埃尔·乌加特（Manuel Ugarte）的《社会疾病》（1905年）、玻利维亚的阿尔西德斯·阿尔盖达斯（Alcides Arguedas）的《病态的民族》（1909年）、尼加拉瓜的萨尔瓦多·门迪埃塔（Salvador Mendieta）的《中美洲之症》（1912年）、巴西的玛诺埃尔·波费姆（Manoel Bonfim）的《拉丁美洲的社会寄生主义和演化》（1903年）、智利的弗朗西斯科·德·恩西纳（Francisco de Encina）的《我们的经济弱势：成因及其后果》（1912年），还有古巴的费尔南多·奥尔蒂斯（Fernando Ortiz）的早期作品《古巴黑人的下流社会 贫穷的黑人 犯罪民族学研究笔记》（1906年），此处仅举几例。

这一时期的意识形态结构遵循的是古斯塔夫·勒庞作品中的规律（《乌合之众：大众心理研究》）。勒庞认为，每个种族都有自己独特的身体结构，和这一解剖结构一样，该民族的心理特征也能通过后代的继承得以规律且忠实地传递，并构成"民族特色"。

各个时期的拉丁美洲思想都有一个挥之不去的特点，即有着属于该时代的独特性。尽管从殖民条约瓦解到民族国家建立，人们一直在探讨民族特色的问题，但是在20世纪初期，人们不加批判地照搬产生于其他社会和背景下的意识形态系统,并对其抱有过分热切的期望,其结果是人们在民族特色的问题上产生了失望和怀疑的情绪。

心理学、医学社会学等理论,无一例外地涉及三个问题:指出缺乏原创思想;以往社会分析的非系统性和前科学性;与以往不同,坚信"积极知识"可以提供一种科学的、非利己性的分析。在实证主义的显微镜下,在腐败、堕落和艰难抉择等严酷条件之下,国家就像一块组织,被手术刀、坩埚或实验室加以处理。无论诊断过程是多么令人难堪和痛苦,其目的都是检查出疾病,并采取相应的治疗措施。第一个问题就是这种"积极知识"是否具有合理性。

例如,在卡洛斯·奥克塔维·邦吉(Carlos Octavio Bunge)撰写的《我们的美洲:社会心理学》(1903年)的简介中,我们能够找到可以称之为当时的社会心理学著作的目的、方法论和主题的象征性表达:认识问题,陈述土生白人政治思想,列举实际案例。同一时期,玻利维亚的阿尔西德斯·阿尔盖达斯在他的《病态的民族》(1909年)这一著作中表明:"我们需要直言不讳,必须坦率、勇敢地承认我们生病了,或者说,我们生来就是病人,而且我们的堕落有可能是真的,不是作为一个民族,而是作为一个种族,更确切地说,作为一群具有相同欲望和相同大脑构造的个体。"费尔南多·奥尔蒂斯在他的《古巴人》（1909年）中也着手进行这项迫切的任务，他运用严谨的科学方法，对"古巴人的劣根性"不加遮掩地进行了分析，"以便能够有力地做出补救，以便能够勇敢地、科学地运用矫正器或手术刀"。几年后，奥尔蒂斯在这方面彻底改变了他的立场。

自然科学统治下的科学统一是实证主义哲学的一个前提。从这个意义上讲，科学范例将两个首要的基本操作带入了种族阐释学：分类和分级。种族分类学依靠严格的标准，但是这些标准并未超越生物学隐喻的范畴。至于原住民，邦吉想知道是否有可能将这些各不相同的土著居民的"心理特征"进行综合。他发现，"东方宿命论是墨西哥人和秘鲁人的特质，这一特质在一定程度上解释了他们为何很容易就被征服"。悲观是他们的另一个共同特征，其余的共同特征有复仇和恐惧心理。邦吉预测纯印第安人会消失，"这一种族消逝，质变导致了解体。因此，在当今美洲社会学中，纯印第安人几乎没有或根本没有重要性可言"。对这一缘由有更深了解的阿尔西德斯·阿尔盖达斯指出，艾马拉人"就像高原的风景，孤僻而野蛮"，"他们仇恨时，坚韧、恶毒、自私、残忍、报复心强，并且多疑；他们热爱时，温顺而深情。他们缺乏意志力和恒心，深深地憎恶与他们不同的一切"。

这些种族学理论是在人们对混血种人的看法中表现出来的，

种族学理论涉及混血、返祖、未开化和退化的问题。邦吉对混血问题的首次说明，阐释了人种分析过程中的一个节点性问题：混血种人是"属于同一物种不同品种的两个个体的后代；而杂种是同一属的两个不同物种的个体的产物"。达尔文的"返祖"概念（一个物种的两个不同变种的杂交会产生特定的祖先的性状，同属的两个物种之间也具有共性）和"相互关系"概念"科学地"支持了邦吉关于混血种人的理论。关于遗传返祖现象，"混血种人倾向于再现原始人种，或者至少是古代人种和哥伦布发现美洲之前的人种"。他由此推断出一个常见的犯罪学假设：每一个混血儿，不管他的父母或是兄弟姐妹是谁，都是一个道德的混合体。从这个角度来看，邦吉描述的混血种人的一般特征也就不足为奇了，他认为混血种人具有"一定程度的心理不正常，相对来说难以生育，并缺乏道德感"。黑白混血儿是返祖现象最明显、最混杂的人种，"他们和女人一样易怒无常，他们像女人，像堕落的人，像魔鬼本身，他们外表强大，然而力量虚弱……他们是新诞生的魔鬼，是永恒的叛逆者"。换句话说，他们是双重的堕落：既女性化又恶魔化。

阿尔盖达斯也表示赞同，他认为混血种人具有不道德的特质。他认为，玻利维亚的混血种人最多，而这是其所有弊端的根源。混血的政治家、军事家、外交官员、立法者和教士，"他们永远不会扪心自问某种行为是否合乎道德，也不会从整体利益的角度出发,用道德去理解人类活动的和谐性",因为他们只考虑自己,他们不顾任何原则,只为满足他们对荣耀、财富和名誉的渴望而行动。他们近乎残酷地自私自利,毫无同理心。

那些被带到美洲当奴隶的非洲人,及其出生在这里的后代,失去了原有的身份。对邦吉来说,他们的劣根性是一个客观事实。

"他们没有发明电报或铁路,也不是艺术家,也不是不懈努力的商人。无须强大的洞察力即可知晓这一点,因为直到今天,在任何地区、任何国家,他们都没有为人类提供过智慧或引导。这是无可争辩的事实……他们的心理具有典型而普遍的特质,那就是奴性和无主见。"

费尔南多·奥尔蒂斯在他的《古巴黑人的下流社会 贫穷的黑人 犯罪民族学研究笔记》中,稍加矫正了那些将奴隶制归因于非洲后裔道德缺失的论点,该书由当时著名的颅相学家塞萨雷·隆布罗索(Cesare Lombroso)作序。犯罪要用"精神原始性"来解释,这种原始性是古巴社会的"烂泥般的底子","并无肤色的区别"。该书中出现了"不良生活"这一概念,而道德发展中的落后者则是这种生活的参与者,"我们不能严格地说,黑人在到达古巴时是不诚实且不道德的,因为诚实道德的概念在社会学意义上具有相对性"。"不良生活"是水手、士兵、冒险者们,也就是海员和军兵聚集的结果,与大西洋的运输活动(尤其是烟草)有关,也与妓女、小偷等边缘人有关,他们被视为"不正常的人",有可能是罪犯。在《古巴人——热带心理学》这一著作中,奥尔蒂斯以当时被社会抱有偏见的这一代表性团体为中心,认为社会对他们的价值判断是绝对消极且不合格的:"重要的是让黑人参与我们的社会发展过程,并将这种认知与其他方面结合起来,从社会学角度定义我们是什么,我们已经做了什么,并帮助我们在良性的基础上,朝着我们的目标前进。"

在从人体测量学到社会达尔文主义再到社会生物学的种族理论中,某些社会价值观从生物学领域滑向了生机论隐喻。埃蒂安·巴里巴尔(Étienne Balibar)指出:能量、决策、主动性,以及通常意义上权力的所有男性化体现;或者相反的,被动、性感、女性化、团结、肉体的性情,以及通常意义上社会有机单位的所有表现。这种诠释学理论将身体特征转化为心理或道德特性。

这些分类法的最终目标是寻找社会与政治秩序之间的对应关系。这些观点所循的脉络与学者认为的社会现实与政治秩序及其客观化之间的失调距离有关。因此,他们热衷于描述土生白人政治的特征、偏差和弊端。一般来说,这些作品的结论都涉及与秩序和进步相关的三点:第一点是懒惰和劳动这一组合;第二点是从后殖民秩序那里继承的政治设计的不适当性;第三点是最突出的一点,即社会、政治和精英群体之间的鸿沟。最后两点对实证主义二项式中的"秩序"提出了质疑,而第一点质疑的则是"进步"这一价值观。

第一点,对于邦吉来说,"西班牙语美洲人的性格"的显著特征是懒惰、悲观和傲慢。懒惰不仅指的是意志和智力层面,更重要的是,"在对民主的滑稽模仿中,懒于行使政治权利、履行政治义务"。懒惰和劳动这对组合一直与"劣等的他人"这一错误概念有关。"劣等的他人"被看作懒惰的人,拒绝认同劳动的价值。劳动的价值是现代性的关键,在很大程度上与世界市场上经济的重组过程相关。工作作为一种价值,一直与纪律联系在一起,基本上被理解为具有服从性、顺驯性和无条件性的特点。

第二点涉及对政治合法化原则的批评:按照邦吉的说法,自由秩序"与共和国宪法十分不相符",这就是为什么当时的议会制只不过是"一种血腥的笑料"。每个西班牙语美洲国家的"统治能力"都"与其欧洲血统的比例成反比"。阿尔盖达斯也坚决主张政治制度的人为性,即"激进雅各宾主义",并反对"空想和感性的"倾向,主张治疗土生白人的"议会症"。对阿尔盖达斯来说,玻利维亚不仅将混血种人奉为神明,还忽略了"外来移民的利益",阿尔盖达斯认为这是他提出的治疗法的核心论点。

弗朗西斯科·加西亚·卡尔德隆(Francisco García Calderón)的《拉丁美洲民主》(1912年)一书与自由主义传统的异国情调

相吻合，他在书中提出对政治制度进行修正，其中包括解决保守派政治传统的经典问题。他提议延长总统的任期，简化政治机制，延长参议员和众议员的任期，以防频繁的选举扰乱人民的生活，"简而言之，以具体改革的名义放弃政治法规的幼稚教条。如果国家总统是必要的话，那么用一种权力机构去反对他的独裁政权也同样合适，该权力机构会让人想起玻利瓦尔的世袭参议院"。

关于美洲考迪罗制度和宪兵的必要性，最有说服力的作品是委内瑞拉作家劳雷亚诺·瓦伦尼拉·兰兹（Laureano Valenilla Lanz）的《民主专制主义》（1919年），该书将胡安·维森特·戈麦斯（Juan Vicente Gómez）的独裁统治合法化，并将论点扩展到整个拉丁美洲。在西班牙语美洲国家动荡的生活中，"考迪罗是保护社会的唯一力量，而科学家在社会融合的早期阶段所指出的现象仍然存在：领导人不是选出来的，而是强行上位的"。

种族、遗传、返祖现象和等级制度解释了文明与进步所包含和不包含的东西，并赋予了自由平等原则一种务实的合法性。

外来移民和教育是最常见、最基本的内容。这两个主题几乎在所有的著作中都被提及，然而，还是能隐约看到那些无论如何都无法被同化的群体。例如，卡洛斯·奥克塔维·邦吉赞颂劳动和移民的治疗效用时毫不犹豫地说："此外，酗酒、天花和肺结核——愿上帝保佑你们！——摧毁了土著和非洲居民。"

在移民众多的国家（阿根廷、乌拉圭、巴西），欧洲人的到来被认为是一种双重解决方案：既解决了劳动力短缺问题，满足了"种族改善"的需要，又消除了拉丁美洲人口中的土著人成分（所谓的"疫苗方案"）。在其他国家——例如秘鲁——这还仅仅是某些知识分子的一个提议，但是在阿根廷，这一方案被当作官方政策，取得了很大的成效。当1810年革命100周年纪念日临近时，这一政策开始受到质疑，取而代之的是一种明显的、日益加剧的排外主义。排外主义在外来移民与其他社会的印第安人、混血种人、黑人之间画上了等号，并造成了一种奇特而又意想不到的效果：人们对高乔人重新评价。这种混血种人之前被认为是遗传学意义上最差的人种，他们从"懒惰、游手好闲且注意力不集中"变成了国家美德的模范。相反，在很大程度上，外国人被视为忘恩负义的受益者，这片土地慷慨地给予了他们一切，没有要求他们提供任何东西，这样做的后果是给国家带来了犯罪事件，还有无政府主义。

在这些记录中，正如奥斯卡·特兰（Oscar Terán）所分析的那样，"国家必然是一个专制机器，它在四散分离的条件下行使一体化的功能"。用医学术语解读社会，可以诊断出病状。在这些持不同政见的人中，我们来看一下安东尼奥·马修（Antonio Maciel）的案例。他是1867年在巴西的巴伊亚州的塞尔塔内雅地区兴起的救世主运动的参谋长,该运动在 1896 到 1897 年间卡努杜斯战争中达到了高潮。诺尔德斯蒂纳的叛军被指控为野蛮人、野兽般的狂热分子、罪犯和君主制拥护者。经过五天的战斗,联邦政府派出的第四组远征军终于击败了来自贝卢蒙蒂镇的一个由农民、牛仔、暴徒和曾是奴隶的人组成的庞杂队伍。那些没有死于这场战斗且设法逃离的人被抓了起来,并被枪决和斩首(估计死亡人数为 5000 人),妇女被强奸,儿童被掳走。小镇被煤油炸弹夷为平地,以遮掩野蛮行径的痕迹。马修在最后的战斗前一周死去,他的尸体被挖了出来并被斩首,他的头颅被送往里约热内卢,进行人类医学研究,以便对这位参谋长的犯罪病理进行"科学的"验证。

欧克利迪斯·达·库尼亚(Euclides da Cunha)是一位巴西的军事工程师、作家和记者,他最初对塞尔塔内雅地区的野蛮行径和共和国的文明目标有着同样的感触和判断。在最后一场战役中,他随从联邦军队,担任《圣保罗日报》的战争通讯员。1897年 8 月至 10 月,他一直待在卡努杜斯。库尼亚的论述涉及种族、时代、环境三要素理论,也与当时的实证主义思想有关,因此在他的作品中,能够看到伊波利特·丹纳(Hippolyte Taine)的影子。库尼亚在军事学校接受过培训,而本杰明·康斯坦特就是他的老师之一。他对野蛮行径的看法经常被拿来与阿根廷总统萨米恩托的《法昆多》（又名《文明与野蛮》）中的看法相提并论，两者的共同特征之一是对自然和文化边界的描写。库尼亚对巴西东北部所有的异常和偏离之处进行了描述。塞尔东[①]地区的景观毫无连贯性，不合逻辑，且具有灾难性。反动分子的心理是一种"病态的英雄主义"，他们被近乎动物性的冲动支配着，大脑仿佛被催眠，十分可怕。安东尼奥·马修是"一位反面意义上的伟人，属于一个反常的物种"，生动地表现了巴西底层人民的畸形症状。库尼亚以极其清晰的目光，重新审视了巴西国家建设的中心思想，并以富有戏剧性的方式表现了巴西南北地区之间的差异。南方人朝气蓬勃、务实、勤劳且有进取心，而东北地区落后、死气沉沉、发展停滞，没有历史也没有未来。

然而，在目睹了惨烈的军事战役之后，库尼亚写了《塞尔东人》一书，这是一部有关巴西思想的经典作品，在这部作品中，库尼亚改变了最初的立场，他否认救世主运动是君主制的阴谋，毫不掩饰自己对那些"暴徒"的勇气的钦佩，并反思文明军队的野蛮行为："我们自己比那些粗俗落后的同胞们好不了多少。"文明中也存在着野蛮，这是对巴西主流解释模式的一次奇特而罕见的"反演"。当时的巴西国旗上写的是"秩序和进步"。

[①] Sertón，源于葡萄牙语，指巴西东北部广阔的半干旱区。

邦吉挪用了何塞·马蒂（José Martí）的"我们的美洲"一词，但没有使用何塞·马蒂同名文章中的观点。在这篇具有象征意义的文章《我们的美洲》中，马蒂并未肯定种族分别。种族之间没有仇恨，因为根本不存在种族之说，"思想家在书本上对种族讲述得头头是道，正义的旅行者和热切的观察者在大自然的正义中寻找种族，却并未找到，压倒性的爱情和汹涌的欲望则突显出人类的普遍性。人的灵魂从形状和颜色各不相同的身体中，平等、恒久地散发出来"。

然而，在19世纪的拉丁美洲及其邻近地区，马蒂的观点非常特殊，远不能构成官方意识形态。专制国家形式下的政治统治建立在明确的种族问题之上，从根本上讲，从征服和殖民美洲大陆的那一刻起就是如此，这并不是什么新鲜事。新鲜的是理论基础不再是神学的，而是世俗科学的：白种人的"优越"和"有色人种"的"低劣"并不是上帝的旨意，而是基于生物学、体质人类学的多元论、社会心理学、物种进化理论、社会或医学理论得出的结论。

关键问题是公民身份的构成和扩展，以及随之而来的政治主体和政治的构成和扩展，实证主义者（与他们的科学主义一致）将政治视为科学政治，这一实验科学最终背弃了古典的自由主义原则，使封闭的寡头秩序合法。

国家独立的百年纪念日——寡头秩序的哀歌？

> 西班牙美洲如同整个西班牙
> 将它倒霉的命运固定在东方；
> 我询问等待的斯芬克斯，
> 用你神圣的脖颈那疑问的形状。
> 难道我们要向残暴的蛮族屈膝？
> 难道我们如此多的人都要讲英语？
> 难道已经没有崇高的贵族和勇敢的骑士？
> 难道我们保持沉默是为了将来痛哭流涕？
> ——鲁文·达里奥（Rubén Darío）①，《天鹅》

在独立革命 100 周年的纪念活动中，精英确定了国家的定义和内容：进步、管理、秩序、光明、文明。这些内容仿佛用金属铸造而成，几乎与纪念勋章一样坚固。

然而，从历史角度分析，独立百年纪念活动完全可以被认为是寡头秩序最后的哀歌。这种乐观的自我称颂充斥在庆祝仪式中，

---

① 尼加拉瓜诗人费利克斯·鲁文·加西亚·萨尔蒙托的笔名，他开创了西班牙语文学中的现代主义，将原本以模仿欧洲文学为主的拉丁美洲文学改变，是西语现代主义文学的代表作家，在 20 世纪西语文坛上产生了巨大影响，被称为"卡斯蒂利亚文之宗匠"。

但是它并不能掩盖寡头秩序的裂痕：工人和农民的抗议、中等阶层的抗议。简而言之：被排挤的人群的抗议。

墨西哥是最显而易见的例子。1910年9月，"多洛雷斯呼声"的庆祝活动举行，两个月后，弗朗西斯科·马德罗（Francisco Madero）号召人民起义，墨西哥革命爆发。在布宜诺斯艾利斯，庆祝活动十分铺张，对"牲畜和庄稼"组成的阿根廷做出了肯定，但由于受到无政府主义者的抗议，庆祝活动无法继续进行。激进主义，也就是被政权排挤在外的中等阶层的抗议运动，在1905年就开始了，抗议采取暴动和弃权的形式，这也刺激了"80一代"的封闭性政治秩序。被卒和相将死的寡头秩序，在其规则中采纳了改良主义方案，事实证明这是不够的。

在智利，国家独立百年纪念活动中有两次全国哀悼：共和国的两位总统去世，佩德罗·蒙特（Pedro Montt）及其继任者——副总统埃利亚斯·费尔南德斯·阿尔巴诺（Elías Fernández Albano）。精英阶层达成的一项协议克服了这场艰苦的考验。1910年9月，举办庆祝活动的寡头政府认为，国家就是他们的家族历史，而独立战争的伟业则是他们祖先的历史。然而，这种稳定之中一直存在着裂隙，一些批评的声音透过裂隙传出来。例如，亚历杭德罗·韦尼加斯·卡鲁斯（Alejandro Venegas Carús）使用笔名朱利奥·瓦尔德斯·坎格（Julio Valdés Cange），撰写了《1910

年的真实智利》一书,这是对智利统治阶级的打击性批评。该书的形式是给新任总统拉蒙·巴罗斯·卢科(Ramón Barros Luco)的几封信。这位总统宣称,根据以往的传统,99%的问题可以自己迎刃而解,而剩下1%的问题则没有解决方案。

该书是给智利领导层的一纸尖锐的状书。书中分析了智利的贫困问题、政党的腐败问题、司法机构的弊端、教育体系的不足和新闻界的立场问题。新闻界"就像一个卑鄙的妓女,她对上流阶层满怀私心地阿谀奉承,满足他们的虚荣心,掩盖他们的恶行"。韦尼加斯还提到了1881年征服阿劳卡尼亚的事件,以及对马普切人土地的残酷侵占,称这是一次"掠夺和洗劫"事件。该书的一个关键章节讲述的是硝石工人的悲惨生活。他没有忘记,桑塔·玛丽亚·德·伊基克(Santa María de Iquique)学校仍然完整地保留着"上任政府统治时期的最悲惨的那天,手榴弹在墙壁上炸开的洞"。佩德罗·蒙特于1907年12月21日下令对桑塔·玛丽亚·德·伊基克的工人进行残酷屠杀,这一事件构成了工人历史的一部分,发生的日期距离独立百年纪念日十分之近,给该国的左派人士带来了数十年之久的影响。

"人民应如何参加重大的节庆活动?这就是我们所说的进步吗?"工人领袖路易斯·埃米利奥·里卡巴伦(Luis Emilio Recabarren)在1910年的演讲《经历一个世纪的共和生活之后的

富人和穷人》中这样问道。人民解放的钟声尚未敲响,他在工人论坛中这样说道:

"人民仍然活得像奴隶,被束缚在经济秩序中,与工资的链条捆在一起,而后者则是他们的苦难。在政治秩序中,他们则与贿赂、欺骗和政治干涉的链条捆绑在一起,被剥夺了所有的行动权和发言权。在社会秩序中,他们则与自身的无知和恶习的链条捆在一起,这让他们在我们生活的社会中变成了无用的人。"

如果说迭戈·波塔莱斯在智利建立了右翼的政治族谱,那么可以说路易斯·埃米利奥·里卡巴伦建立了左翼的族谱。

在秘鲁,奥古斯托·B. 莱基亚(Augusto B. Leguía)于1919年成立政府,与代替"贵族共和国"的权力集团——沿海制糖业大亨和山区的权贵们——结盟。他主张建立全新的财阀政治,联合外国资本的强有力的投资,在20世纪20年代,外来投资增加到了原来的10倍。他称自己的现代化计划为"新祖国计划",这一计划的提出伴随着他对农民、工人和学生的慷慨承诺。他自诩维拉科查①,甚至用自己之前不会的克丘亚语发表演讲,但他最初的雄心壮志很快就消失不见了。此后不久,他命令对塞拉苏的农民叛乱和利马的工人罢工进行严厉镇压。

---

① Viracocha,古秘鲁人的主神,日、月、星辰及人类的创造者。

1921 年 7 月 28 日庆祝秘鲁独立 100 周年的活动，由于各种原因（政府大楼内发生了一场火灾，使原本计划的展览受阻等），远远不如同样发生在秘鲁、牵扯到整个南美洲的里程碑事件来得重要：阿亚库乔战役 100 周年（1924 年 12 月 9 日）。在这两个日期之间，展开了一场针对莱基亚的大型公众抗议活动。1923 年 5 月 23 日，学生和工人走上街头，游行示威，反对莱基亚为获得教会支持，在秘鲁举行耶稣圣人的祝圣仪式。大学改革运动的影响犹在，圣马可的学生们意识到，如果秘鲁不实现民主化，那么大学的民主化是基本不可能实现的。他们明白不能单打独斗。他们在平民大学创建了一个和工人们聚会的场所，这个场所被他们称为"冈萨雷斯·普拉达"（González Prada），以纪念这位自由主义思想家、秘鲁贵族的尖锐批判者。

游行示威是所谓的"百年一代"或"被否决的一代"带来的火的洗礼，也是一次众多声音的大合唱，抨击了这个白色的、沿海的、寡头政治的秘鲁。当时的秘鲁学生联合会主席，维克多·劳尔·阿亚·德·拉·托雷（Víctor Raúl Haya de la Torre）公开露面，后来他不得不流亡到热情好客且充满革命气息的墨西哥。阿普拉党（美洲人民革命联盟）开始出现，各式各样的土著主义运动出现，尤其是在库斯科，以复兴派和路易斯·瓦尔卡塞尔（Luis Valcárcel）为例。此外，拉丁美洲先锋派最重要的杂志《阿毛塔》被创办，展现了杰出思想家何塞·卡洛斯·马里亚特吉（José Carlos Mariátegui）的思想和激情。因此，随后展开的辩论为20世纪拉丁美洲政治讨论奠定了基础：土著主义、社会主义、民族主义、反帝国主义。新生代对旧的政治秩序展开了讨论，同时也讨论了他们受俄国革命或墨西哥革命影响后（或者两者的影响兼有）萌生的一些原始想法，这些想法以折中的方式融合在一起。"改革与革命"之间的争论、托雷和马里亚特吉之间的争论、古巴人胡里奥·安东尼奥·梅利亚（Julio Antonio Mella）和托雷之间的争论，是极其重要的例子。

《秘鲁独立百年图册》中的照片生硬地展示着纪念碑、纪念奖章、邮票、宴会、军事阅兵、展览、工业博览会，还有不可或缺的外国代表团。革命中的墨西哥派出了杰出的哲学家安东尼奥·卡索（Antonio Caso）。智利并没有派出代表团，因为塔克纳和阿里卡之间的冲突还未解决。委内瑞拉的代表团也没有出席。当时的委内瑞拉总统胡安·维森特·戈麦斯直到1935年离世时才卸任，他认为对西蒙·玻利瓦尔的纪念还不够。他之前的声明——"圣马丁的杰出地位要归功于对1821年7月28日的纪念活动"——也未能改变他的心意。

相较之下，阿亚库乔战役100周年纪念活动的排场更大。这场纪念活动同样设立了纪念碑，并铸造了纪念勋章。这场活动的勋章上，玻利瓦尔的存在感更强了。莱基亚总统并没有浪费这次机会，他修改了宪法，使他自己可以连任总统。最初的"新祖国计划"最后变成了11年的总统任期。1930年，当秘鲁那短暂但坚定的民主之春拉开帷幕时，莱基亚的政权将被推翻。

在这场击败保皇党军队战役的100周年纪念日中，不乏诗歌和颂词。最为恢宏的是诗人何塞·桑托斯·乔卡诺（José Santos Chocano）创作的《阿亚库乔和安第斯山脉》，该作品受到了莱基亚本人的推崇。阿根廷诗人莱奥波多·卢贡内斯（Leopoldo Lugones）从阿亚库乔战役出发，谈到了其他战役。他那法西斯主义的指针指向了"剑的时刻"，他赞美军事和武器，谴责民主和宪法，主张将武力置于理性之上，将服从置于自由之上。正如他在另一首诗中用他的生花妙笔写的那样，他认为自由是"老百姓的维纳斯"。这个国家因这些舞文弄墨的人而饱含"诗意"。

乔卡诺和卢贡内斯都受到了秘鲁反对派青年的严厉批评：用不着诗人去拍独裁者的马屁。青年们的老师也对此进行批评。正如巴勃罗·扬克列维奇（Pablo Yankelevich）指出的那样，墨西哥公共教育部部长何塞·瓦斯孔塞罗斯（José Vasconcelos）指责乔卡诺就像小丑，因为他服务于所有的政权：奥古斯托·B. 莱基亚、胡安·维森特·戈麦斯，然后"现在又没羞没臊地去巴结埃斯特拉达·卡布雷拉（Estrada Cabrera）"。埃斯特拉达·卡布雷拉是危地马拉的独裁者,被米格尔·安赫尔·阿斯图里亚斯(Miguel Ángel Asturias)写进了《总统先生》这部小说。卢贡内斯的遭遇也是如此。瓦斯孔塞罗斯问道:"今天的我们要去往何方?连我们的诗人也变成了恶棍。这一切都是为了什么?为了铺平'剑之国度'的道路,可怜的拉丁美洲!"知识分子与政权之间的关系变得愈加复杂多样。

除了给历史上的伟人建造纪念堂之外,各国为纪念独立百年而撰写的文章也显示出少数领导与国家进步之间的关系,正如劳雷亚诺·瓦伦尼拉·兰兹对胡安·维森特·戈麦斯的描述那样,将精英阶层、独裁者或"必要的宪兵力量"合法化,或对武装力量进行赞颂。同样,当20世纪从第一个10年迈向第二个10年之时,20年代由于受到第一次世界大战以来发生的事件的渗透影响,人们开始批判现有体制,并寻找其他的解放方法,不再是为了发起变革,而是为了改变秩序。

在乌拉圭东岸共和国,独立100周年纪念并不是"寡头秩序的哀歌",因为我们很难将巴特列①的统治归为寡头政治。然而,其他的问题助长了白党与红党之间的20世纪之争。此外,国家是否独立取决于乌拉圭、巴西、阿根廷和大英帝国之间的关系如何。

---

① 何塞·巴特列·奥多涅斯(José Batlle Ordóñez),1903—1907年和1911—1915年任乌拉圭总统。

应当何时庆祝 100 周年纪念日？白党认为，要纪念的是 1825 年的英勇事迹：33 名东岸人与佛罗里达省议会成员的历史性聚头（1825 年 8 月 25 日）。此外，还要纪念胡安·安东尼奥·拉瓦列哈（Juan Antonio Lavalleja）和曼努埃尔·奥里维（Manuel Oribe），他们是国家和白党传统的奠基人，是不可否认的领导角色。对于红党来说，必须要考虑 1828 年的条约[这一事件的主角就是条约的签订者弗鲁克图奥索·里韦拉（Fructuoso Rivera）]和 1830 年 7 月 18 日的宪法宣誓仪式。何塞·阿蒂加斯的身影在哪个派系都能找到，但他不属于任何一派。这个冲突的解决方式符合乌拉圭一向高贵的传统：议会变成了历史上的最高法院，解决了这个问题。于是，人们庆祝了两个日子。1925 年，国会大厦建成，它是乌拉圭人心中世俗的神殿。主要的纪念仪式是在 1930 年举行的，人们还建造了新的足球场，并在该足球场上举行了世界杯足球赛。

为了展示国家的稳定和实力，当时那些庆祝独立百年的国家常用的一个方法就是用"三面镜子"进行比较。第一，与文明国家进行比较。结果，人们过分注重外来游客对本国的评价，有时候近乎病态。正如卡洛斯·雷尔·德·阿苏阿（Carlos Real de Azúa）所写的那样，外界的看法让那些对自己信心不足的人急切地想知道别人是如何看待他们的，这种心情与"喜欢占星、寻求心理咨询师分析或是接受神婆的建议"没有很大区别。这些国家的官方出版物竭力向文明国家展示本国在发展过程中走过的路。第二,作为补充,是与邻国进行比较,这大大强化了几处不够坚实的国家边界,然而这些边界从一开始就糟糕地预示了国家个性。第三,人们把目光更多地放在了国内,也就是与"其他的本国人"进行比较。

除了提及独立战争的军事战役以外,人们几乎闭口不提西班牙。即使在这种情况下,人们也会绕开战争的革命性或反殖民性。"革命"一词不能算作官方表述,这可能是因为没有可以搅动的水面,但是水面是安全的,因为"进化"这一概念更符合实证主义的敏感性的要求。于是,历史叙述就集中在了对伟人的形象和其杰出之处的描述上。此外,可以肯定的是,西班牙的影响愈加深厚,因为一部分人开始试探着提出他们的理论,并以此取代自由主义和保守主义达成的共识,这些人在古代的天主教西班牙以及现代的专制西班牙身上找到了不同的灵感。在布宜诺斯艾利斯,《脸与面具》杂志的一位撰稿人用嘲讽的口吻强调了西班牙公主伊莎贝尔·德·波旁(Isabel de Borbón)来访的影响,得出了自相矛盾的结论:在庆祝独立的日子里,"我们所有人都成了君主制的拥护者"。

各市政府宣布取得自治权,这被称为"争取自由的第一声呐喊",故事就从这里开始。这时的城市景象也显示了公共空间的样貌,尤其是在首都城市。街道、马路、建筑和雕像井然有序。妓院、土坯房、贫民窟都消失不见了,连那些曾为历史提供藏身之处的旧市政厅也没有了。在首都实行的奥斯曼①式改革,将历史的痕迹抹去,谱写出一首文明交响曲。在里约热内卢的城市改革期间,这一美好时代的诗人奥拉沃·比拉克(Olavo Bilac)写道:"肮脏、落后、死守着老旧传统的殖民城市在哭泣。获得新生的山峰欢快地歌唱,庆祝着洁净、良好品位和艺术的胜利!"

这项改革是受卫生学家们的启发,但并未收到穷人们的良好反馈:国家拆除了穷人们脆弱的住所,也就是所谓的"贫民窟"。无人理解政府采取的合理的卫生措施,强制人们接种天花疫苗的法令也不易推行。政府要么带着镐头拆毁居民的房屋,要么就是带着再生注射器给人们打针。1904年,所谓的"疫苗之战"是反对共和国政府的第一次大型城市抗议活动。这就是拉丁美洲现代性的矛盾。为了在里约热内卢举行百年纪念活动,以及为世界博览会腾出空间,政府执意拆毁了城堡山。城堡山曾是政府的历史所在地,底层人民居住于此,使这座城市从海上看起来十分丑陋。正如人们当时所说的那样:"它是瓜纳巴拉海湾中的一颗龋齿。"

---

① 乔治-欧仁·奥斯曼男爵(Georges-Eugène Haussmann,1809年3月27日-1891年1月11日),法国城市规划师,因主持改造巴黎而闻名。

1922年，在里约热内卢举办的100周年纪念活动中，发生了四个事件，引起了旧共和国"牛奶咖啡政治"[①]的注意。1922年5月，伯南布哥起义迫使联邦政府出动军队占领东北部州的首府。7月，科帕卡巴纳要塞发生了首次中尉[②]起义。同年，巴西共产党成立。现代艺术周在圣保罗举办，削弱了寡头政治的"高端文化"的锐气。奥斯瓦尔德·德·安德拉德（Oswald de Andrade）的《巴西红木的诗歌宣言》、马里奥·德·安德拉德（Mario de Andrade）的《丛林怪兽》、塔西拉·杜·阿玛拉尔（Tarsila do Amaral）的绘画，还有海特·维拉－洛伯斯（Heitor Villa-Lobos）的音乐，引发了一次美学和政治意义上的决裂运动，这种决裂在1928年的《食人宣言》中得到了概括。"是图皮[③]，还是不是图皮？这是个问题。"这一讽刺性的语句表现了欧洲人对美洲的征服，以及第一批天主教传教士被图皮人吞噬的命运，暗示了土著文化和欧洲文化之间既冲突又互补的关系。豪尔赫·施瓦茨（Jorge Schwartz）认为，"食人运动"重新树立了印第安人的形象，不再仅仅具有巴西浪漫主义所特有的装饰性作用，而是加上了侵略性和创新性：吞食欧洲

[①] 共和国成立后，巴西的政治权力掌握在圣保罗州（咖啡行业寡头）和米纳斯州（牛奶行业寡头）手中，两州轮换执政，这就是著名的"牛奶咖啡政治"。
[②] 这里指的是安东尼·德·西奎拉·坎波斯（Antônio de Siqueira Campos）中尉。
[③] 图皮（Tupi）是对巴西土著人的通用称呼。Tupinamba曾是巴西的一个食人部落。

文化，以图腾的方式吸收其价值观。"食人运动"超越了单纯的美学理论，被广泛地应用到革命层面，最终应用到社会转型层面。上述这些指责和批评在后来的1930年革命中汇聚到一起，热图利奥·瓦加斯（Getúlio Vargas）在这次革命后上台执政。

倡议并不单由政府发起。有时候，"正义要靠自己的双手获得"。1910年5月4日，在布宜诺斯艾利斯，一些穿着燕尾服的年轻人放火焚烧了他们所认为的野蛮象征：弗兰克·布朗马戏团。他们认为不能让来到这座城市的外国代表团看见这个马戏团。这些携带着燃料的"嗨乐菲"（high life的戏谑称呼）烧毁了马戏团。这一行动结束后，他们洋洋得意地聚集在优美的佛罗里达大街上，展示他们在这次"爱国任务"中获得的战利品。新闻头条的标题是"一次正义的人民行为"。没错，在布宜诺斯艾利斯，人们是穿燕尾服的。5月5日的《国家报》认为该行为应受到谴责，但因为马戏团很难看，"不仅与大众品位相冲突，而且无法满足我们的审美虚荣心"，所以实质结果"值得庆贺"。

改革大道、五月大道、中央大道或莱基亚大道（如今位于秘鲁的阿雷基帕）都有装有电灯的建筑物，人们为此感到自豪，这是"启蒙"[①]获得成功的有力证明。

---

① "启蒙"一词在外文中有"照明、照亮"的意思。

这种虚荣心还可以在百年纪念的官方出版物中找到，出版的文章几乎形成一种文体。这些文章总是一成不变地以根本谈不上朴实的地理描写开篇，突出强调优越的自然条件，当然还有适合农产品出口的丰富自然资源。此外，与其他国家进行比较则可以消除错误的成见。在《乌拉圭百年纪念书》的开头几页，乌拉圭被称为"南美最小的国家，位于两个强大的国家之间：北部的巴西和南部的阿根廷"。然而，与欧洲相比的话，它的国土面积则体面得多，因为"它比荷兰、比利时、丹麦和瑞士加起来都要大"。

同样，《阿根廷共和国独立一百周年纪念图册》的前几页上写着"它的面积是 295 052 000 公顷，几乎等于奥地利、匈牙利、比利时、法国、德国、荷兰、意大利、挪威、葡萄牙、瑞典和瑞士的面积的总和"。书中不可避免地提及国家人口中的白人比重，体现了日趋明显的欧洲化趋势。例如，非洲人在乌拉圭没有后裔，因为"来到本国的埃塞俄比亚人明显有所减少，他们所占的人口比重可以忽略不计"。乌拉圭也没有印第安人。《乌拉圭百年纪念书》的官方版本不无吹嘘地宣称乌拉圭"是美洲唯一能够断言在其领土内，连一个土著居民的居住地都没有的国家"。书上甚至还给出了土著居民消失的确切日期："最后一个查鲁亚人[①]部落

---

① 拉普拉塔河流域北部的土著居民。

于1832年在南美洲的一角消失,从那遥远的一刻开始,乌拉圭的土地在近一个世纪内都完全被欧洲人及其后裔占据。"

在拉普拉塔河的另一边,何塞·英格涅罗斯(José Ingenieros)预言道,阿根廷将在世界舞台上占据一席之地,并成为南美诸国的坚定领导者,这完全得益于阿根廷的气候还有"白种人"的优势:"它的国土面积、肥沃土地、白人种族和温和的气候无疑将其置于美洲大陆新拉丁国家的前列。"

在国家独立百年之际,各国的青年们兴高采烈地致力于隔离和排挤这些本国的"其他人",努力让自己看上去像外国的"其他人",并对邻国视而不见。

我们来看一下最后两个例子,一个在美洲的北部,另一个在南部:阿根廷和墨西哥。

对阿根廷来说,1910年是难忘的一年。从三个方面可以说明这一点。在这一年,阿根廷迎来了历史上数量最多的外来移民。28.9万人在布宜诺斯艾利斯港口上岸(平均每天约800人)。奇特的是,一位到达布宜诺斯艾利斯的著名游客——乔治·克里孟梭(Georges Clemenceau)——对这里的印象似乎证实了这座城市对"欧化"的热切向往:"布宜诺斯艾利斯的街道外观确实是欧洲风格,不管是城市的布局,还是事物的外观,抑或是对时尚的把控和面部表情的流露,这些都是欧洲的,但它骨子里散发着阿根廷的气息。"克里孟梭发现的这一明显的民族个性，与里卡多·罗哈斯（Ricardo Rojas）为纪念100周年而写的《银质徽章》所说的并不相同。他在这部作品中表明了自己的民族主义信仰，反对"无政府主义者、虚无主义者、帝国主义者和尼采拥护者"，反对怀乡的外来移民和"野蛮人的兄弟情谊，倒退的世界主义"。

百年庆典排场奢华，声势宏大，但是国家进入了警戒状态。面对工人运动提出的要求，政府的回应是限制个人自由。无政府主义者和社会主义者进行着一系列的抗议活动，这些抗议在上一年曾被严厉镇压。此外，1909年11月的对警察局局长及其秘书的袭击，还有抵制百年庆典的威胁，让政府不仅限制了人身自由，还通过了《社会防御法》。这一法案深化了《住宅法》（1902年），而工人的要求之一就是废除《住宅法》。《社会防御法》是国家用来"预防"和惩罚无产阶级运动的新手段。5月的庆祝活动中就出现过驱逐、监禁和流放等措施，所以国家实际上早已使用了这些权力。1910年就像拥有两张面孔的雅努斯[①]一样，集中了阿根廷现代化过程中的矛盾、农产品出口的成功与无政府主义者投向警察局局长的炸弹之间的矛盾。外来移民和最高纲领派往往拥有同一种身份，而"溶剂"一词，经常被用来当作他们的绰号。

---

① 雅努斯，是罗马神话中的门神、双面神，象征开始。

期刊上满布各种言论和计划。尽管国家面临着近在咫尺的危险，但很多文章仍努力让人知道国家在进步。所谓的"阿根廷第一民族主义"突出了离心式的现代性对民族团结的破坏作用。民族团结受到了严重威胁，例如，曼努埃尔·加尔维斯（Manuel Gálvez）在《加布里埃尔·基罗加的日记》中毫不犹豫地建议对巴西发动战争，他认为战争的失败（毫无疑问会失败）将有助于巩固民族精神。

1910年的另一个标志性事件是全国大选。选举诞生于"名人之间的对话"，让人们记住了"罗克·萨恩斯·佩尼亚（Roque Sáenz Peña）=角斗场的胜者"这一等式。精英阶层的改革派人士上台执政。同年，罗克·萨恩斯·佩尼亚和伊波利托·伊里戈延（Hipólito Yrigoyen）进行了会谈，在这次会谈中，双方未能在寡头政治规则内部找到一个"商定"的解决办法。具体来讲，这位阿根廷激进党的党魁要求对选举机制和行政道德进行补救，并保持着一副弃权主义的姿态，拒绝参与国家治理。简而言之，这让罗克·萨恩斯·佩尼亚在之后向国会递交了《选举法》草案，于1912年规定了普遍强制的不记名投票。在两次百年庆典之间（1910—1916年），激进公民联盟不再弃权，并于1916年赢得胜利，将伊波利托·伊里戈延推上总统席位。

一件比哈雷彗星到来更重要的事情让政治和文化精英感到了

不安。阿根廷美好时代的灯光还没点亮就熄灭了。在庆典上，人们期待着首都公共建筑的灯亮起来，但只有一半的灯亮了。有人说这是因为事先没准备好，还有人说这是无政府主义者的破坏活动的结果。

但在拉丁美洲，没有哪个国家的现代主义哀歌能像墨西哥的那样沉重。

波菲里奥·迪亚兹从1876年开始统治墨西哥，他打算高调地庆祝"多洛雷斯呼声"以及他的长期执政。他一直在为此做准备。当外国公司剥夺了农民的土地时，当经济危机打击了工人阶级时，迪亚兹正忙着把墨西哥城变成巴黎。他为改革大道（一个小型的香榭丽舍大街）举行落成典礼，这条大道一直延伸到"独立天使"雕像。这座雕像备受争议，柱子的高度为36米，再加上顶端的雕塑，整座雕像高达45米。顶端的雕塑是镀金的"天使"铜像，重达7吨。这座雕像于1902年开始建造，波菲里奥·迪亚兹于1910年9月16日为其举行落成典礼。

墨西哥城建造在古城特诺奇蒂特兰之上，位于一个大湖之上，并且经常受到地震的侵害。然而，建筑师安东尼奥·里瓦斯·梅尔卡多（Antonio Rivas Mercado）还是动用了复杂的挖掘技术和科学的计算，坚持设计了这根高耸的柱子，而他的科学计算就和波菲里奥手下的科学顾问一样"科学"。

当时，很多人都对这个设计提出了批评：他们预测柱子会在首次地震中崩塌。整个9月都是在庆祝活动中度过的。正如墨西哥历史学家路易斯·冈萨雷斯所说，庆祝活动中有典礼、检阅、游行、烟花、钟声、炮声、演讲、音乐、灯光、舞会、小夜曲、展览和喝醉的人。

天使雕像没有崩塌，崩塌的是波菲里奥的统治。

这件事是如此的不同寻常，以至于有人将其归因为4月时飞过的哈雷彗星的邪恶影响。哈雷彗星上一次出现是在蒙特祖玛统治时期，当时距西班牙人抵达美洲大陆还有近两年时间。显然，彗星并没有给蒙特祖玛带来好运。在波菲里奥的成就达到顶峰时，不管有没有彗星出现，任何迹象都无法预示这种"波式和平"会被破坏，卡纳内阿的矿工罢工不会，奇瓦瓦州的铁路工人罢工不会，由200个反对总统连任的社团召开的会议也不会，农民对玉米价格上涨和土地被夺走感到的担忧更不会。伟大的新闻界并没有驻足于那些让国家进步的光辉景象黯然失色的细节。

其他的一些迹象则出现在工人阶层和大众艺术家的报纸上。1910年5月，著名的版画家何塞·瓜达卢佩·波萨达（José Guadalupe Posada）在《红色小恶魔》这份报纸上就墨西哥的状况绘出了一幅几乎带有预言性质的讽刺漫画，并以一段打油诗作为结尾：

彗星终于来了，

在这孤独的高地，

拖着它巨大的尾巴，

飞过圣昆汀地区；

当它在天际展开时，

那孔雀般华丽的尾部，

最终让我们看到，

当夜晚闪烁时，

一头在星体，

一头在彗尾。

有人说这预示和平，

有人说这预示战争，

还有人说，这件事情意味着

一场短暂的演变。

人民的力量壮大了，

《小恶魔》是人民的朋友，

它就像一个见证者，

看到了如此多的混乱和喧闹。

看看他们能否侥幸地

把他们的驴子塞进麦田！

他的直觉是对的。百年庆典仅过去了 19 天，反对派领袖弗朗西斯科·马德罗（Francisco Madero）就于 1910 年 10 月 5 日发起了"圣路易斯波托西计划"。他每一个月、每一天、每时每刻都在发动起义，反抗波菲里奥·迪亚兹的暴政。他要求实行"有效的选举，而不是连任"，反对波菲里奥闭塞的"老人政治"。第二年，以埃米利阿诺·萨帕塔（Emiliano Zapata）为首的农民因土地被剥夺而更加难以生存，他们抗议道："（我们需要）土地和自由！"

20 世纪拉丁美洲的第一次革命开始了。

-2-

美洲的乌托邦——寻找和建立

> 我不知道我们明天是否会开始"成为我们自己",我不知道是在黎明还是在正午……但我知道,对于我们来说,欧洲在消失……这并不是因为我们有了自己的指南针,而是因为我们失去了别人的指南针。
> ——佩德罗·亨里克斯·乌雷纳(Pedro Henríquez Ureña),《找寻我们表达方式的六篇文章》,1928 年

20 世纪 20 年代是过渡的年代,充满了随性的、矛盾的思想。一切都"会成为将要成为的样子",或者是与过去告别,这种状态有时会让"寻找和断裂"的意义黯然失色。在 1929 年的危机之后,其中一些问题及其答案消失了,而其他问题在 20 世纪三四十年代变得清晰起来,还有一些问题处于萌芽阶段,被暂时搁置了,又

在20世纪60年代重新出现。20世纪20年代具有一种胶体的特点，但是它对于20世纪拉丁美洲的许多知识、文化和政治传统来说具有奠基性意义。

佩德罗·亨里克斯·乌雷纳在1928年写道："这并不是因为我们有了自己的指南针，而是因为我们失去了别人的指南针。"正如何塞·英格涅罗斯不无忧伤地宣称的那样，如果欧洲的"野蛮人"已经在一场战争中自杀，那么"文明"这个词可以被修改，甚至被颠覆。例如，对于何塞·瓦斯孔塞罗斯来说，历史上的野蛮行为已经被证明更具创造性，是承载各种文明的母体。因此，如果不是带有自主性，即更随意自由地去评判的话，那就无须那么严格地去评判拉丁美洲的现代性。第一次世界大战使时间、长度的计量方式有了轻微变化，并削弱了19世纪的热点词汇：理性、文明、进步、科学、实证主义。在这些不确定性的缝隙中，出现了一些不合常规的、异样的道路，它们成为考量拉丁美洲的方式。

其他许多大胆的行为也可想而知，尤其是先锋派的反传统行为。画家苏尔·索拉尔（Xul Solar）发明了"新克里奥尔语"（一种西班牙语和葡萄牙语的混合语言），秘鲁先锋派人士弗朗西斯科·丘奇万卡·阿玉罗（Francisqo Chuqiwanka Ayulo）创造了"美洲印第安式书写规则"，墨西哥的壁画和《阿毛塔》杂志中也不乏先锋派的反传统表达。如果西方是"没落的"，那么美洲则是焕然一新、大有前途的。人们频频提到新世界主义。斯宾格勒、凯泽林和劳伦斯如同造物主，他们的理论让人们看到了一个充满活力而又感性的拉丁美洲，大洋那头的美洲大陆仿佛再度被发现。何塞·尤斯塔西奥·里维拉（José Eustasio Rivera）、米格尔·安赫尔·阿斯图里亚斯（Miguel Ángel Asturias）、罗慕洛·加列戈斯（Rómulo Gallegos）、里卡多·基拉德斯（Ricardo Güiraldes）、赫尔曼·阿西涅加斯（Germán Arciniegas）、阿列霍·卡彭铁尔（Alejo Carpentier）、海托尔·维拉－罗伯斯（Heitor Villa-Lobos）……这些文化界的革新者，在创作出他们最著名的作品之前，都在巴黎度过了很长时间。我们可以看出，虽然看上去很矛盾，但是欧洲先锋派和拉丁美洲知识分子返回故国这件事之间是有联系的。在这些新鲜事物中，女性在公共领域的存在感变强了。我们应该记得，拉丁美洲第一位诺贝尔奖获得者是加布里埃拉·米斯特拉尔（Gabriela Mistral），她曾与何塞·瓦斯孔塞罗斯在墨西哥公共教育部共事过。阿芳西娜·斯托妮（Alfonsina Storni）、布兰卡·卢兹·布鲁姆（Blanca Luz Brum）、弗里达·卡洛（Frida Kahlo）、蒂娜·莫多蒂（Tina Modotti）、安东妮塔·里瓦斯·梅尔卡多（Antonieta Rivas Mercado）和玛格达·波塔尔（Magda Portal），她们凭借公共活动和在各自领域（文学、绘画、摄影、政治）的成就，颠覆了固有的规则和价值观。

人们选择用文字来描绘一个村俗的、种族的、自然的拉丁美洲。在叙事作品和造型艺术中，有根有血的大自然是人们首要选择的主题。奥拉西奥·基罗加（Horacio Quiroga）的故事中的人被文化"流放"，并被一种压倒一切的天性驱使着。无独有偶，罗慕洛·加列戈斯的小说《堂娜芭芭拉》是描绘委内瑞拉平原的文明与文化变迁的代表性作品。同样，马里亚诺·阿苏埃拉（Mariano Azuela）将他的革命小说命名为"在底层的人们"也并不是无意为之，这部作品被卡洛斯·富恩特斯（Carlos Fuentes）称为"赤脚的《伊利亚特》"。《食人宣言》的那句"是图皮，还是不是图皮？"描绘了一个吞噬欧洲文化的印第安人的形象，他以图腾的方式吸收欧洲的价值观，然后获得一种合成的巴西身份。文化民族主义让文学和造型艺术充满了底层人的形象：农民、印第安人、工人、黑人、村夫。迭戈·里维拉（Diego Rivera）的壁画或何塞·萨博加尔（José Sabogal）的版画就是如此。

1918年，阿根廷的科尔多瓦大学的学生发表《科尔多瓦宣言》，召集"南美洲的自由人民"，坚信他们正在"进行一次革命，像美洲人那样行事"。那个时期的另一个焦点是俄国革命，当时的俄国社会既算不上古典的西方社会，也跟欧洲没有多少相似之处。世界的边缘国家在被另一些边缘国家解读之后，显得更富生机活力。它们不仅激励人们重新审视历史，而且鼓励人们想象自由的国境。

计划周密的方案并不少。在 20 世纪 20 年代中期，维克多·劳尔·阿亚·德·拉·托雷创立了一个拉丁美洲政党，即美洲人民革命联盟（阿普拉党）。尽管阿普拉党仅在几个国家中低调地成立了组织，但该党的理念得到了政治、文化、意识形态乃至人们情感上的支持。阿普拉党在 20 世纪 20 年代的美洲大陆产生的影响不断扩大。同一时期，美洲反帝国主义联盟在墨西哥成立，该组织出版了一份名为《解放者》的杂志（杂志编辑部位于墨西哥城的玻利瓦尔大街纯属巧合，并非刊物的名字出处）。在阿根廷这一拉丁美洲认同感淡薄的国家，拉丁美洲联盟及其杂志《革新》也得以创立。

由哥斯达黎加知识分子华金·加西亚·蒙赫（Joaquín García Monje）编辑的《美洲汇刊》杂志刊登了很多关于新生代的新闻，是体现该时期思想家之间交流成果的代表刊物。《美洲汇刊》中有玻利瓦尔式理想，还有国家独立面临的挑战。杂志的名字也意味深长，体现了加西亚·蒙赫对一个世纪前委内瑞拉诗人安德烈斯·贝略（Andrés Bello）在智利创办的同名杂志的朴实的敬意。

这些在各地发展的事业最后得到了一种怪异的法定结果：1927 年 9 月 22 日，墨西哥参议院批准了一项法案，邀请各政府（明确包括巴西政府）建立一种拉丁美洲公民身份，享有权利和义务。该方案的提出者——参议员希吉尼奥·阿尔瓦雷斯（Higinio Álvarez）提出该方案的日子也极具民族主义特色：那一天正好是墨西哥独立日。

知识分子参与的领域非常独特，甚至不为人所知。此外，"知识分子"一词在20世纪20年代开始流行时是作为集体性名词，而不是形容词被使用的，它与"脑力劳动者"这一概念联系在一起，标志着与现代主义中的"知识贵族"决裂。"知识贵族"与真实民众的宿命般的直觉和民主化的力量背道而驰，"象牙塔"就源自这里，它是抵制真善美的地方。知识分子的素质、职能和挑战构成了所涉问题的一部分。战后的这代人以国家的名义召唤工人、军人、土著人、普通群众举起社会参与的大旗和革命的大旗。

知识分子的位置介于文化领域和权力领域之间。20世纪20年代的拉丁美洲的思想人士一开始偏爱文化和社会领域，在20世纪20年代末期，逐渐向传统意义上的政治方向倾斜，也就是向国家领域倾斜。革命时期的墨西哥早已经历这一过程。革命时期的军事领袖需要知识分子（或者说，需要那些有文化的人）帮助他们重建国家，并使之合法化。对于某些知识分子而言，他们的任务是将一个用武力获得合法性的新政权去野蛮化和去军事化。瓦斯孔塞罗斯的教育运动、曼努埃尔·加米奥（Manuel Gamio）的人类学和土著主义演讲、安德烈斯·莫利纳·恩里克斯（Andrés

Molina Enríquez)的宪法演讲、维森特·朗巴多·托莱达诺(Vicente Lombardo Toledano)的社会学演讲和为革命服务的文学艺术都为创建代替寡头秩序的墨西哥话语、形象和象征做出了贡献。

与墨西哥的情况不同的是,库斯科的土著主义者则为印第安人发声。他们讨论并推翻了"沿海、利马和白色"的秘鲁形象。土著主义者路易斯·瓦尔卡塞尔对知识分子提出要更新民族观念和国家形象的意见,其意图是十分明确的。他的代表作品《安第斯山脉的风暴》以一种救世主和预言家的姿态明确地表明,复兴团体的职能是传达土著人的声音和意识形态。

自由主义传统把国家定义的重点放在公民身份上,而实证主义传统则将其放在种族形态上,两者都用极其深刻的烙印,给过去画上了句号。在这两种情况下,国家更具排他性而非包容性。在这 10 年中,拉丁美洲思想寻找能在时间上(追溯历史、传统和起源)和社会规模上(考虑那些之前被排除在外的人)将国家概念进行扩大的方式。国家变得更古老了。对过去的审视越深刻,就越需要退回到很久以前,以寻找能将族谱和血统合理化的符号象征。印加帝国、阿依鲁[①]、羽蛇神、查文神鹰[②]、阿兹特克文明

[①] Ayllu,南美洲安第斯山地区的传统土著公社形式。
[②] 查文文化是南美洲古印第安文明萌芽时期的文化。

和古埃及文明之间的考古比较，或是《高乔人马丁·费耶罗》[①]与《罗兰之歌》的文学比较。国家的社会密度也在变大，黑人、印第安人、农民都被纳入国家性质的讨论之中，这一挑衅的姿态意味着与寡头秩序的社会、政治、经济和民族排他性的决裂。

对危机进行诊断是战后思想的必经之路，是重新定义国家的关键，有助于确立知识空间的职能与合理性。从哲学和认识论的角度来看，危机是一种范式危机。实证主义遭到了明确的拒绝，而实证主义曾是维持寡头秩序的意识形态，也是拉丁美洲社会向现代化过渡的意识形态。进步、理性、整齐划一的社会进化论，以及欧洲思想的庇护是争议和批评的中心。于是，人们重新开始关注：有没有一种拉丁美洲独创思想不是欧洲思想的完全复制品，也不是对欧洲思想的模仿？这一过程常伴随着对前几代知识分子的批评。相对主义思想是一面棱镜，可以折射出利己主义、认同主义，在某些情况下还会反映事物的本质主义特点。

爱因斯坦的相对论产生了一些有趣的衍生物。相对论作为哲学问题被传播开来，与何塞·奥特加·伊·加塞特（José Ortega y Gasset）的著作《我们时代的主题》（1923年）大有关系，他在

[①] 《高乔人马丁·费耶罗》是何塞·埃尔南德斯（José Hernández）于1872年创作的叙事诗，是阿根廷的著名文学作品。

附录中加入了一篇名为《爱因斯坦理论的历史意义》的文章。此外，爱因斯坦被认作知识分子、人文主义者、和平主义者，甚至反帝国主义者。因为"尽管爱因斯坦没有加入马克思主义的阵营，但他与革命者在反对帝国主义的斗争中公开合作"，所以何塞·卡洛斯·马里亚特吉将爱因斯坦定义为与过去决裂的知识分子。将相对主义带入政治理论领域的是维克多·劳尔·阿亚·德·拉·托雷，他基于爱因斯坦的思想，创造了他的历史时空学说，用以解释拉丁美洲的时间性，颠覆了列宁主义的帝国主义观点，并提出了他的社会转型理论及其在拉丁美洲地区的具体模式。

还有一个争议的中心是实证主义种族等级体系。"混血种人"在拉丁美洲一直是最刺耳的词汇之一。这个时期的中心思想已经不再是人种混血，而是精神融合。"国家"这一概念如果意味着和谐，意味着"我们"，意味着超越种族、阶级、地区和文化差异的兄弟情谊，那么"精神融合"这一将对立面和差异性进行融合的概念就发挥着必不可少的功能。知识分子已经接下了让拉丁美洲社会百花齐放的艰难任务。这种复杂性让他们开始进行各种合成操作。这就是为什么跟"导管"和"冷凝罐"相比，"熔炉"这一概念更为流行。不管是"生命的合成""宇宙的种族"还是"精神融合"，所有概念都要过滤出一种消除差异（而非消除不平等）的沉淀物，这些概念在任何情况下都能激发共同的想象，得到"想象的共同体"。

何塞·卡洛斯·马里亚特吉在《阐述秘鲁现状的七篇论文》中描述的土著人问题与土地问题之间的联系是贯穿拉丁美洲历史的结构性辩论的基本主题,而土地问题是左派政治言论必定涉及的话题。土著人问题逐渐成为农民问题。在墨西哥,农民在进入国家领域之前,实际上已在萨帕塔的军队中服务了10年。《克雷塔罗宪法》第27条记录了这一事实,而有效地遵守这条法规,并通过符号、形象和刻板印象将"另一个墨西哥"纳入国家层面,则是知识分子大部分行动的目标。在那些农民占大多数的社会中,人们认为修改土地所有制是一条使国家完整并获得发展的道路,一条使革命合理化并建立社会正义的道路,同时也是一条实现现代化的道路。

面对其他的外来者的时候,更具体地说,在反抗帝国主义统治的时候,拉丁美洲的经济边界出现了。对美国在中美洲和加勒比地区采取的侵略性军事行动的反对("大棒"并不是反帝国主义的比喻,而是罗斯福提出的政策),渐渐让拉丁美洲常见的问题浮现出来。"印第安美洲""欧洲印第安",以及该时期创造的许多其他名称就反映了这些问题。

面对外部帝国主义的挑战,第一次世界大战后的反帝国主义思想强化了自治、自决、主权、独立等主题。对爱国主义、民族主义和民族的分析也与前几代人截然不同,是从国家的经济独立的角度出发的。世界的这一部分在现代性地图上的位置也是一个问题：拉丁美洲是爱丽儿①，普洛斯彼罗②，还是卡列班③，抑或是它们的结合体？最初的现代派的反美主义在拉丁美洲文化和盎格鲁－撒克逊主义的对立中被首先淘汰。第一次世界大战之后，帝国主义就被视为基于经济和政治考虑的理论和思想对象。经济依赖成为问题，这一现象提供了一种发展的解释性依据，而发展在该地区的社会讨论中至关重要。

20世纪20年代是重新考虑"欧洲的"和"非欧洲的"之间关系的时代。第一次世界大战、国际联盟的成立、俄国革命，这些事件扩大了世界的范围。共产主义和非共产主义左派、和平主义者、反殖民主义者和人道主义者在反帝国主义中发现了一个可以窥探欧洲以外的世界的空间。1927年2月，在布鲁塞尔举办的反殖民压迫和反帝国主义大会上聚集了许多后来被称为"第三世界"国家的领导人，还有致力于反殖民事业的知识分子和艺术家，其中有厄普顿·辛克莱（Upton Sinclair）、亨利·巴比塞（Henri Barbusse）、罗曼·罗兰（Romain Rolland）和阿尔伯特·爱因斯坦（Albert Einstein）。拉丁美洲代表包括卡洛斯·吉哈诺（Carlos

---

① 威廉·莎士比亚的戏剧作品《暴风雨》中的精灵。
② 威廉·莎士比亚的戏剧作品《暴风雨》中的米兰公爵。
③ 威廉·莎士比亚的戏剧作品《暴风雨》中的怪物。

Quijano)、维克多·劳尔·阿亚·德·拉·托雷、胡里奥·安东尼奥·梅利亚、何塞·瓦斯孔塞罗斯和维克托里奥·柯多维拉（Victorio Codovilla）。潘迪特·尼赫鲁（Pandit Nehru）是印度反殖民运动的代表，他认为这次布鲁塞尔大会给印度尼西亚的万隆会议（1955 年）开创了先例。世界版图的扩展在某种意义上让拉丁美洲的新一代不那么孤独了。我们应该记得，拉丁美洲式的孤独一直是拉丁美洲叙事作品中的一个常见主题。20 世纪 70 年代拉丁美洲最具代表性的文学作品中，有两部作品的书名就带有"孤独"二字：奥克塔维奥·帕斯（Octario Paz）的《孤独的迷宫》和加布里埃尔·加西亚·马尔克斯（Gabriel García Márquez）的《百年孤独》。

20 世纪 20 年代中出现了一系列的问题，这些问题在接下来的 20 年里，将从政治思想的角度以理论形式得以阐明，并在政治上体现出来，而对这些问题的重新调整则始于 1930 年的危机。在一个政治秩序中，如果国家被理解为人民主权，民主被理解为政治公民身份，两者有密切的契约性，与个人主义、意愿和理性都有关系，那么这种政治秩序就会渐渐向本质主义、唯灵论甚至是集权主义倾斜。基于对自由主义的批判，在等级制度、秩序和权力的基础上采取了一些集体性、独裁性、民族民众（所谓的"职能性民主制"）的解决方案和共产主义的解决方案。对于这些方案来说,国家并不是一个可塑的核心社会概念。国家也被认为与革命的概念有时是相互冲突的,有时是相互补充的。

各种政党及其领导人遍布整个国家,他们对大部分人发起号召。对于阿普拉党来说,拯救秘鲁比加入阿普拉党还要重要。马里亚特吉(该时期最重要的人物)提议对秘鲁进行秘鲁化的工作,以秘鲁人的眼光看待社会主义,同时也不能忽视无产阶级的革命性。阿根廷激进公民联盟自认为是"国家的构成部分",阿根廷的复兴就体现在其精神中,因此它可以代表"国家本身"。对于民族主义者而言,这条自由主义之路让真正的机体论的民族性变质,产生了基于等级制度、权力、天主教的祖国概念。对于瓦斯孔塞罗斯和国家反连任党[1]而言,必须从马德罗放弃革命的那一刻起重启革命。对于索诺拉州的人来说,建立一个能够终结革命、巩固国家的政党至关重要。然后就出现了一个概念:政党-国家-民族。先锋派、民族主义者纷纷投身到20世纪20年代到40年代对巴西性的寻找之中。

我们建议根据以下主题来绘制两次世界大战期间政治思想的图谱:革命、反帝国主义、民主制、职团主义、整合主义、民族主义、国家中心主义、社会包容性以及民众主义。

---

[1] 国家反连任党(Partido Nacional Antirreeleccionista)是一个创建于1909年的政党,其主要目标是反抗波菲里奥的统治。

思想的革命和革命思想

> 心脏的跳动声告诉我们：我们正在像一个美洲人那样行事，进行一次革命。
> ——《科尔多瓦宣言》，1918 年

大战之后的危机使人们对"漫长的 19 世纪"的三个关键概念提出了质疑：绝对的概念（尤其是启蒙主义理性和实证主义的认识论）、文明的概念（以及催生出来的进步思想），还有普遍的自由主义概念。这些概念的失败例子比比皆是。在战争中期以及俄国革命前的一年，曼努埃尔·乌加特不仅认为社会主义是失败的，还认为理论一般都是失败的："图书馆被战场取代，我们发现从现实中能比从书里学到更多的东西，人类浪费了许多时间来推敲论证、建立体系、分离原则和追求平等（一阵风就能将这些东西吹走），而我们并不能镇压任何一种令人吃惊的运动。"现实比乌加特所认为的更加复杂。确实，"社会主义破产"的这种普遍感觉来自欧洲民族主义那令人惊讶的动员能力。然而，在乌加特发表此言论（该言论和欧洲社会主义者的基本观点不谋而合）后的一年，俄国的革命就开始了。

在战争的瓦砾和黑暗中，升起了新曙光。俄国革命在全球范围内对20世纪产生了影响。社会主义的前景和现状似乎以一种无法预见的方式成为现实。社会主义兴起于拉丁美洲最令人意想不到的，也是最有利的地方。在工人的呼声中，世界因"新人类"带来的希望、一个没有剥削者也没有被剥削者的社会预期，以及《国际歌》所唱的"不要说我们一无所有，我们要做天下的主人"的人而天翻地覆。

这次革命是20世纪20年代拉丁美洲政治讨论中的新奇话题之一。革命不再是乌托邦式的愿景，它在两个具体的社会中得以实现，其中一个就是拉丁美洲社会。这两个社会算不上是传统意义上的欧洲社会，很有可能也因此绕开了现有的、可预知的理论框架。墨西哥革命证明借助群众运动打破寡头秩序是具有历史可行性的（并具有独特的拉丁美洲风格）。虽然埃米利阿诺·萨帕塔和潘乔·维拉（Pancho Villa）的农民军被击败是既定事实，但他们的诉求已经反映在《克雷塔罗宪法》第27条和第123条中，因此该宪法是所有的民主政权中包含了最多最先进的社会权利和国家主权的宪法。该宪法颁布的同年，俄国革命爆发，从那时起，社会主义和共产主义将在世界范围内被彻底重建。"短暂的20世纪"在巨大的变革中拉开了帷幕。

墨西哥革命是拉丁美洲新生代的政治讨论的中心。在这场讨论中，一系列的挑战让人们开始思考该地区社会神经痛的原因：农民、混血种人、民族主义、社会权利、国家地位和国家主权的问题。同时，对于思想家们来说，知识分子与政治之间的关系是一个非常敏感的问题。在第一个革命 10 年（1910—1920 年）中，军事的合理性并未被政治、体制（仍在形成中）或法律所抵消。知识分子进行实践的空间似乎有限，然而，这一空间在 20 世纪 20 年代变大了，给知识分子与权力之间的关系开辟了一个新领域。在阿尔瓦罗·奥布雷贡（Álvaro Obregón）执政期间，随着何塞·瓦斯孔塞罗斯进入公共教育部（1921—1924 年），这种关系遇到了一个决定性的转折点。知识分子与政治之间的关系具有功能性：军事考迪罗主义者们需要知识分子来重建国家。对于某些知识分子而言，他们的任务是将一个用武力获得合法性的新政权去军事化。寡头秩序的瓦解、10 年的内战、农民的参与和工人运动对国家问题进行了重新定义。农民、工人、混血种人、平民文化和墨西哥性是同一个主题下的具体内容，这个主题将新的问题与其他具有悠久历史的问题结合在了一起。

何塞·瓦斯孔塞罗斯用一个比喻来描述革命时期的知识分子的行为：羽蛇神和维齐洛波奇特利①之间的斗争。羽蛇神是阿兹特克人传统中的神话人物，它"来自远方，带着科学和美德，教人们艺

---

① Huitzilopochtli，是阿兹特克人的战神、墨西加人的部落神、特诺奇蒂特兰城的主神。

术，改革习俗"，"为了将美洲人从苦难和物质中拯救出来而努力"。与羽蛇神对应的反面人物是维齐洛波奇特利，他是战神，嗜血又野蛮。瓦斯孔塞罗斯解释了20世纪20年代墨西哥的政治社会状况：马德罗的自由主义计划失败（瓦斯孔塞罗斯是其支持者），军事被置于政治和文化之上。"我们的人民现在最需要的不是理论，而是道德环境的净化。教育要受到羽蛇神的启发，但是羽蛇神现在并不掌权，羽蛇神的位子被维齐洛波奇特利这个嗜血的神所占据。我们首先要把维齐洛波奇特利赶下台。"学者和艺术家充当了墨西哥复兴的媒介，为知识分子的参与和实践赋予了新的意义。这位"克里奥尔人①的尤利西斯"认为，革命需要学者和艺术家，"但前提是知识和艺术有助于改善人的生存境况。用科学去美化压迫的学者和滥用才智取悦邪恶的当权者的艺术家配不上同行的尊敬，不配得到荣耀"。于是他提议组建"一支教育者的队伍，用以取代破坏者的大军"。

瓦斯孔塞罗斯制定了一项充满活力的教育政策，召集青年雅典娜协会②的知识分子、教师、律师、妇女和学生，封他们为"知识的传教士"，并开展了雄心勃勃的扫盲计划。他的哲学灵感来

---

① 即土生白人。
② Ateneo de la Juventud，何塞·瓦斯孔塞罗斯于1909年参与创建的一个反对迪亚兹政府政策的小知识分子团体。

自青年雅典娜协会。直觉主义、新柏拉图主义和主观主义的思想潮流构成了青年雅典娜协会的世界观的一部分，该协会是在波菲里奥统治危机中出现的反实证主义思想的核心组织，这种思想层面上的断裂在革命之后转向了政治领域。在某种程度上，自学成才的特点和人文领域的复兴塑造了该知识分子群体 [何塞·瓦斯孔塞罗斯、安东尼奥·卡索、阿方索·雷耶斯（Alfonso Reyes）、佩德罗·亨里克斯·乌雷纳等] 的实践活动。在瓦斯孔塞罗斯政策的保护和鼓励下，其他人也出现了。年轻人在教育领域和经济部门中担任职务、组织会议 [例如，1921 年的第一届国际学生代表大会由丹尼尔·科西奥·维耶加斯（Daniel Cosío Villegas）主持]，他们还在学校、出版社和杂志社任职。人们并没有丢弃任何从过去到现在得到的启发。瓦斯孔塞罗斯不止一次指出，他的大众教育计划有着不同的灵感源泉——从巴斯科·德·基罗加（Vasco de Quiroga）[1]在米却肯州的殖民学校的经历到卢那察尔斯基（Lunacharski）的教育改革。

瓦斯孔塞罗斯从教育、艺术和书本出发，在文化和政治层面创建了一种文明的道德观（ethos），其灵感来自"混血的墨西哥"这一概念、对土著文化的标志性推广，以及某种折中的伊比利亚

---

[1] 巴斯科·德·基罗加，16 世纪时从西班牙来到墨西哥的传教士。

主义。瓦斯孔塞罗斯凭借着一种普罗米修斯式的执着，定义了墨西哥、墨西哥性（这些定义都被确定，是一些经过革命洗礼的文化精英的相对共识），并在全国传播这些定义。瓦斯孔塞罗斯的比喻具有明确的政治目的：面对四分五裂的墨西哥，不仅要加强人们的身份认同感，还要巩固国家制度，因此迫切需要采取具体的教育联邦化措施。这意味着整个联邦制国家，乃至各州都要实施集权化政策。换句话说，国家正在强化其对地区的主权和扩大主权范围，这有时是与国家体系，甚至与其主导的政治社会计划分裂的。例如，1921年，瓦斯孔塞罗斯前往尤卡坦州，在这里，费利佩·卡里略·波多（Felipe Carrillo Puerto）和抵抗联盟推出了一项社会主义土地改革计划，升起了红色旗帜，并用玛雅文字代替了西班牙文。瓦斯孔塞罗斯的尤卡坦州之行极大地帮助了他的政策在各州内得到加强。

针对民众的扫盲、教化和爱国教育变成了一项运动，动员了各种资源、人力和思想，对拉丁美洲产生了重大影响。瓦斯孔塞罗斯的整体主义计划具有双重意义的奠基性。在集体性身份构成的意义上，他确立了具有强大效力和统治权的国家形象。文化和教育的集权化和联邦化计划将地区差异混合在了一起，同时又在全国范围内让这些差异能够和谐共处，为民族国家的主权奠定了基础，在墨西哥政治史上具有决定性意义。

索诺拉州人[阿尔瓦罗·奥布雷贡①和普鲁塔尔科·埃利亚斯·卡列斯（Plutarco Elías Calles）②]开始着手进行训练军队、强化国家统治的任务，几乎是凭空创造出了国家官僚机构中最基本的行政管理分支部门，并建立了一个政治联盟。该联盟的支柱是军队、农民领袖和工人。在农民抗议活动最激烈的地区（南部，基本上指的是莫雷洛斯州）实施土地分配，并将工人运动反馈给国家，此举确立了社会革命的前景和边界。我们应该还记得，墨西哥区域工会联合会（CROM）于1919年成立了墨西哥劳工党，该党书记路易斯·N.莫罗尼斯（Luis N. Morones）在卡列斯执政时期担任工业部部长。这个联盟还不足以平息在政治局势最为脆弱的时刻（总统的继任时期）爆发的考迪罗势力的起义。1923年12月，也就是奥布雷贡推选卡列斯为其继任者之后，阿道弗·德·拉·维尔塔（Adolfo de la Huerta）发动了叛乱。在奥布雷贡于1928年遇刺后，普鲁塔尔科·埃利亚斯·卡列斯呼吁建立一个既可以传达整个革命大家庭的呼声，又可以保持墨西哥国家和革命特色的党派。国民革命党（PNR）在1929年1月5日召开制宪会议时对墨西哥革命的分析非常有趣。该党的思想家认为，墨西哥革命已取

---

① 阿尔瓦罗·奥布雷贡，1920—1924年担任墨西哥总统。
② 普鲁塔尔科·埃利亚斯·卡列斯，1924—1928年担任墨西哥总统。

得了三连胜："1910 年，引起人民暴动的独裁政权已被完全推翻"；"针对反动派"的胜利；最重要的是，"墨西哥革命通过一种坚不可摧的力量完成了自我净化和自我清除，然后领悟了注定要胜利的伟大社会运动发展的普遍规律"。因此，革命大家庭和真正的革命在经过自我净化之后，在与非革命性的外界之间划出了一条微妙的分界线（现在是制度上的分界线了）。"简而言之，革命忠于发动革命的人民，革命在国家内部重新建立了选举的民主程序，建立了一个民族政党。对外来讲，人民以和平的公民身份，为了国家的最高利益，继续与敌对团体作斗争。"

这种号召背后的思想对整个国家以及真正的革命做出了定义。与革命传统相一致的是，这一思想维护的是"宪法第 27 条和第 123 条的法规"，因为这一思想"认为工人阶级和农民阶级是墨西哥群体最重要的社会阶级"。这一思想的另外一点指的是国防，即"要坚定不移地维护国家主权"。还有基本的一点：一旦武装斗争时期结束，革命意识形态在全国范围内扎根，"从党的政治行动中诞生的政府就必须将大部分精力用于重建国家……人民生活条件的改善将会催生经济活动，而经济活动将促进共和国的生产活动。"这最后一点强化了将党视为革命政治工具的思想概念。因为"党是由一些必要的政治派系组成的"，所以最后一点宣称"因为这些政府是由带有革命意识形态的人组成的，无论他们的社会地位如何，他们都将实现这一杰出的爱国革命计划，所以该党将继续战斗"。笼罩在资产阶级霸权阴影下的墨西哥革命的制度化之路就这样确立了社会和政治坐标，最重要的是，它创造了一个管理墨西哥的有效工具：政党最大限度地吸收社会矛盾，继承革命遗产，在与国家本身联系日益紧密的政党内部采用职团主义的做法。1929年的竞选发生在两位候选人之间：何塞·瓦斯孔塞罗斯和帕斯夸尔·奥尔蒂斯·卢比奥（Pascual Ortiz Rubio）。竞选结果显示了革命的不同派系的主导趋势，这些趋势尚未具有排他性。同年，维森特·朗巴多·托莱达诺在纪念革命19周年的演讲中，对他所认为的革命尚未解决的问题做出了分析："将革命理解为社会生活体系的深刻变化——至少在那些最重要的方面发生的变化，我们这些真诚地希望国家改变的墨西哥人，如果诚实地审视过去的这20年……就不得不说，革命尚未在墨西哥取得胜利。"

朗巴多·托莱达诺在拉扎罗·卡德纳斯（Lázaro Cárdenas）总统任期内（1934—1940年）担任过重要职位，后者采用一系列特殊措施（继承了1910年的革命），完成了革命的制度化进程：将土地改革具体化；将农民联合起来（农民在全国农民联合会中的工会化和组织化）；将石油国有化；确定了总统任期只有六年；创建了墨西哥革命党；为社会需求开辟了发言渠道，在有效保障公民权利和社会包容性的同时，以集体的形式对这些社会需求进行处理。

革命的思想以不同形式传播开来。一方面，革命政府将国内最有名的文人派往不同国家的文化使馆。例如，安东尼奥·卡索在秘鲁独立100周年之际（1921年），去了圣地亚哥、布宜诺斯艾利斯和蒙得维的亚；瓦斯孔塞罗斯在巴西独立100周年之际（1922年），去南美洲进行了一次重要的正式访问，他将这次旅行的经历记录在了他的《宇宙种族》中。在这些官方会议和活动中，墨西哥各政府之间建立了联系，也与反对派、批评人士和青年们建立了联系。另一方面，1921年在墨西哥举行的学生大会至关重要，这次会议让年轻人之间的情谊变得难忘而长久。仅举一个例子：阿根廷人阿纳尔多·奥尔菲拉·雷纳尔（Arnaldo Orfila Reynal）与墨西哥的长久关系就始于那次大会。他们之中诞生了一些著名的政治和思想领袖。另一件墨西哥为拉丁美洲的革命做出贡献的事情就是，它为该地区受独裁或专制政府，包括莱基亚在任时的秘鲁、格拉多·马查多（Gerardo Machado）在任时的古巴、戈麦斯在任时的委内瑞拉迫害的人和政治反对者们提供了重要的政治保护。代表性例子有阿普拉党创始人维克多·劳尔·阿亚·德·拉·托雷，古巴学生联合会主席、该国共产党的创建者胡里奥·安东尼奥·梅利亚，委内瑞拉民主行动党领袖罗慕洛·贝坦科尔特（Rómulo Betancourt）。墨西哥政府对不同的"青年教师"发出正式邀请,他们是从事大陆主义职业的道德标杆和政治人物,例如阿根廷社会主义者阿尔弗雷多·帕拉西奥斯(Alfredo Palacios)、何塞·英格涅罗斯。1923年,在墨西哥众议院的演讲台上,阿尔弗雷多·帕拉西奥斯认为,缺乏有关革命和1917年宪法的了不起的成就的真实消息。宪法确定了"人民的伟大权利"、罢工权和地下资源的国有化,"然而在北美洲南部,人们并不想实行土地的国有化,并且还在向北方的巨人呈上石油"。宪法还要求进行土地分配,但"这个美好的计划并非诞生于那些进化得十分完全的欧洲国家,而是诞生于这个被忽视的、因持续的动荡而不被人所知的国家"。

那个年代遍地开花的学生或政治文化出版物(《阿毛塔》、前面提到的《美洲汇刊》《哲学杂志》和冈萨雷斯·普拉达民众大学的《明晰》杂志)也为思想交流做出了贡献,为关系的互动以及围绕不同秩序和解放思想展开的辩论打通了渠道。即使在从未谋面的人之间,也不乏书信往来。何塞·英格涅罗斯与尤卡坦东南社会主义党领袖费利佩·卡里略·波多之间就多有书信往来。在信中,拉丁美洲的青年熟知的英格涅罗斯将墨西哥革命定义为"社会主义政府在拉丁美洲的初次尝试,用更坚定的路线为墨西哥政治的一般意义赋予了典型特征"。他指出了墨西哥革命中出现的社会主义萌芽:"在马德罗和卡兰萨(Carranza)担任总统期间,这种倾向非常明显;而在奥布雷贡执政期间,这一趋势得以强化。在墨西哥劳工运动的核心组织中,人们如今把萨帕塔视为先驱。一些州已经实施了激进的农业法,例如卡里略在尤卡坦州试行的法律。"英格涅罗斯认为,墨西哥社会主义的出现犹如地球运动,它的激进性并没有被削弱。

英格涅罗斯对革命所做的解释受墨西哥革命启发。对于英格涅罗斯来说,"墨西哥革命是绝对意义上的革命,涉及政治、经济、社会和教育等领域。在墨西哥,非社会主义的政府是不可想象的。墨西哥人的社会主义是纯粹墨西哥式的,与其他国家没有关系"。

革命成为那个年代的政治思想的轴心问题,也是整个20世纪政治思想的轴心问题。对于一部分人来说,在自由主义受到侵蚀的拉丁美洲社会,革命是一条用来建设、完善和发展国家的道路;而其他人则认为,唤醒整个民族是中和或避免革命的途径。"政治""社会""文化""精神革命"这些字眼,充斥着拉丁美洲20世纪20年代的演讲。诚然,革命的含义发生了变化:并不是所有骚乱、起义或由武力实现的政府更迭都能称为"革命"。"革命"一词在无数的场合下被使用,尤其是在19世纪各个国家相继形成的阶段。在墨西哥革命和俄国革命的背景下,革命的概念开始被用来形容非同一般的事件。这些事件的性质与其他事件相比有很大的不同,其范围更广,深度更深,规模更大。

然而，人们并没有在革命的含义上达成共识。虽然不是所有的变革都可以被称为"革命"，但革命本身也可以是"反殖民的""社会主义的""社会的""无产阶级的""共产主义的""反帝国主义的"。政治言论中还经常出现"精神革命""青年革命""大学革命"这类概念。讨论往往伴随着一系列空间上的形容词："国家的""印第安美洲的""国际主义的"。这些说法并不新，有些借用了传统的用法，但它们构成了贯穿拉丁美洲20世纪的政治和意识形态的语言内容。

对这一内容的形成过程以及对革命的多种诠释进行详细分析，不在本书的讨论范围内。我们想要简单指出的是，对革命的讨论强调了拉丁美洲20世纪20年代思想的核心内容。通过梳理20世纪20年代的知识分子对墨西哥革命的几种解释，我们来举例说明争议的内容。

墨西哥革命是阿普拉党思想体系的一个重要参考。从维克多·劳尔·阿亚·德·拉·托雷被流放到瓦斯孔塞罗斯所在的热情好客的墨西哥，并在该国建立阿普拉党之时（1924年5月）起，墨西哥革命就显示出了一种"印第安美洲"的方向，其航向并不会因托雷在俄国的经历而改变，也不会因其自认为是马克思主义和社会主义知识分子而改变。墨西哥革命加剧了针对新一代革命形式的争议，托雷认为，争议有利于避免精神殖民主义。对阿普拉党而言，墨西哥革命是"受封建专制和帝国主义双重压迫的印第安美洲人民的第一场胜仗"，反抗的是"封建专政，即对民主权利的专制压迫；然后是反抗政府代表的阶级的农民起义；最后是被《克雷塔罗宪法》合法化的城市和农村群众的共同行动"。在阿普拉党的概念中，这是一次"社会的，但非社会主义的"且"民族的"革命。在以中产阶级为首的阶级阵线的代表和帮助下，墨西哥革命建立了一个没有阶级划分的民族国家。这是革命与民族之间的交汇点，也是两者之间的过渡点。因此，面对墨西哥革命的性质问题和革命产生的结果，即革命国家，阿亚·德·拉·托雷对1926年朗巴多·托莱达诺发表的观点表示赞同。对后者来说，墨西哥政府能够接受将社会分为压迫者和被压迫者，"但是并不想把自己归到任何团体中去"。墨西哥政府倡议"改善和保护无产阶级的当前地位，直到无产阶级的地位与阶级斗争中的资产阶级的地位相接近为止，但是墨西哥政府想让它的行动自由和权力完好无损，不加入任何一方，以便继续忠实地做平衡者、调解者和社会生活的法官"。

何塞·卡洛斯·马里亚特吉也提议对"革命"一词进行阐释。在1924年到1930年间，他撰写了一系列文章，对墨西哥的政治历程进行了非常仔细的分析，并坚持认为："在美洲这个尽是小规模革命的地方，革命这个词非常容易被搞错。"1928年，他与阿普拉党决裂，在那之后，他对革命视野的分析和讨论有所深化。1924年，他指出，马德罗的反连任思想是偶然产生的，这一思想集中表现了"所有的愤怒、所有受剥削的人和所有的理想主义者"。革命纲领尚不成熟，但已具雏形。马里亚特吉的第一个具体要求便是恢复被大庄园主侵占的土地。他认为，奥布雷贡重新获得领导权，不仅仅是因为土地分配，还因为"在他的权力范围内，在尤卡坦州，兴起了一个集体主义的政权"。不过，1924年，马里亚特吉认为奥布雷贡政府最具革命性、最有意义的举措还是它的教育举措，这一举措是由何塞·瓦斯孔塞罗斯推行的。

两年后，马里亚特吉赋予了墨西哥革命历程一个更接近社会主义的特征，尽管他认为卡列斯政府更关心政权的稳定和巩固，而不是革命纲领和革命起源。墨西哥现行的政治和社会形式体现的并不是自由主义，而是社会主义。这一评价在1929年发生了变化。例如，瓦斯孔塞罗斯已不再担负革命最重要的工作，也不再是《阿毛塔》的主编所说的受保守派和年轻人支持的总统候选人。对马里亚特吉而言，"他的政治方案不是很明确"。他回顾了一下他曾经对奥布雷贡和卡列斯政府所做的阐释：墨西哥不是社会主义国家，因为墨西哥革命遵循的是资本主义的原则和形式。这个国家的社会主义特点体现在它的政治基础是工人阶级，也因此，作为阶级组织的墨西哥工人区域联盟（CROM）不得不每天都在强调财富的社会化这一纲领。但是，这一由革命建立的政权在巩固工人阶级地位的同时，也巩固了资产阶级地位。对于秘鲁社会党的创建者来说，墨西哥是一个资产阶级掌权的国家，但这并没有削减革命的历史价值："在对抗封建主义及寡头政治上的进步与胜利方面，墨西哥得到了群众的滋养。墨西哥依靠群众的力量，并受到了一种无可争议的革命精神的驱动。"但是那次革命的特征和目标是资产阶级民主革命的。

在这种纪律严明的共产主义环境中，拉丁美洲革命的特性也不是单一的。我们应该记得，一开始的时候，第三国际很不重视拉丁美洲。在这 10 年里，该地区成立了不同的共产党，尤其是在国民党失败以及 1928 年第三国际政策发生改变之后，这些党派试图让人们听到它们的声音。在共产国际第六次代表大会（1928 年）上，来自乌拉圭和墨西哥的代表认为在巴西、哥伦比亚、秘鲁和玻利维亚有可能会发生革命。墨西哥壁画家和革命上校、共产主义者代表大卫·阿尔法罗·西凯罗斯（David Alfaro Siqueiros）提出"在每个地区都建造一个桑迪诺"。此外，西凯罗斯还建议消灭古巴独裁者格拉多·马查多，几年后，他参与刺杀莱昂·托洛茨基（León Trotski）。

还有其他的事情让拉丁美洲的共产主义者感到不安：其他政治力量有可能会夺走他们的革命领导权，例如哥伦比亚的自由党。

阿根廷人维克托里奥·柯多维拉是共产国际的忠实追随者，他试图赶走这些幽灵，并提出了一个观点，显然，这个观点不乏准确性："如果把革命的性质理解为，土地属于从事土地劳动的人，工厂属于工人、工人群众的武装以及工农政府，这场革命就不能由自由党来完成，也因此不必担心自由党的威胁。"

如果这是拉丁美洲共产党对革命的正式定义，革命性质的问题就尚未解决。许多属性（工农政府除外）已在墨西哥革命的过程中得以体现。1929年6月，在布宜诺斯艾利斯举行的拉丁美洲共产党会议上，墨西哥革命被称为资产阶级民主革命。柯多维拉和西凯罗斯都将革命建立的政权定义为小资产阶级政权，如果能够将土地改革具体化，这次革命就能完成资产阶级民主革命的任务。持有这种想法的不止他们。其他的一些不那么主流的意见，例如"路易斯"代表就不赞成墨西哥革命是小资产阶级的革命的看法，他指出，墨西哥革命诞生于农民群众为拥有土地而进行的斗争之中，从一开始就具有群众运动的特点，而农民的武装力量迫使政府不得不采取实质性措施，而不仅仅是发表蛊惑性言论和使用革命性的措辞。

拉丁美洲共产主义者的理论和意识形态困境，一方面是马克思主义传统中的权力主体（工人阶级）的发育不良，另一方面是农民群体在人口中占绝大多数，而农民群体在当时的意识形态框架中不可能被视为历史主体，在之后的很长时间内也不可能，这一状况或许要持续到第二次世界大战后，以及随后的去殖民化进程。由于拒绝考虑殖民问题以外的民族问题，共产党人在这次会议上将马里亚特吉的《种族论》归为民粹主义作品，将其归为民粹主义者。

在莱基亚的独裁统治下，20世纪20年代的秘鲁如何从政治左派的共同立场出发，打破现有秩序，引发了拉丁美洲政治文化中最具历史性的辩论之一。维克多·劳尔·阿亚·德·拉·托雷和何塞·卡洛斯·马里亚特吉之间的争论是一场深入本质的讨论，这场讨论极大地影响了拉丁美洲的社会转型计划：改革还是革命？

托雷和马里亚特吉最初在某些观点上持一致态度。1928年之前，两人一直都在同一争议领域互相维护，拥有一致的谴责和批评对象。冈萨雷斯·普拉达民众大学是他们的杂志《明晰》和《阿毛塔》的出版机构。马里亚特吉是最初的阿普拉党成员，而托雷一直将马里亚特吉视为他在对秘鲁进行秘鲁化这一共同任务中最重要的合作者。两人之间的分歧在20世纪20年代末变得愈加明显，而分歧的开端是托雷提出要建立一个秘鲁政党。由此可知，当这些知识分子在思想领域活动时，他们的分歧可能没那么明显，但是在秘鲁政治领域中面临具体行动时，情况就不同了。

对于阿普拉党而言，革命性变革的参与者是由生产阶级、体力劳动者和知识分子组成的阵线，以及由工人、农民、土著人、学生、教师和先锋派知识分子组成的联盟。尽管托雷明确表达了他对政治行动和党派的理解，但潜藏在这些概念背后的是一种不稳定的、边界具有包容性质的思想，这种思想已经脱离了阿普拉党的宗旨。托雷为阿普拉党组织的定义巩固了这一思想："联盟"（alianza，"阵线"这一概念得以让各党派、部门、组织加入），"大众的"（popular，暗指各个阶级聚集在一起，这里的大众性与民族性密切相关，可以理解为是各个反帝国主义阶层的汇集），"革命的"（revolucionaria，原则上应当是一场民族性质的革命），"美洲的"（americana，大陆性是这一提议的中心轴线，也是所选战略的可能性条件）。

1924年，阿普拉党最高纲领的五项行动准则是由新生代制定的，并没有参考阿普拉党在拉丁美洲各国家的分部或分支机构的意见：第一，反对美帝国主义；第二，争取拉丁美洲政治团结；第三，实现土地改革和工业国有化；第四，实现巴拿马运河国际化；第五，加强同全世界被压迫民族和被压迫阶级的团结。托雷以与帝国主义作斗争的"我们"这一概念为出发点，对国家（和地区）做出了定义，也对阶级阵线、革命的性质及范围进行了定义。

标志着阿普拉党政治行动发生变化的第二个事件就是所谓的

墨西哥计划（1928年1月21日），托雷提议成立秘鲁民族解放者党。其目的是组建一支推翻奥古斯托·B.莱基亚统治的墨西哥军队。为了实现这一目标，他召集了一些支持阿普拉党、反对莱基亚的民间机构，还有一些对莱基亚11年任期内的外交政策不满的军人。墨西哥计划的另一个突出特点是意图在秘鲁建立一个政党，以贯彻阿普拉主义的原则。1932年，托雷总结了以往的经验，明确了该政党的特点和解放者革命的特征，而后者与"职能性民主制"这个向来宽泛的概念有着一定的联系："在'土地和自由'的口号下，本党宣称反对寡头政治和帝国主义，承诺进行一场'解放者革命'，即在夺取政权后，实现工业国有化、生产力低下的大庄园国有化，将社区变成国家农业的基础之一，并建立真正的职能性民主制。"

托雷模仿萨帕塔和农民起义，提出创立一个现代政党，进行一场建立职能性民主制的革命，但是要从马克思主义左派思想出发（托雷显然属于这一派），这一举动在拉丁美洲政治先锋派中激起了讨论。1928年4月16日，因为整个计划中"没有一个字提到社会主义"，所以何塞·卡洛斯·马里亚特吉写信给托雷，严词表达了他的异议。

虽然托雷和马里亚特吉之间的决裂是在政党成立之后产生的，但他们之间的分歧早在先前的思想路线中就可见一斑。马里亚特吉在分析马克思主义时,在社会主义民主和第三国际的马克思主义观点上都引起过争论。索雷尔[①]的神话概念被马里亚特吉重新拾起,并作为其思想的哲学基础。在一群自称属于左派的知识分子(他们赞同资产阶级的看法,认为要"舒适地生活,凡事靠议会来解决")面前,他使马克思主义再度拥有了革命性特点。对于马里亚特吉而言,革命就意味着感情、激情、危险和承诺行动:"我们知道,革命永远是宗教性的。'宗教'一词有了一种新的价值、新的含义。共产主义本质上是宗教性的。"但是这样的革命应当是社会主义革命。这一观点犹如一道清晰的分隔线,将马里亚特吉与阿普拉党的宗旨彻底分裂开来。

托雷和马里亚特吉都认为,封建制度和资本主义在秘鲁社会中并存。如果说对于托雷而言,帝国主义通过打破奴隶社会和封建社会的生产关系而完成了国家的资本主义发展,因而具有建设性的话,那么对于马里亚特吉来说,帝国主义就没有这积极的一面了。帝国主义将资本主义和封建制度连接在一起,使它们处于一种互补性的,也因而具有机能性的关系之中。对于托雷来说,拉丁美洲社会的二重性是历史和局势所致,但可以通过外国资本和国家管制的协调来克服。马里亚特吉并没有忽视封建制度和资

---

① 乔治·尤金·索雷尔(Georges Eugène Sorel),法国哲学家。

本主义之间关系的历史性,他认为两者的矛盾只能通过体系之外的力量克服。这个在概念上打的结成为两人产生分歧的关键点。从那以后,他们在社会变革的参与者和最终目标的看法上产生了更大的分歧。

前线战略即阿普拉主义提出消灭寡头秩序和摆脱帝国主义统治。这一"体力劳动者和知识分子阵线"应当由中产阶级领导。托雷认为中产阶级所具有的战斗力应当用于整合民族阵线。从宣扬中产阶级的包容性再到政治—社会战线,在20世纪30年代,托雷趋向于捍卫自己的地位和领导角色。他在抗击帝国主义资本的原则上越是软化,就越是强调有必要制定一个以合理性和计划性准则为基础的技术性、科学性的国家概念。相反,马里亚特吉讨论了中产阶级在打破秩序时的激进主义。他认为未独立国家的资产阶级(中产阶级)与其说是受害者,不如说是与外国资本息息相关、利益互补的相关者。

究其本质,这两种解释基于两套不同的理论、意识形态和方法论概念。对于托雷来说,有两种经济体:一种是从属性经济体,另一种是中央经济体。它们具有不同的逻辑。对于马里亚特吉而言,资本主义是一种将中心和外围连接在一个互补单位中,从而进行再生产的经济体。从这个意义上说,马里亚特吉认为社会主义可以使国家变得完整。上述观点并不意味着要建立一个排他性的阶级空间，而是要建立一种前线战略（由工人、农民和中产阶级的一部分组成），但是要由工人阶级领导。因此，他创立了秘鲁社会党，并积极参与创建"支持五一国际劳动节"委员会，以及后来的秘鲁工人总联合会。在生命的最后几年，他把大部分精力都放在了劳工组织上面。秘鲁社会党人自称是马克思列宁主义者，但并没有以共产主义来命名党派。尽管马里亚特吉认可无产阶级国际主义的必要性，但他对共产主义更偏执的立场进行了探讨——共产主义的政治联盟观念各不相同，并且共产主义的制宪过程看上去异乎寻常，在一定程度上，其领导核心（并非起源）应该是以不同中心为基础的各团体。这就解释了为什么马里亚特吉一直到生命结束还坚持认为这个新组织是社会主义的、大众的和自治的。马里亚特吉与阿普拉党的另一个分歧是变革模式，即革命的特征。对于不受阶段主义影响的马里亚特吉来说，革命应当是社会主义的，而其领导者应当是无产阶级。在《阿毛塔》的一篇社论中，他明确地表述了这一观点："拉丁美洲革命应当仅仅是、且纯粹是一次社会主义革命。你们可以根据具体情况，在此词的基础上添加所有你们喜欢的描述：'反帝国主义的''土地的''民族主义－革命的'。'社会主义'一词在这些词之上，在这些词之前，并涵盖所有这些词。资本主义和社会主义，这是我们这个时代的核心所在。"在其他时代应该也是如此。

反帝国主义和拉丁美洲主义

> （1）反对美帝国主义；（2）争取拉丁美洲政治团结；（3）实现土地改革和工业国有化；（4）实现巴拿马运河国际化；（5）加强同全世界被压迫民族和被压迫阶级的团结。
>
> ——维克多·劳尔·阿亚·德·拉·托雷，
> 《反帝国主义和阿普拉党》

19世纪与20世纪之交，欧洲帝国主义和殖民主义得到认可，美国也完成了国家巩固进程，工业持续加速发展（到19世纪80年代，美国达到了英国的工业生产水平，到1894年时超过了英国），这不可避免地让美国担起了领导美洲大陆的使命。第一次世界大战后，这一现象尤甚。美国在该地区的统治形式是对生产进行大量投资，开启了许多拉丁美洲国家生产资源的外向化过程（脱离了其所在经济结构的国家控制），美国还对各"飞地"实行经济层面的控制和政治军事控制。

罗斯福本人毫不委婉地将美国对拉丁美洲地区的外交政策称为"大棒政策"。美国丝毫没有掩盖其投资在拉丁美洲的重要性，有时会标榜自己具有"模范警察"的力量,在尼加拉瓜(1912—1925年和1926—1933年)、海地(1915—1934年)和圣多明哥(1916—1924年)这些国家,美国实行了辅助性或结构性的军事干预,不可避免地对这些国家之后的政治和社会进程产生了影响。

以上事件激起了政治和意识形态层面的涟漪,一时间,帝国主义问题和国家的对外依赖性成为人们讨论的中心话题。这股思想潮流的先驱者们发表了几场演说,这些演说成为连接两个世纪的铰链,具有不小的作用。演说的背景不仅与1898年的美西战争(这场战争既导致一部分人加入了"拉美世界",并试图跳过西班牙对拉丁美洲的影响,又让另一部分人巩固了西班牙语世界)有关,还与美国的态度有关,美国制定了对拉丁美洲的外交政策,其指导思想是"美国天命论"。

1898年美西战争在临近古巴的地方爆发,如果这件事还让人判断不明的话,那么在这之后美国迅速占领波多黎各,呼吁召开第一届泛美会议,在1902年英国、德国、意大利对委内瑞拉的武装封锁中扮演监护人角色,签署影响古巴宪法的普拉特修正案,以及分裂巴拿马,就都是美国在拉丁美洲实行统治的证据。这种统治开始受到谴责和抵抗。来自波多黎各的欧金尼奥·玛利亚·德·奥斯托斯(Eugenio María de Hostos)坦承他对美国的钦佩,但是他谴责美国在战争中表现出的"吞并意图",谴责美国的领土兼并主义,以及美国想要统治圣多明哥的企图:"这种行为很不好。美国这样的模范性民主国家要是除了占领整个北美大陆(从白令海峡到巴拿马地峡,包括地峡本身和群岛)之外,没有其他对内和对外的理想,是很糟糕的。"

在1889年10月至1890年4月之间举行的泛美会议肯定了美国为将拉丁美洲国家团结在其羽翼下而做出的将近10年的外交努力。美国国务卿詹姆斯·布莱恩(James Blaine)大力促成了这次会议。泛美主义思想由此而生。"美国天命论"这一思想则传播着一种信念:有些国家担负历史使命,对这些国家来说,领土扩张不仅是自然的、不可抗拒的,还是可取的、合法的,尤其在工业发展得到巩固的前提下,国家自然会开辟市场、扩大投资来源并进行资本再生产。

召开第一届泛美会议的目的是消除欧洲(尤其是英国)对次大陆的政治和经济影响。如果说"泛拉丁主义"体现的是英国和拉丁语系国家的对立(源于法国扩张主义),那么泛美主义则是美国霸权统治下的美洲和欧洲的对立。泛拉丁主义所产生的对立利用的是共同语言文化和宗教传统基础上的团结一致。泛美主义的基础是地理标准,也就是同属的半球,在此基础上又添加了战略经济和地缘政治上的新世界主义元素,但是这些元素仍旧是在为这次会议的单边性以及真实目的做掩饰。布莱恩在第一届泛美会议的开幕式上表示:"出席此次会议的代表国家的领土总面积比整个欧洲的面积还要大,这些国家的生产力甚至高于全世界的平均生产力。目前,这些国家有将近 120 000 000 居民。"

通过一系列的数据列举,这种对泛美身份的定义清楚地表明了美国国务院行动的目的。几年后,美国对圣多明哥和古巴进行了直接干预。这种"Zollverein"(关税同盟、货币联盟以及一种美洲国家之间的银行)的方式是美国官方代表团的提议,而这种合作策略直到第二次世界大战被重新定义后才有所发展。1930 年之前召开的几次泛美会议的地点显示出了美国外交政策的目的,表明美国把哪些国家放在外交关系的首位 [墨西哥(1901 年)、巴西(1906 年)、阿根廷(1910 年)、智利(1923 年)、古巴(1928 年)]。尽管当时参会的一些官方代表团所在的国家仍被寡头秩序统治着,但是这些会议所获得的微不足道的成果表明:拉丁美洲国家对美国非常不信任。这不仅是因为会议的"人为性"和"强迫性"特征,还因为拉丁美洲经济体和欧洲之间有紧密联系——至少在第一次世界大战之前,世界还处于英国的霸权统治下。

何塞·马蒂在布宜诺斯艾利斯的《国家报》上对第一届泛美会议发表了评论。他警示世人,泛美会议具有决定性的意义以及开创性的主张:"从美洲独立至今,在美洲大陆从未有过如此需要人们审慎处理的事情,也没有过如此需要警惕、清楚细致地去审视的事情……可以说，对于西班牙语美洲来说，已经到要第二次宣布独立的时候了。"

马蒂的这一警告是从"怪物的内脏"中发出的，而他在这个"怪物"体内居住了15年（1881—1895年）。马蒂不仅发表了言论，还采取了行动，他代表乌拉圭出席了美洲共和国货币会议，该会议召开于1891年3月，是第一届泛美会议的补充。美国提议铸造一种可以在整个美洲合法流通的银制货币，名为"哥伦布"（columbus）。马蒂反对美国的贸易保护主义，主张美洲各国家的贸易自由和多边性（这些国家与欧洲签订了贸易合约，因此不适合采用银制货币）。尽管货币统一政策并没有实行，但马蒂在他的叙述和论点中都表明了美国资本的意图，以及拉丁美洲国家如果不采取共同的立场，就会处于弱势地位：

> 西班牙语美洲应当与美国保持政治统一和经济统一吗？要求经济统一的一方也必然会要求政治统一。谁是买方，谁就是下指令的一方；谁是卖方，谁就是服从的一方。必须实现贸易平衡，这样才可以保证贸易自由。若只向某一个国家卖出东西，那就是自取灭亡。只有向多个国家售卖，才可以完成自救。一个国家对另一个国家的贸易产生的过度影响会转变为政治影响。

古巴革命党的成立和古巴独立战争让马蒂追溯起玻利瓦尔的理想以及最初的美洲独立思想。1891年，他写下了《我们的美洲》，这篇文章对拉丁美洲主义进行了大体描述，认为美洲独立思想既要延续，又要割裂。马蒂求助于玻利瓦尔的大陆主义传统，寻找美洲独立的根源和合法性，具有严格的历史感和政治意识。他看到了拉丁美洲对美国的依赖，他警示人们这种附庸行为是致命的，他将古巴和波多黎各的独立事业与拉丁美洲的命运联系在一起。对于马蒂而言，摆脱对美国的依赖比处理与西班牙的殖民关系更加重要，后者已经过时。这已经上升为拉丁美洲的事业，甚至可以说是全人类的事业，因为"这不仅仅是两个岛屿的命运，而是整个世界的命运，必须使两者平衡"。

马蒂的反美国主义极大地影响了拉丁美洲20世纪的现代主义。例如，最杰出的诗人代表鲁文·达里奥在他的诗作《致罗斯福》（1904年）中将子弹、步枪和猎人诗歌化。另一位20世纪的代表——阿根廷的曼努埃尔·乌加特——撰写了多篇文章，坚持不懈地反对美国的霸权主义意图，呼吁统一拉丁美洲。谴责美帝国主义是他的执着和热情所在，而抵御美帝国主义的方法就是将拉丁美洲的国家团结起来，组成一个国家，或者用他的话说，组成一个"广大的祖国"。在《美洲的未来》中，他对大陆主义的概念进行了概括，并在1911年到1913年间进行了一次玻利瓦尔之旅，造访了拉丁美洲的 20 多个国家，向大众宣传要建造"抵抗盎格鲁－撒克逊帝国主义的大陆防御体系的脚手架"。根据受美国影响程度的不同，乌加特将拉丁美洲分为三个区域：第一个区域是包括阿根廷、巴西、智利和乌拉圭在内的美洲南端，这一区域"十分繁荣，完全没有受到美国的直接影响"；第二个区域是美洲中部（秘鲁、玻利维亚、巴拉圭、厄瓜多尔、哥伦比亚和委内瑞拉），这一区域"虽然也较为发达，但也承受着压力，部分压力来自一些分歧，还来自该区域不怎么受移民的青睐，因此只能做出非常软弱的抵抗"；第三个区域是"美洲的北部地区，我们还可以将这个区域分为两部分：第一部分是墨西哥，其发展速度是与第一区域的国家保持一致的，但由于与美国接壤，受制于美国政治，并在一定程度上重视国防；第二部分就是所谓的中美洲的六个国家……外加古巴和圣多明各，这些地方似乎格外容易掉入盎格鲁－撒克逊美洲的吸力范围内"。

与其说是"盎格鲁－撒克逊"，不如说是美国，因为乌加特提出的拉丁美洲统一这一提议并不排斥拉丁美洲国家与欧洲的联盟，在乌加特看来，欧洲远没有美国那样危险和贪婪。对美国扩张主义的批评伴随着区域统一的这一提议，该提议在其存在期间有不同形式的表述。在 20 世纪初，它的表现形式是美洲国家的联盟。这一提议催生了知识分子团体，他们坚信拉丁美洲的统一不能通过外事机构来实现，也不会在国家的推动下形成。处于革命中的墨西哥非常包容地接受了这些思想。1911年底,乌加特抵达墨西哥。从那一刻起,他就一直在墨西哥开展火热的统一运动,"一个世纪以来,共同的高墙和历史的防波堤阻挡了洪水,保卫了整个南部"。乌加特与索诺拉州人民关系密切。在拉丁美洲的其他地区,尤其是在阿根廷,乌加特是墨西哥革命的宣传者乃至发言人,他试图通过各种讲座、会议和著作来改善墨西哥最初的"野蛮"形象。巴勃罗·扬克列维奇在其研究中指出,墨西哥政府鼓励该运动,并给予了一部分资助。1914年,乌加特成立了拉丁美洲捍卫墨西哥革命协会,用以反抗美国的攻击。他对1918年以来的美洲改革派大学运动的初期阶段有着重要影响。

在20世纪初的现代主义学者中,何塞·恩里克·罗多(José Enrique Rodó)创造了一个用来描绘拉丁美洲的表述:爱丽儿和卡利班之间的矛盾。这一表述对几代理想主义者产生了深远影响。《爱丽儿》出版于1900年(美西战争爆发两年后),其观点受到了拉丁美洲知识分子的欢迎。借用莎士比亚的隐喻和欧纳斯特·勒南(Ernest Renan)的哲学文章,罗多用对立的语言,再造了一个精神性的、理想主义的拉丁美洲(即爱丽儿),与功利主义、注重物质的美国(即卡利班,"汉尼拔"的讽刺表达)进行对比。

《爱丽儿》的故事非常简单:普洛斯彼罗是一位学识渊博、受人爱戴的教师,在结束了一年的课程之后,他在爱丽儿的雕像前对学生们讲话，这座雕像象征着精神、理想、美丽和智慧。爱丽儿的对手是卡利班，他是一个实用主义者、功利主义者，淫邪又卑鄙。在欧纳斯特·勒南的原文中，卡利班是本能和民主价值观的化身，并且战胜了爱丽儿。然而罗多不这么想，他对高贵的精神力量充满信心，相信爱丽儿会胜利，而这一精神的闪光之处就是拉丁美洲文化，它代表着优雅、理想、美丽和高品位。"真实"和"正义"的标准与美好的、艺术的、微妙的东西联系在一起。罗多提议不要丢掉那些受"北美控"①威胁的价值观。面对卡利班的功利主义和实利主义，他用爱丽儿的品质与之对抗，"有着追求完美的高贵本能，这一品质使她愈加宏伟，并成为事物的中心。胜利的爱丽儿代表着生活中的完美和秩序、崇高的思想、无私的道德、高雅的艺术、英雄主义的行动，以及常规习惯中的谨慎态度"。罗多改写了勒南作品的结局，相信爱丽儿会胜利。面对盎格鲁－撒克逊价值观给拉丁美洲带来的日益明显的影响，他强调了拉丁美洲的价值观。

拉丁美洲社会的现代化方向和目标，以及人民群众参与其中的方式，是贯穿《爱丽儿》全书的核心主题，并且很大程度上体现了20世纪初现代主义运动的精神。这部人道主义的、近乎宗教

---

① Nordomanía，北美文化对拉丁美洲国家的影响和吸引。

性的作品,也是对精英、优秀的少数群体和"精神贵族"的呼唤,为的是将这些力量引至"理想之乡"。这一理想式的道德和美学要优于大多数人的文化(由此也可投射到政治)的通俗化。对于现代主义者来说,艺术是把濒临消失的意义保存下来,因此罗多的文章有着去地域化的特点。他有一种自发的高傲,像是站在"象牙塔"的高处。然而,从"为艺术而艺术"的观点来看,他的提议并非毫无准备。文化开始与一种特定的脑力才能产生关联,是精神性的、无私的,并且往往与实际生活相对立,与城市群众的"粗暴的野蛮性"相对立。尽管知识分子在20世纪20年代的社会活动和上述所说的几乎相反,但他们还是借助了罗多创建的几个话题:英雄主义的"精英"概念(即"先锋"概念),对道德领地的捍卫,某些情况下对美学领域的捍卫,最重要的是对于自身价值观的自我确认。对于一部分人来说,这些价值观基于拉丁美洲文化;而对于其他人而言,这些价值观则基于反美精神,或其他各种具有相同论证逻辑的形式。

最初较为激烈和谴责性的反美情绪让位于一种从全球的角度处理这一现象的观念。我们应该知道,即使是在帝国制度的中心,"帝国主义"一词在1900年左右也是用来描述某一新现象的新词汇。在不排除霍布森(Hobson)对拉丁美洲思想的影响的情况下,对此话题的分析不可避免地要提到列宁的《帝国主义是资本主义的最高阶段》（1916年）。自由主义分析和马克思主义分析之间的最大差异是前者没有将帝国主义扩张与经济现象联系起来，而是强调心理、意识形态、文化和政治方面的内容。

在20世纪20年代中期，出现了许多组织团体和传播媒体，旨在反思和谴责该地区的帝国主义现象。1925年，美洲反帝国主义联盟（LADLA）在墨西哥成立，同年，拉丁美洲联盟在布宜诺斯艾利斯成立。前者创办了《解放者》杂志，组织者是乌尔苏洛·卡尔班（Úrsulo Galván）和壁画家迭戈·里维拉。美洲反帝国主义联盟与世界反帝国主义和争取民族独立联盟保持着联系，后者由德国人威利·明岑贝格（Willi Münzenberg）于柏林创建。美洲反帝国主义联盟不仅得到了墨西哥共产党的支持，还得到了来自不同国家的反帝国主义知识分子的帮助。同一时期，拉丁美洲联盟于1925年3月在阿根廷成立，发起人是何塞·英格涅罗斯，创始工作是在他编撰杂志《我们》时完成的。拉丁美洲联盟也有属于自己的杂志：《革新——拉丁美洲联盟的器官》。其目标之一是"统筹拉丁美洲的作家、知识分子和教师的行动，以此为手段，不断实现政治、经济和道德的协调，与人类新的理想保持和谐的步调"。该杂志表达了团结拉丁美洲人民、谴责泛美主义、评判和解决边界冲突问题的观点，提出对财富实行国有化，反对教会干预公共生活，主张扩大教育、捍卫民主，"与政治科学最新得出的结论保持一致"。在20世纪20年代，反帝国主义另一个十分重要的、具有代表性的核心就是俄国革命，即便不是将它作为公式引用，它也是一个很重的砝码。《解放者》杂志："我们也十分清楚，要与八年前源自东方的那股革新的动力保持一致的路子。如今，在这个无政府化世界的广阔舞台上，那股动力虽然缓慢，但无疑会瓦解几个资本主义大国的势力。"

我们认为，无论是对帝国主义的反思，还是对拉丁美洲在世界上的定位，更确切地说，是在"西方文明"中的定位，这都是最重要的话题中心。面对欧洲中心主义范式的危机，拉丁美洲的知识分子认真遵循了非欧洲国家的社会转型道路。这在以往的选项和参考中是前所未有的。对俄国革命进程的分析不可避免地成为焦点（指的是英格涅罗斯对职能性民主制的解读，以及瓦斯孔塞罗斯的教育计划对卢那察尔斯基的选择性借鉴）。新生代认为，自1923年起，革命和反殖民主义运动已经得到了发展，并将在欧洲以外的国家继续发展。恰恰是在1923年，马里亚特吉写道："于是人们不再讲西方文明和东方文明，而是只讲文明本身。"

例如，我们在这里分析一种不太典型的帝国主义和反抗它的运动，即法国和西班牙在摩洛哥的殖民统治以及里夫人民的独立运动，英格涅罗斯和马里亚特吉受此启发，将美洲国家的独立与里夫人民的独立运动相比，将阿卜杜勒－克里姆（Abd el-Krim）

与圣马丁、玻利瓦尔相提并论。对何塞·英格涅罗斯而言，在摩洛哥发挥作用的唯一的爱国主义是"英勇的摩洛哥人民的爱国主义，这一爱国主义让他们捍卫祖国，与外敌的压迫作斗争。在这场较量中，阿卜杜勒－克里姆的历史地位与一个世纪前的玻利瓦尔、圣马丁、苏克雷、奥希金斯（O'Higgins）和阿蒂加斯的历史地位是一样的"。马里亚特吉用同样的笔调写道："西班牙语美洲的新一代人对阿卜杜勒－克里姆的革命事业表示敬意，认为其是圣马丁和玻利瓦尔革命事业的复刻。"

有时，人们也会从另一个角度出发，兴趣盎然地去分析中国、印度和埃及的反殖民运动，以寻找与拉丁美洲国家相似的情况，与拉丁美洲国家进行对比，或是寻找指引，来思索拉丁美洲的问题。我们要记住的是，第一次世界大战爆发前，澳大利亚人、新西兰人、阿拉伯人、南非人、印度人、尼泊尔人和阿尔及利亚人都曾与他们的宗主国并肩作战。第一次世界大战在亚洲和非洲唤起了反殖民主义情绪，其原因有多个：国际联盟建立的新世界秩序中的国家自决权和民族性的巩固；俄国革命的影响，以及共产国际对反殖民斗争的支持；英国和法国在中东扩展了新的"托管权"，引起殖民地人民的不满和失望；德意志和奥斯曼帝国的瓦解。

这一精神催生了一场重要的会议，即 1927 年 2 月 10 日至 15 日在布鲁塞尔成立的反帝国主义大同盟，这是共产国际为建立反帝国主义联盟而提出的倡议，反帝国主义联盟将众多政治、科学和文化人士聚集在一起，目的是在全世界范围内推动广泛的反帝国主义运动。何塞·瓦斯孔塞罗斯（代表波多黎各民族主义党）、卡洛斯·吉哈诺（代表委内瑞拉革命党）和代表坦皮科工人联合会（从属于墨西哥工人区域联盟）的伊斯梅尔·马丁内斯（Ismael Martínez）在大会上代表拉丁美洲发表了官方讲话。维克多·劳尔·阿亚·德·拉·托雷也受到了邀请，但他并非作为阿普拉党的代表，而是作为美洲反帝国主义联盟（巴拿马、尼加拉瓜和秘鲁）的代表参会，且为非正式发言人。

谈及拉丁美洲，大会的决议与阿普拉党的观点不谋而合，即考虑到了帝国主义在印第安美洲的地理分布。第一块区域是加勒比地区（墨西哥、中美洲的国家、巴拿马和安的列斯群岛的国家），这里"既有与美国经济扩张挂钩的直接利益，又有与美国军事战略有关的间接利益"。在这片领域，美帝国主义"已经不再受之前的特许、条约和外交行动所束缚，而是进入了侵略行动、威胁或武力控制的阶段"。第二块区域是"玻利瓦尔共和国"（委内瑞拉、哥伦比亚、厄瓜多尔、秘鲁和玻利维亚），在这里，帝国主义的行动仍仅限于借贷和享受特权，其行动"催生了专制主义，并通过财政的支持，将专制制度变成了帝国主义在这些国家的代理人"。第三块区域由那些已经取得较大发展的国家（智利和拉普拉塔流域国家）组成，在这块区域，国家"更明确，更稳定"，无产阶级"更有组织性，数量更多"。第四块区域是巴西，美国在这里进行了巨额投资，除此之外，托雷想不出这里还具有什么别的特征。

帝国主义的势力范围尽管在各地区有所差异，但在托雷看来，它们并不能妨碍某一区域性政党实行的大陆主义策略。正如我们之前指出的那样，帝国主义是阿普拉党政治主张的主线。对于托雷来说，帝国主义是资本主义的第一阶段，而非最高阶段。他反对列宁的论点：

> 在欧洲，帝国主义是"资本主义的最后阶段"，也可以说是资本主义阶段的顶点，其特征是资本的流出和出口，以及对经济不发达国家的市场和原材料生产地的征服。在印第安美洲，欧洲所谓的"资本主义的最后阶段"却成了第一个阶段。对于我们的国家来说，外来资本或流动的资本恰恰是现代资本主义的初期阶段。

在拉丁美洲，从它的时间和空间来看，帝国主义是一个在该地区扩展资本主义社会关系的载体。在外国资本到来之前，拉丁美洲社会一直是封建社会——托雷是从这一论点出发的。这些有着资本主义经济形式的岛屿，正是由于外来刺激的存在才形成了自己的经济形式，其经济形式的产生并不是资本在这些社会内部自行产生的某个过程。这说明印第安美洲具有对外的依赖性和半殖民属性。与这种依赖性相对应的是外国资本投资给拉丁美洲社会发展带来的"进步"。由此可以得出结论，在资本主义发展的那一阶段，阿普拉党的意识形态战略并非摧毁资本主义，而是一方面顺从它，另一方面遏制资本主义最具破坏性的势头。反帝国主义斗争所具有的民族性对那些被呼吁采取行动的人——"国家中的多数人"——进行了纳入或排除。阿普拉主义用一种印第安美洲的民族主义来对抗共产党的无产阶级国际主义。

各共产党党派最有争议的回应来自古巴共产党领导人胡里奥·安东尼奥·梅利亚。在1927年于墨西哥出版的小册子《ARPA是什么？》中，他尖锐地批评了APRA[1]和ARPA的方针。阿普拉主义与共产主义之间争论的焦点是体力劳动者和知识分子统一战线的阶级构成、革命的特征以及APRA的政党形式。二者之间的矛盾还有另外一个不那么意识形态的因素，那就是它们会争夺对方的政治接纳空间。梅利亚认为，ARPA的"人民"成分比"革

---

[1] 美洲人民革命联盟（Alianza Popular Revolucionaria Americana，缩写为APRA），又称秘鲁阿普拉党，而此处的ARPA则是将Popular（人民的）和Revolucionaria（革命的）两个词进行了调换。

命"成分要多，因为它非但不认为无产阶级是革命的先锋，还使其顺从于资产阶级，掩盖它的反抗能力。古巴共产党领导人认为，第三国际在那几年建立的战线同盟政策更为稳固（而这一政策将在1928年发生剧烈变化）："共产国际应当与殖民地和落后国家的资产阶级民主党派结成暂时的联盟，但不能与之融合，而是要明确地捍卫无产阶级运动的独立性。"在梅利亚看来，就和墨西哥的情况一样，"共产党一直在支持自由、民主和革命的资产阶级斗争，用来对抗帝国主义及其盟友"。

除了这些分歧之外，在20世纪20年代末，拉丁美洲左派又探讨了一个至关重要的拉丁美洲政治文化的理论和政治问题：进行民族革命还是社会主义革命？

在1929年6月1日至12日于布宜诺斯艾利斯举行的拉丁美洲各国共产党第一届代表大会上，何塞·卡洛斯·马里亚特吉发表了《反帝国主义观点》一文。这是拉丁美洲各国共产党举行的第一次会议，是拉丁美洲共产主义格局形成的里程碑，尤为重要的是其与共产国际相对立，后者在共产国际第六次代表大会上宣布了"阶级斗争"这一强硬路线。从1928年开始，出现了共产主义者称之为"发现美洲"的说法。例如，共产国际第六次代表大会首次探讨了美国入侵尼加拉瓜的事件。在此之前，共产国际对拉丁美洲的了解很少，拉丁美洲的情况被泛泛地概括为"半殖民地",没有进一步的细分和描述。

马里亚特吉通过帝国主义的问题来探讨共产主义和阿普拉主义。说到共产主义,他认为拉丁美洲各共和国的情况与半殖民地国家的情况没有可比性。虽然拉丁美洲国家的经济是半殖民地经济,但政治不是:"民族资产阶级认为与帝国主义合作可以实现利益最大化,他们能充分地掌握政治权力,因此并不十分关心国家主权。"马里亚特吉指出,国家主权这一幻象完好无损,未被讨论,因为"在资产阶级和小资产阶级的意识中,独立革命过于迫近,有关独立革命的神话和象征过于鲜活"。这抑制了资产阶级中革命民族主义情绪的出现,而这种情绪确实出现在了半殖民地国家。在印第安美洲,"贵族和土生白人资产阶级因为有着共同的历史和文化联结,所以并没有与人民团结一致。他们首先觉得自己是白人",这与中国的情况是不同的,在中国,"资产阶级乃至一些封建势力都认为自己骨子里是中国人"。由于拉丁美洲资产阶级中没有革命民族主义,所以反帝国主义不应该上升到纲领的高度,更不能认为反帝国主义能发展成为一条通往社会主义或社会革命的道路。以下是共产主义和阿普拉主义的核心区别:"反帝国主义不会消除阶级之间的对抗,也不能消除利益差异。执政的资产阶级和小资产阶级都无法实行反帝国主义的政治。我们有墨西哥的经验在前,该国的小资产阶级最后与美帝国主义缔结了条约。反帝国主义只能让群众暂时沉醉于民族主义。"

马里亚特吉从马克思主义的分析逻辑出发,分析了拉丁美洲的形势,提出要将马克思主义与拉丁美洲历史及其社会运动的特殊性结合起来,以避免"抄袭和复制"马克思主义。他试图对马克思主义进行"秘鲁化"或"印第安美洲化"的这一举动在安分守己的拉丁美洲共产党队伍中并不受欢迎。自一开始,共产党对马里亚特吉的态度就带有戒备,当时还不是公然的敌对。首先是因为马里亚特吉不愿称呼他在 1928 年于秘鲁成立的政党为"共产党"。问题并不在于政党的名字叫什么,而在于马里亚特吉不愿意称其政党为"共产党",也就是说,他有可能会批判性地对待马克思主义。他不被人理解。无论是他关于帝国主义的文章,还是他关于种族问题的文章,都未能得到人们的赞同。他的反帝国主义文章受到了指责,因为高估了精神性的因素,并美化了帝国主义在拉丁美洲的渗透。在马里亚特吉的论述中,外来的资本帮助消解了封建社会的生产关系,并促进了资本主义生产关系的发展。他的"异端杂说"被指责是民粹主义的,是"拉丁美洲出现的偏差",只不过"拉丁美洲出现的偏差"这种说法并不是赞美,而是共产主义者使用的最糟糕的说法。更有甚者,在拉丁美洲的共产党内部,人们把"小资产阶级的余孽"称为"马里亚特吉主义者"。阿尔贝托·弗洛雷斯·加林多(Alberto Flores Galindo)

在他的著作《马里亚特吉的临终挣扎》（这个标题非常乌纳穆诺式，应该不会冒犯到马里亚特吉）中指出，一位秘鲁代表在会议上通知大家，马里亚特吉的《阐述秘鲁现状的七篇论文》刚刚出版，然而大家对此的反应是冷漠和不屑。对于共产党的官方说法而言，"论文"和"秘鲁现状"这些词汇令人难以忍受。"论文"令人觉得这是暂时的、假设性的、近似的文章，而"秘鲁现状"则与第三国际所倡导的抽象的、典范式的普遍主义相冲突。

第一次世界大战后，反帝国主义思想在该地区划定了一个范围，并指出了印第安美洲（这个名字就表明了要寻找新的定位）的共同命运和战略。面对来自其他帝国的外部挑战，自治、自决、主权和独立这些概念被一再强化。人们从政治依附的角度入手，对爱国主义、民族主义和民族等话题进行了分析，与之前的几代人有着明显不同。20世纪20年代的反帝国主义运动又让拉丁美洲在世界上有了一席之地。最后，政治意识形态中的反帝成分催生了具有运动主义（movimientista）、战线主义（frentista）和联盟主义（aliancista）特征的权力战略，这些战略也具有基础性作用，并在20世纪三四十年代的政治形式中起到了决定性作用。

民主的形容词

> 或轮番或同时地,民主制受到了左右两派的拉扯。两种对立的力量、两种对抗的爱将它撕扯开来。
>
> ——何塞·卡洛斯·马里亚特吉,
> 《民主制的危机》,1925 年

在 19 世纪 20 年代,自由主义的遗产被视为"人造物",而民主则被指责是"手无寸铁"的——尤其是工人和农民展开斗争想要获得民主时。对不同的、折中的、双重的道路的探索,少不了左派和右派的冒险精神。人们关注的焦点是个人与集体之间的关系,而后者是从社会角度或共产主义角度进行考虑。人们不约而同地对民主和代表制(当时在政治实践中的存在感极低)重新进行了理论和政治思考。在两次世界大战之间,民主开始有多种含义:纯粹的民主、真实的民主、民族的民主。这些不同的想法都被归到具有多重含义的职能性民主制中,甚至"专制的民主"都被归纳进去。这些想法有积极的一面。民主被重新定义,人们认为这种修改对解决社会的复杂性问题是至关重要的,因为个人主义和公民的方案在当时已经不能准确地反映社会的复杂性。反自由主义的群体走出了一条不同寻常的路，其内部声音也多种多样。反自由主义的群体初期达成共识，在这之后，这些共识将变成对立的、有时甚至是不可改变的意识形态立场。

1916年，在墨西哥革命和内战的背景下，曼努埃尔·加米奥指出，1857年的墨西哥宪法"在根源、形式和实质方面"都是外国产物。1917年的墨西哥宪法重新定义了国家及其职能和属性，对自由主义国家的概念进行了纠正，这些内容在俄国革命后甚至被解读为社会主义。因此，安德烈斯·莫利纳·恩里克斯不得不对宪法第27条的非共产主义内容进行论述。它是一次革命的产物，这次革命并没有预设公式或配方，它的特点是社会层面的包容主义、政治层面的民族主义以及经济层面的干预主义，因此早已偏离了自由主义的准则。农民群众的存在及其提出的要求也被记录在1917年的宪法中。安德烈斯·莫利纳·恩里克斯认为克雷塔罗宪法精神是与墨西哥的历史和现实相关的（1922年，他在一篇同名文章中如是说）。他捍卫宪法的合法性，强调革命是"立法的最高形式"，因为革命充分地表达和代表了国家意愿。改变自由主义性质的是群众在政治中的参与，因为对政治起推动作用的主导者是社会而非个人："虽然在本质上，1917年的宪法对1857年宪法所做的修改少之又少，但两者在某些方面是截然不同的，它们的精神完全不同。1857年的宪法认为，个体是主导者，应当置于社会之上；而 1917 年的宪法则认为社会是主导者，应当置于个体之前。"

在墨西哥，社会原则和干预主义原则被加入宪法，而在阿根廷，正在上演的是与自由民主准则更为接近的包容性的进步。1912 年的《萨恩斯·佩尼亚法》颁布后，公民的政治权利扩大，促使激进派上台（1916 年），激进派制定的纲领在本质上要求严格遵守国家宪法（在阿根廷的激进公民联盟看来，宪法早在 20 世纪 80 年代就被人们所歪曲）。这篇关于政治民主的文章恰好完成于宪法原则开始崩坏的时代。1916 年到 1930 年间执政的阿根廷激进派将政治民主和普选制度贯穿其政治纲领。然而，唯心主义 [有些人认为是受到卡尔·克劳斯（Karl Kraus）的影响] 和折中的、带有本质主义色彩的历史论奠定了他们的意识形态基调。激进公民联盟将政党和国家并置于一种相互关系中。他们的行为体现了"阿根廷的风格，将阿根廷精神发扬光大，并验证了其伟大决策的正确性"。阿根廷的"再生"需要完成的事业是从形态和语义上对宪法进行修复。民族精神的完成和完善意味着激进派要具有包容性和选择性。一方面，激进公民联盟曾多次指出，他们并不希望仅代表公民的"一部分"，而是要代表整个国家。另一方面，反对者们——不仅是激进公民联盟的反对者，还有普选制度的反对者——认为，拯救国家只能靠"国民政府"的行动，而不是"政党政府"的行动。这种来者不拒的、对全民代表制的钟爱,从严格意义上讲,几乎没有给竞争性和多元性政治留有空间,而这一特点并不是阿根廷政治文化独有的。秘鲁的阿普拉党也为了完成"拯救秘鲁"的计划,呼吁将党和国家并置。在墨西哥,国家反连任党于1929年召开的会议将瓦斯孔塞罗斯选为总统候选人,这是"公民投票的结果,而非任何一个政党的指定",与此同时,墨西哥革命结束,国民革命党[①]成立,成为墨西哥革命的代表,同时对"墨西哥性"和国家性享有垄断权。

在阿根廷,1930年的政变是武装力量对20世纪阿根廷政治展开的一系列干预的开端,削弱了个人权利和政治权利,并且越来越暴力,在最后一段军事独裁时期(1976—1983年),恐怖主义到达了顶峰。20世纪20年代,男性普选制度取代了政权的寡头统治,但没有取代寡头制度对经济的控制。这种难以共享的统治权导致了越来越激烈的争端。尽管力量一直很微弱,但试图赋予国家更大自治权的尝试也越来越多。那时的反政府组织动用了两种论点。第一种论点非常传统:最终成功地铸就了现代阿根廷的是"没有公民的共和国"。第二种论点抨击了没有能力遏制公

---

① 墨西哥国民革命党是墨西哥革命制度党(Partido Revolucionario Institucional)的前身,后者成立于1929年3月4日。

民社会力量的政治民主的可行性甚至价值，在这种公民社会中，历史关键时刻的阶级冲突到最后只会被当作"治安问题"了结（或者被果断地认为是军事问题，例如1919年在布宜诺斯艾利斯和1921年在巴塔哥尼亚对工人罢工运动的镇压）。对反政府组织而言，政府这种胆怯的仲裁态度是对社会抗议活动的安抚，而这十分危险。如果说激进公民联盟的纲领是遵守国家宪法，那么反政府组织则是对两者都进行抨击：既反对"激进派的蛊惑"，又反对人民主权。

民主及其代表制形式被否决了。更准确地说，是民主自由主义被否决了，因为重新思考政治秩序的方式之一就是用分析的方法，在意识形态层面上将民主与自由主义区分开来。如果自由主义不是民主的，那么民主也不能以自由主义的形式表达，这是拉丁美洲政治文化的基本特征。莫尔斯指出，在拉丁美洲，"民主与自由主义不是直接进行互动，而是独立地，实际上间断地被同化为一种政治文化，两者都可以改变这种政治文化，但没有任何一方可以取而代之"。"国家/享有主权的人民"这一概念不能仅仅用"一人一票"来体现。代表制问题是当时争议最多的问题之一。

何塞·英格涅罗斯认为，第一次世界大战结束后会发展出一种新的政治哲学，用以完善代表制度。对于这位《哲学杂志》的负责人来说，最大的政治问题在于持续困扰现代社会的代表权危机。如果说法国大革命用定量标准代替了定性标准，那么文明危机就是由定量标准的人为性和原始性导致的。这种定量标准在"普选制度范围内，是所有可能的方式中最不合逻辑、最原始的"。在他看来，议会制度能维持到现在，仅仅是由于传统政治家们采取了让其长久存在的策略。所有的国家都存在代表制形式，仅仅是做了轻微的改动，变成了比例代表制——俄国除外，该国的代表制因封建残余而失败。自《萨恩斯·佩尼亚法》开始确立的阿根廷普选制度被过快地与当时的"恶习"之一——议会制度——联系了起来："人们把这种愚蠢的普选制形式称为民主，这么做只会使'民主'这个词威风扫地。现今的议会制无法代表人们明确的需求和愿望，只不过是表达了社会意志的一些模糊的倾向。"

我们之所以在英格涅罗斯这里多做停留，是因为他的言论被广泛阅读和引用。在新生代对土生白人政治的批评中，英格涅罗斯被认为是智力和心理层面的必要参考来源。我们希望以此来强调反自由主义和反实证主义世界的胶体性特征。针对这一特征，此后还有涵盖政治范围两个极端的提议，因此英格涅罗斯本人不得不提醒大家，批评言论之中有可能隐藏着复辟倾向："不少心术不正之人想推论出普选制和代表制的弊端，梦想着可以回到之前的时代，召回那些违宪的和专制的制度。他们混淆了代表制度和他们所说的现今的议会形式,而前者是完美的。"

他试图在行政领域和立法领域中思考更加纯粹的代议制形式。对他来说,议会并不能履行社会职能。什么是社会职能?社会职能是一个多方面、多样化的整体,包括生产、流通、消费、农业、工业、商业、银行、资本家和工人。"谁能代表代议制职能呢?家庭、父母和孩子的利益是社会最根本的利益,他们能代表代议制职能吗?"英格涅罗斯相信,政治制度会坚定地向着职能性的代表制迈进。这一内容已经成为主要话题。从这一信念出发,他略为偏颇地总结了俄国革命,认为它"无非就是职能性代表制的一次实践经验"。"苏维埃主义(sovietismo)的基本原则是用有技术含量的、定性的代表制取代无差别的、定量的代表制"。他不建议效仿苏联的最高纲领主义(maximalismo),但他建议每个国家都要制定用来取代议会制度的方案。对于英格涅罗斯而言,这些变化应当是渐进的,应当在演化中完成,要避免而不是助长极端主义革命。

正如图略·埃尔珀林·唐希(Tulio Halperín Donghi)指出的那样,在提议实行职能性民主制时,英格涅罗斯也担忧普选制度的结果,因为在这个寡头制共和国中,存在的不仅仅是普选制度。

> 英格涅罗斯呼吁用这一有技术含量的制度来恢复国家行

政管理的自主权，而这时的国家自主权开始受到来路不明的普选制代表的威胁……乍一看，英格涅罗斯的这一号召与莱奥波多·卢贡内斯之后提出的关于军队的观点差不多。技术性制度指的是普选制，而军队是国家组织中唯一成功保护过这一技术性制度的组织，军队保护其不受……的影响。国家的未来复兴就应该从普选制这个健康的核心出发……

阿普拉主义思想将职能性民主制这个概念作为其意识形态的支柱之一。这种采用满足生产者要求、具有有效代表制的政治制度形式的国家，被命名为"反帝国主义国家"，它既与自由主义传统背离，又与社会主义传统割裂，但是采用了两者的一些内容。如果说到目前为止，国家代表的是为外国利益服务的少数财阀的利益，那么托雷则提议用生产阶级的经济和政治代表制将国家国有化。这种新型的国家应该遏制资本主义制度，并受到"一个有技术的组织，一个基于不同工作类别的职能性民主制的政治结构"的推动。这一代表制的理想将通过召开经济代表大会来实现，经济生活的所有方面（生产、分配和消费）都会在代表大会中有所体现。

何塞·卡洛斯·马里亚特吉认为，"两种对立的力量和两种对抗的爱"对民主制产生着威胁。欧洲反动派的领导者们自诩反民主、反自由主义和反议会，但革命派的敏感性也同样打击了民主自由主义代表制的原则:"各种派别的保守派和革命派都一致同意废除旧民主制。还有这样那样的人支持采用独裁的形式。但是或轮番或同时地,民主制受到了左右两派的拉扯。"人们认为那些"改善"和"修复"代表制形式的尝试(也就是那些所谓的工会或职能性民主制)看起来注定要失败:一方面,它们损害了自由主义的代表制形式;另一方面,它们未能反映"当代舞台"的变化。马里亚特吉从马克思主义的角度出发,认为民主制危机是资本主义发展的结果,在资本主义发展过程中,阶级矛盾削弱了资产阶级的力量,"迫使其接连让步"。因此,"普选制和议会制同意将它们的许多职能转让给工会组织"。尽管做了许多增加其职能的尝试,民主制还是未能消化这些阶级矛盾,在马里亚特吉看来,这无疑会导致民主制被瓦解和取代。

政治民主制被当作形容词,被纠正,被抛弃,那些构成它的基础(个人主义、自由主义以及与之相伴的代表制原则)对它展开批判,削弱了它的力量,导致民主制像是贫血了。与此相关的是,在20世纪20年代末,人们强烈要求把必要的技术条件作为政治的要求。维森特·朗巴多·托莱达诺对墨西哥革命做出了评价,并从该国最大的工会(墨西哥区域工会联合会)角度出发,同样声称在民主制陷入危机的时代,应当采用一种技术性的、多方参与的政治管理理念。政治管理应该是"一项面向政府、工人、企业家、科学技术中心和有组织的消费者的技术性工作，要放在国民经济中那些未归类群体的利益之上"。

"巴西是没法实现自由主义的"，阿尔贝托·托雷斯（Alberto Torres）尖刻地宣布道。他是一名里约热内卢的作家、政治家，是旧共和国时期批判自由主义的先驱。他如此抱怨道："这个国家不算是一个国家，这片区域不算是一个社会，这些人也不算是一个民族。我们的人民算不上是公民。"托雷斯还阐述道，这个不太旧的巴西共和国的制度的虚假性成为保留下来的典范。他认为，共和国的基本法（1891年）并不是一部宪法，而是一个理论章程，搬运的是外国的法律内容，与真实的巴西不符，因此出现了民主制和虚假的政治公民形式（"牛奶咖啡"政权下的公民政治权利确实非常有限），应当通过一种强大而专制的、能够替代议会制的政治制度，用一种有效的社会民主制将它们取代。议会制是导致国家四分五裂、动荡不安的原因，是长久存在于共和国内的危机的罪魁祸首，应当让共和国获得重生。在民族身份和社会组织的形成过程中，国家应当作一个积极的主角。用何塞·路易斯·贝雷德（José Luis Beired）的话说，在20世纪30年代"一种新秩序的征兆下"，以上问题成为众多得以深化的话题之一，此外还有民族主义者和职团主义者的观点，例如弗朗西斯科·何塞·德·奥利维拉·维亚纳（Francisco José de Oliveira Viana）、安东尼奥·何塞·阿塞维多·阿马拉尔（Antonio José Azevedo Amaral）、弗朗西斯科·坎波斯（Francisco Campos），他们是热图利奥·瓦加斯总统建立的被称为"新国家"的政权的意识形态支柱。国家应当是国家意义上，而非公民意义上的最有效的包容性载体。

为了使各种替代方案合法化，"现实"一词经过了理论和实际的检验。秘鲁的维克多·安德烈斯·贝朗德（Víctor Andrés Belaúnde）于1930年撰写了《国家的现实》一书，用来驳斥何塞·卡洛斯·马里亚特吉在《阐述秘鲁现状的七篇论文》中的提议。在马里亚特吉的文章中，现实具有秘鲁的特点（用他的话来说，"现实"是一个有待建立的国家概念），他的笔调也是解释性的，而在贝朗德的作品中，现实是国家性的。贝朗德所捍卫的国家概念，在本质上已经完善，因此他的文字中少了很多推测性的内容，但是贝朗德的国家概念被一系列的"错位"（anatopismos）给扭曲了。贝朗德仿照"不合时宜"这个概念，造出了"错位"这个新词，认为效仿外国方案是一个错误。受基督教社会主义的职团主义（本身是反自由主义的）和1930年秘鲁政治开放的历史局势影响，在坚持了11年的官僚式恺撒主义之后，维克托·安德烈斯·贝朗德也选择了介于民主制与职团主义之间的和解方案。他分析了拉丁美洲国家体制薄弱的原因，指出行政权力不外乎两种：要么非常虚弱，要么非常专制。他提议通过"一般"选举（并不是"普遍"

选举，因为秘鲁的选举法中选民不包括妇女和文盲）选出一个众议院，还要有一个参议院来保证众议院的持续性、独立性和技术性，保证代表制更加平衡。他吸收了各异的思想来源[天主教职团主义（corporativismo católico）、玻利瓦尔宪法、雅克·马里顿（Jacques Maritain）①的有机体论]，提出了一种混合方式。他坦承"对职团主义深表支持"，但他不敢"提出试试用综合的方式去组成议会"，因为"他无法丢弃个人投票传统留下的因素"，而在他的"意识形态资料库"中，传统是非常重要的。他重拾在现代社会的前提下被修复的玻利瓦尔思想。虽然玻利瓦尔错误地选择用世袭的方式来保证参议院的持续性，但是贝朗德认为采用社团性质的参议院是正确的选择。

1937年的巴西宪法试图将热图利奥·瓦加斯的独裁统治合法化，而阿塞维多·阿马拉尔在《专制国家与民族现实》（1938年）中为这部宪法做出了辩解，说明了它的合理性。与"现实"直接挂钩的另一个词是"真相"。在现实和虚构、无知和真相这两组对立之间，穿插了要求替换民主自由主义秩序的论述，这种秩序在巴西导致了独裁统治，热图利奥·瓦加斯解散了国会，解散了

---

① 雅克·马里顿，又译雅克·马里丹或雅克·马里旦（1882—1973年），是法国天主教哲学家。

一切政党。在阿塞维多·阿马拉尔看来，这种带有盎格鲁-撒克逊风格的制度建立在易碎的虚构之上，这种虚构对应的是某种特定的集体心理，而这种心理是无法移植到其他社会学环境中的，甚至良好的社会环境也无法使其不受世界大战和经济危机余波的影响。阿塞维多用一种疏远的语调补充道，在拉丁美洲，"包括巴西在内"，民主自由主义就是一场讽刺性的闹剧。在巴西进行普选和直接选举更适合做幽默作家的素材，而不是历史学家认真研究的史料。阿马拉尔认为，在走完自由主义民主制的忧伤朝圣之路后，得以重建的是与权力挂钩的真正意义上的民主。他质疑自由和权力之间的关系，也质疑选举平等原则，他为政府部门的精英人士辩解，尤其是为位于职能机构上层的精英辩解。最后，只有在牢固而强大的社会和政治组织中，"个体才能找到实现个人幸福愿望的必要条件"。"作为能够为真正的民主提供能量的器官"，只有专制的国家才能开启建设"一个因对其财富的利用和其人民独特品质的真实表达而变得伟大的巴西"。

在1937年11月10日出台的宪法中，"民主"一词被直言不讳地形容为"专制的民主"，这部宪法为名为"新国家"的极权政府提供了法律支撑。随之而来的是权力无边的新闻和宣传局开展的宣传宪法优越性的一系列活动。例如，一本名为《新国家公民问答手册》（1937年）的小册子在学校里面广为传阅。前文已经说过，20世纪的教学形式就是如此。宪法所建立的政治制度的根本特征是什么？这一问题的答案如下：

> 我们现今的政治制度可以定义为专制的民主制。民主和专制确实是当前国家秩序的特征和根本基础。新国家的政体是民主制，因为在我国，人民的意志在政府之上，而政府作为一个执行机构，甚至是一个立法者，以这种方式关心公共利益，关心国家的普遍利益。在自由主义民主制中，政府和国会不过是各政党的工具。由于政党之间的争斗，政府和国会几乎沦为用来保护社会不同派系的政治机构。在专制民主制中，共和国总统、民族和国家这三者保持绝对的统一。因为共和国总统是国家的绝佳化身，所以共和国总统即国家，而共和国总统的决定符合全体意志。

政治秩序通过集体形式体现出来，也通过一个包容整个民族的国家体现出来。职团主义、有机体论和职能论的结合，"整体大于部分"的观点，专制和等级制度伴随着改变政治制度的提议，这些内容在20世纪30年代经济危机、群众的上台和潜在的共产主义的进步中，不断加深，而共产主义被认为是自由主义的必然延伸。

在新秩序下：
民族主义者、职团主义者和整合主义者

> 一个世纪以来，我们都生活在政治的幻梦中。这一切从过去到现在一直对我们的领导者、政治家、政府人员、立法者、公关人员有一种磁铁般的吸引力，完全改变了我们对国家问题的看法。
>
> ——奥利维拉·维亚纳，
> 《巴西南部人口》，1920 年

从反自由主义的根茎上，生发出了一些枝叶：专制的民族主义、职团主义、基督教社会主义和天主教的宗教激进主义，有时它们会组合在一起，这些思想丰富了这片土地。奉行这些思想的人制定了各种政治方案，意图恢复过去的制度，或者更激进地说，他们带有反革命的意图。一系列否定式话题将各种专制的民族主义结合在了一起，侧重点各不相同：反共产主义、反自由主义、反民主主义、反议会主义和反犹太主义，整体来看，都具有仇外的性质，通常伴随着颓废主义和反现代主义的话术。积极性是"秩序、等级和专制"的要求，是社会的一种有机体论概念，一种生机论的道德观（ethos），并且有时是非理性主义的。

这股汇聚了几种思想大类的潮流（之所以说是大类，是因为每条支流同样也值得大书特书）的思想来源是意大利法西斯主义、普里莫·德·里维拉①主义、"法兰西行动"的原则、19世纪的反革命保守派思想、托马斯主义，以及受到《四十年通谕》启发的基督教社会改革主义（reformismo social cristiano）。奥斯瓦尔德·斯宾格勒（Oswald Spengler）、欧纳斯特·勒南、约瑟夫·德·迈斯特、路易斯·德·博纳尔德、埃德蒙·伯克、雅克·马里顿、莫里斯·巴雷（Maurice Barrés）、查尔斯·莫拉斯（Charles Maurrás）、尼科劳·贝尔戴耶夫（Nicolau Berdaieff）和拉米罗·德·马埃斯图（Ramiro de Maeztu），这些人的思想激发了一些新的想法，而这些想法的独特之处并非在于它们的内容，而是在于它们所采用的煽动意识形态的方式，也在于对专制思想（而非本土思想）的恢复。专制思想在拉丁美洲政治文化中是一个核心主题。

一部分人悄声说道，等待他们的是悲惨的、世界末日般的未来。莱奥波多·卢贡内斯在1925年写道，现在是新经验主义的时代，因此走反动的道路要比走自由主义的道路更为科学："简而言之，

---

① 米戈尔·普里莫·德·里维拉（Miguel Primo de Rivera，1870—1930年），西班牙将军和政治家，1923—1930年任西班牙首相。

这种新经验主义是马基雅维利现实主义的复活。斯宾格勒在历史上和政治上对这一思想进行了更新,墨索里尼是它的执行者和辩护者。这种新经验主义毫无道德感,因为并不知道它目的何在。它在政治上表现为等级观念。简而言之,这是一次异端的重生。"与卢贡内斯处于同一时代的巴西的弗朗西斯科·何塞·德·奥利维拉·维亚纳,也指出法国大革命思想对巴西的知识分子和政客有浪漫主义的影响和磁铁般的吸引力,完全改变了人们对问题的看法,他建议采用"社会政治的新方针"(这是他1939年某篇文章的标题)。

在20世纪20年代的巴西,知识分子进行了有决定意义的理性思考,旨在重新批判性地审视旧共和国的意识形态和文化观点。1925年,马里奥·德·安德拉德带有讽刺意味地写道:"塞阿拉州的干旱、咖啡遭遇的灾害、麻风病、政治、没有自我意志的人、美丽的女人、瓜纳巴拉湾、总是失败的革命、亚马孙河,甚至还有诗人。我的老天!巴西唯一没有的就是巴西人。"1920年到1940年间,知识分子为寻找巴西之根做了大量工作:寻找政治民族主义和社会改革、政治改革的根源。秘鲁的维克多·安德烈斯·贝朗德认为知识分子有责任创造一种"通过深入而形成的统一",与之相对的,巴西的阿塞维多·阿马拉尔同样也提出要建立一种基于现实本身的民族性,与他同一时代的奥利维拉·维亚纳和弗朗西斯科·坎波斯也持相同的看法，这三位的思想是"新国家"（1937—1945年）的意识形态主流。弗朗西斯科·坎波斯在很长一段时间里都奉行专制思想，他是巴西1937年宪法的编撰者，这部宪法是"新国家"的结构支柱。弗朗西斯科·坎波斯还在1964年起草了第1号和第2号制度法案，维护军队的独裁统治。

从另一种意识形态的角度看，并且结合其他的割裂现象，1922年的圣保罗现代艺术周催生的现代主义运动揭示出某种文化模式已经走向衰竭，而现代主义运动试图将人口日益增多的现实、愈加复杂的圣保罗的城市景观与人类学的、村俗的巴西结合起来。自《东北部地区主义者宣言》发布以来，1926年，所谓的"绿-黄[①]组织"展开了一场围绕地区主义和国家问题展开的辩论（尤其针对马里奥·德·安德拉德、奥斯瓦尔德·德·安德拉德以及"食人"群体的辩论），反对城市世界主义。对于绿-黄组织而言，地区主义、内部的东西、原始的东西，尤其是地理因素，将是文化民族主义的基础。这是他们对《巴西红木的诗歌宣言》中的民族主义的回应，他们对后者的法国化和先锋主义进行批判。例如，马里奥·德·安德拉德试图对政治辩论进行去地理化的讨论，"这一过程，除了让人们发现地区差异之外，还发现了一种潜在的、与其身份相关

---

① 巴西国旗的主要颜色是绿色和黄色。

的统一性"。这一国家性的概念主张让部分服务于整体，是现代主义的中心思想。他们从这一点出发，试图在寻找巴西身份的过程中恢复巴西传统，而巴西身份被认为是由可变的传统组成的，他们甚至要求巴西在国际舞台上具有自己独特的时间性。与之相反，绿-黄组织将传统视为固定的东西，并且是非历史性的，他们将分析集中在地理问题上。如果说，在马里奥·德·安德拉德看来，巴西的民族性具有一种混合的、动态的历史性，那么对于绿黄主义而言，巴西地理的这种壮丽特征则决定了其宏大的命运。普利尼奥·萨尔加多（Plinio Salgado）在20世纪30年代领导了一场具有法西斯主义和整合主义特点的运动，他在《感情丰富的地理》中写道，其他人的祖国是一个由时间和历史构成的实体，而"这里一切都是由空间组成的"。

1930年巴西革命之后，主导的思想是职团性的民族主义。玻利瓦尔·拉莫尼尔（Bolívar Lamounier）认为，这种意识形态受到了专制思想和唯科学主义思想的推动，这些思想将国家的"监护人"角色合理化、合法化了。这是社会的一种有机论看法，是对社会冲突的一种家长统治式解释，是将国家视为仁慈的利维坦（在保护社会的同时也纠正社会的错误）的一种技术官僚主义的客观态度。

混合的、半职团主义的、基于强大领导力的方案，似乎最适用于在危机下调整社会与国家之间的关系。解体的念头被一些论证打消，这些论证至少从四个角度出发：自由主义与共产主义的关系、对平等主义的批评、权力的原则以及在功能主义和等级核心中的社会代表制。在拉丁美洲右翼的政治演讲中，这些强调民族性的话题以相同的面貌反复出现，并且在 20 世纪后期的几次危机时期，这些话题也长期存在。我们在此举几个例子。

弗朗西斯科·坎波斯在《民族性国家方针》中表示，在巴西（1937年），政治和经济自由主义不可避免地导致了共产主义。正如自由主义催生了共产主义一样，职团主义则将共产主义进行了中和，"成为如今挡在共产主义洪水面前的唯一障碍"。《秩序》杂志也传播了相同的理念，该杂志于 1921 年由杰克逊·德·菲盖雷多（Jackson de Figueiredo）创办和领导，之后由阿尔西奥·阿莫罗佐·利马（Alceu Amoroso Lima）领导，杂志体现了天主教保守派的特点，并且成为巴西教会为应对危机而采取的一系列策略的一部分。这一系列策略还包括于 1931 年落成位于里约热内卢的救世基督像，还有鼓励巴西人民去阿帕雷西达圣母朝圣所圣殿朝圣。自 1954 年起，人们每年都会（不无争议地）庆祝 10 月 12 日这个具有象征意义的日子。《秩序》杂志的知识分子从与现代性弊端有关的历史角度分析了反共产主义。1931 年，一位撰稿人建立了一个涵盖该时期天主教民族主义右翼思想的经典系谱图：现代性危机催生了马丁·路德、笛卡儿和卢梭等人的思想，他们就好像颠覆旧秩序规则的七头蛇的蛇头。马丁·路德"因其过度夸大的个人主义，使他的'我'成为世界的中心，扬起了自由主义的红旗"。笛卡儿在知识的尽头而非中途提出了疑问，拆解了人类智慧的结构，"让自己迷失在了一座由他的怀疑和错误的把握构成的迷宫中"。卢梭认为人性本善、人人生来平等，主张个人的良知就是地位最高的法官，"破坏了社会的基础，纵容了人类最暴力、最自私的激情"。这种"恶魔般的"三重奏不可避免地催生了马克思主义和列宁主义。

可以从《准绳》这本杂志中阅读到不同的观点，该杂志创建于1928年，是20世纪阿根廷最重要的天主教出版物。反共产主义这个话题在杂志的第一期中就出现了，格外带有挑战意味。我们或许会注意到，它对共产主义的阐述是随性的，这更多地要归因于习俗、道德、唯物主义的泛神论等领域的影响，而非革命派的工会主义或是共产党可能要进行的革命的影响。我们认为这是一个具有重要意义的问题，因为教会在20世纪20年代末开始实行的干预是一种道德和知识层面的领导性干预。这一干预未经过多的分析，就已成为应对危机的方案，其前提是教会认为传统的精英群体在道德和政治上缺席。教会在文化霸权领域所做的努力在1934年的全国圣体大会中收获了回报，这次大会是使精英领导群体重新信仰天主教的一个里程碑。反共产主义强化了整合主义和反自由主义的主张。第一期杂志中有这样的内容：自由主义的环境给共产主义文化提供了合适的营养基，"比炸弹更危险，其结果必然是不幸的，有时还会是悲剧性的"。它表明，存在于阿根廷的共产主义威胁并不是"一个能够吓到胆小的保守派的神话或鬼魂。它是一个必须与之斗争的现实，是一种入侵所有环境的病毒，是我们的敌人。我们必须保持警惕，用无情的坚定态度与之作战"。

就这样，"精神大扫除"也进入了分析的视野，重拾那些有关大众阶层的一点也不新鲜的话题，20世纪初的卫生学家和人种学家在处理这些话题时，虽然与之前一样生疏，但这次的话题是以前现代主义的观点为基础的。"民众的放纵行为"随处可见，在大街上（有"只穿着衬衫的男人"，"街头混混侮辱那些从赛马场上败兴而归的人"），在公共场所、广场和足球场上，"谁若忽略这些疯子的心理，谁就不能算是了解大众心理学，在足球这个高贵运动的行业术语中，这些疯子被称为'球迷'"。"平民出身"的节日就和狂欢节一样，这些节日"将人类变成了一群纵欲无度之人"。《准绳》杂志一直都很欣赏中世纪的封建制度，在这种制度中，团体和等级制度的逻辑与一种神权政治的秩序相对应，用雅克·马里顿的话来说，现代性是"一团没有上帝也没有爱存在的混乱"，早已残酷地破坏了中世纪的封建制度的秩序。

对利己主义和唯物主义原则的批评也很常见。这两种主义分裂了集体，挑起了阶级斗争，催生了最高纲领主义，造成了开放年轻的社会的解体。1926 年，从保守的角度出发，卢卡斯·阿亚拉加雷（Lucas Ayarragaray）写道，最高纲领主义的倾向与阿根廷的历史基础背道而驰："阶级或血统都不存在，没有封建制度的残余，也没有种族或宗教偏见，也没有因 2000 年的历史累积而变得复杂的问题。"此外，对个人主义的排斥伴随着对平等主义的排斥，而分别持两种态度的人都支持民主制。奥利维拉·维亚纳认为，民主法典中所刻画的政治平等是卢梭想象出来的荒谬产物，而社会主义准则中描述的经济平等则是马克思想象出来的荒谬产物，这两种荒谬产物都与巴西民族的精神基础相去甚远。能够保证真正和实质性的平等的是天主教会。在《秩序》杂志的天主教知识分子们看来，20 世纪是"上帝与路西法、梵蒂冈和克里姆林宫之间的一场对决"。弗朗切斯基（Franceschi）主教以同样的观点在《准绳》杂志中发表了《基督或列宁》一文，他在《巴西的一课》（1932 年）一文中进一步指出，面对共产主义的辐射，阿根廷工人比巴西工人更容易受到伤害。

拒绝司法平等原则、拒绝民主制普选、拒绝政党之间的竞争，这些在国会中表达的观点是用来使新的政治方案合法化的另一条道路。弗朗西斯科·坎波斯（在动荡的 1930—1932 年担任教育部部长,之后在 1937—1942 年的"新国家"期间担任司法部部长)认为,群众在对待公共事务时会感情用事、持怀疑态度且贪得无厌。他参考乔治·尤金·索雷尔的观点,建议用一种具有认同感的神话来激发群众的非理性力量,从而创造团结的社会纽带,而其他的方式是不可行的。在打造有机团结的过程中,引导集体无意识应该是一个积极的、充满活力的国家的首要任务,国家要化身成一位具有超凡魅力的领导人物:"当一个群体的人数越多、越活跃时,他们就越依赖于某种个人意志。"他十分肯定地认为"适合群众的制度是专制制度"。他在阅读米哈伊尔·曼诺列斯库(Mihail Manoilescu)时受到启发,他认为,19 世纪是政治多元主义的时代,而 20 世纪是职团主义一元论的时代。职团主义联结的本质和需求所导致的不平等,也是莱奥波多·卢贡内斯的一个意识形态前提。在他看来,人生来并非有文化的、正直的、有道德感的:"经验表明,单凭出生这件事就可以判断,人既没有能力也没有自由。"

秩序和新鲜事物也激励着《新共和国》(1927 年)杂志的成员们,他们代表着阿根廷保守派的另一支流。杂志主编胡里奥·伊拉苏斯塔(Julio Irazusta)声称,最初的杂志撰稿人是一些"传统的天主教徒、刚刚皈依天主教的人、查尔斯·莫拉斯主义者、保守派人士、焕然一新的民族主义者和纯粹的经验主义者"。他们认为民主秩序会不可避免地导致自然有机体（即集体）的瓦解（"社会"这个概念受到了契约主义和个人主义的批评，而这两种主义恰恰是社会的基础）。新共和党人试图把延续民族传统的粗线编织进他们的看法中，这些民族传统被与普选制有关的《萨恩斯·佩尼亚法》歪曲了。胡里奥·伊拉苏斯塔认为，最好的政府形式是"一位国家元首、一小群顾问和给予同意的人民这三者之间的合作"。他们讨论最多的主题之一是民主和共和国的分离。共和国不过是"公共事物"而已，不一定非要把它与某种政府制度关联起来。民主是一种抽象的、乌托邦式的产物，而共和国则是"任何一个组织性良好的国家都会具备的。国家由政府统治，就和身体由灵魂统治一样。它以精神性的原则而非多数压倒少数的原则去统治国家……在社会有机体论中，则是代表着本性所产生的差异"。

奥利维拉·维亚纳赞同这些前提的一部分，但并不认可有关共和国的说法，他分析了巴西历史上的地理、民族学和政治状况，得出结论：在这片土地上没有人是共和国国民。"民众对政治漠不关心，只有国家才能完成社会一体化，反对帮派精神和反民族的派系主义"。各种机构具有激发和建立归属关系的作用，可以填补政治阶层和经济阶层之间的裂隙。他声称"巴西注定要实行寡头政治，而幸运的是，确实存在寡头政治"。选举制度只应留给那些有集体生活经历（工会、合作社）的人，而不适用于那些不参与社会生活的人。

从这些评论中,他提炼出了支持"'新国家'是巴西民族性的真正化身"这一观点的理由。阿塞维多·阿马拉尔声称,共和国在地区主义和选举空间中造成了分裂,这种分裂的目的是短视的、异常的,它破坏了民族团结。因此,迫切需要强化国家政权,实行以工会社团制度为基础的有机体的代表制,实行"真正的职能性民主制"。行使代表权力的途径并不是与"所谓的人民意志的代理人"协商,而是与国家经济和社会生活的代表机构直接进行协商。这一代表制取代了按照不同专业和经济类别划分的、各行业的代表制。卢贡内斯还主张采用用"人民"代替"公民"的代表制,"人民"这个范畴由一个更高的政治主体引导,这个主体同时也能够代表军队。国家的重组方式应该是"通过某些机构和协会的代表制,从学术机构到手工工会,这样才能赋予'人民'这个概念以确切的含义,因为如今'人民'是没有确切含义的"。然而,国家的这种有机重组需要一种技术性的、自主的领导,因此在缺少法西斯主义模式(无疑是最忠于其意识形态的体制形式)的单人领导的情况下,军队出现了,它的角色是维护国家统治和民族团结。

拉丁美洲民族主义右翼在进行"寻找更为本地化的政治方案"(然而还是吸收了一些普遍规律)这一紧迫任务时,一直表明，经典的寡头阶层是缺席的，因此没法遏制左派的进步、工人的抗议和中产阶层的选举。保守派阵营的方案主张对秩序进行修复和归化，并在加固的或由形势创造的传统中，将这一秩序合法化。例如，在智利，人们经常说有两种伟大的奠基性政治传统，一种来自迭戈·波塔莱斯，另一种来自路易斯·埃米利奥·里卡巴伦。在20世纪二三十年代，"波塔莱斯神话"得以重新建立。阿尔贝托·爱德华兹（Alberto Edwards）的《贵族的枝叶》（1927年）是一部与之有关的奠基性作品。爱德华兹在1931年担任教育部部长，在卡洛斯·伊瓦涅斯·德尔·坎波（Carlos Ibáñez del Campo）发动政变的背景下，爱德华兹借用斯宾格勒的悲观主义，重新对智利历史展开了探讨。在爱德华兹看来，智利贵族阶级的特征是具有源源不断的叛逆精神，只有智利民族精神的化身迭戈·波塔莱斯才能将其遏制。因此智利"于1830年在各任国家元首的权力基础上得以组建起来，同时受到社会高层影响的制约，这种政治阶级并不享有特权，是自然选择的结果，有更高价值的人随时都可以进入这个阶级。保守派领导势力的存在，将智利与西班牙语美洲其他国家区别开来"。

波塔莱斯式的秩序组织起了一个顺驯的集体，这一集体既顺从又安分守己。爱德华兹认为，"选民的反叛"打乱了这些联系，让"形式上的国家"和推动这种国家的精神都失去了作用。"在受过教育的小资产阶级和传统社会之间,爆发了真正的阶级斗争。"议会制共和国的问题在于,反叛的中产阶级只看到了寡头统治的"无能为力、反民族性、道德低下、缺乏爱国主义"。在这个没落的社会面前,"除了军刀以外,没有其他力量可以领导或控制这个社会"。"精神力量"耗尽之后,只剩下了一种解决办法:让强大的、公正的、所有人都服从的权力成功地凌驾于"精神的混乱、各党派之间徒劳无果的竞争"之上。

自由主义及其制度未能克服对前提和基础要求日益严苛的民主制的弱点,更为激进的职团主义的方案也行不通。政治秩序紧紧抓住"祖国"和"人民"这两个概念,试图恢复一些独有的观念,然而这种唯我论的论调并不是应对危机的最完善的替代方案。对一种全面的、整体的国家代表制的向往,将职团主义的形式与竞选主义(electoralismo)相结合,而后者已成为该地区政治传统的一部分。具体而言,卢贡内斯提议的议会名额空缺及职团主义方案未能在1930年何塞·埃瓦里斯托·乌里武鲁(José Evaristo Uriburu)将军发动的政变中幸存下来,相反,"爱国欺骗"得以推行。在巴西,尽管"新国家"政权的意识形态来源是弗朗西斯科·坎波斯和阿塞维多·阿马拉尔,但它的干部中还包括左翼的政客和知识分子。古斯塔沃·卡帕内玛(Gustavo Capanema)在教育部任职期间,成功召集了一些诗人和文人,例如卡洛斯·德拉蒙德·德·安德拉德（Carlos Drummond de Andrade）、吉尔伯托·弗雷里（Gilberto Freyre）、马里奥·德·安德拉德、画家坎迪多·波蒂纳里（Cándido Portinari）和建筑师奥斯卡·尼迈耶（Oscar Niemeyer），他们将传统与现代性以折中的方式交织在一起，两者之间既有共同点——国有性、文化民族主义和现代化，也不无张力。在智利，荒谬之处在于，危机之后的政治秩序需要在该地区的特有经历中重新树立。自1938年起，奄奄一息的波塔莱斯秩序及其精英代表们就逐渐被群众阵线（共产党、社会党和激进党组成的联盟）所取代。

国家中心主义、民族主义和包容性

> 我接下来要向你们讲述的是1938年发生的事情。
> 3月18日，
> 在这个引起轰动的日子里，
> 国家元首宣布了石油国有化的计划。
>
> ——《石油打油诗》

1929至1933年间，受到资本主义危机的严重影响，拉丁美洲的经济体崩溃了。危机的规模和性质迫使国家与社会之间的关系重新变得紧密起来。或许经济和政治的共同点是它们都放弃了自由主义的模式。

人们为了把各经济体联结起来而采取的解决方案结合了最初的试错法、折中主义和大量的实用主义。这些经济体以比较优势为基础，作为原材料的生产者加入国际分工的模式，但显然是行不通的。一开始，各国尽管采取了之前尝试过的反周期措施（减少公共支出和薪水、裁员、实行汇率管制等），但很快就发现，那些措施已经过时，没法应对一个需要采取更大胆措施的环境了。

因此，从1933—1935年开始，人们采用的是干预主义和鼓励性的形式，放弃市场，拒绝"自由放任主义"（laissez-faire），让国家在经济组织和社会组织中担任主要角色。

华尔街的崩溃撼动了该地区的所有经济体，但对各个经济体的影响是不同的，它们在危机过后的恢复速度也不尽相同。那些核心经济体，即原材料的接收国家，应对危机的措施是关闭市场、限制信贷、紧缩货币，甚至放弃使用金本位制，并中止了债务偿还。一方面，进出口价格急剧下跌，且原材料的跌幅大于制成品的跌幅；另一方面，需求收缩。贸易往来的意义和规模都发生了实质性改变。

从1928年到1932年，整个拉丁美洲经济体的贸易额减少了约44%。出口产品购买力的减弱则加剧了衰退，与1928年相比，拉丁美洲经济体的出口量减少了一半以上。在智利，出口量减少了约83%，而在阿根廷和巴西，则分别减少了约25%。委内瑞拉是一个例外，尽管那里的油价下跌，但石油带来的收益使它不仅可以克服危机，还可以偿还全部外债。胡安·维森特·戈麦斯自1908年起就一直统治着委内瑞拉，直到1935年去世之前仍在政府内安然无恙，这并非偶然。

各国不得不面对出口价格和数量的下降和减少、资本市场的关闭造成的外部失衡，以及财政收入收缩而造成的内部失衡，其结果是，预算赤字无法与外部信贷保持平衡，加上放弃了金本位制，政府被迫对汇率进行干预。

在某些情况下，这种干预和管制会比危机先行一步，例如，危机爆发后，巴西早期制定的咖啡定价政策在1930年政变中保护了非咖啡产业，结束了"牛奶咖啡"寡头政治。然而，干预和管制意味着一意孤行，在历史的记录中，相关的参考很少，没法保证能够有效应对一种新的现象。有一件事是明确的：经济自由主义、由市场逻辑操控的市场力量以及自由贸易被弃置了。与之相关的政治也被废弃，即老派精英及其政治统治方式。面对不容轻视的来自群众的挑战，这一时期的政治和主流意识形态的共同点是国家中心主义、民族主义和占重要地位的政治实用主义。这些选择在意识形态上被认为是"事后"（ex post）处理，采用了20世纪20年代思想交响曲中的几个音符，摒弃了极端的政治形式。思想最终屈服于经验主义的挑战。

国家及国家机构通过一些用来指导经济的手段扩大职能范围。低级生产监管委员会就是这种情况，该委员会（阿根廷有肉类、谷物和马黛茶监管委员会，巴西有国家咖啡委员会）的职能是制定价格、限制耕地面积、根据外部需求将某些行业置于其他行业之上。在拉扎罗·卡德纳斯担任总统期间，墨西哥的石油国有化行动最为集中。很重要的是，这些国家机构是联邦性质的，这在某种意义上使各项政策在全国范围内开展，扩大了国家的有效管制范围。举个例子,咖啡的监管政策不再只与圣保罗资产阶级有关。这意味着国家不再被旧的寡头统治所遏制,而是获得了更大的自主权。其他政策也旨在推动工业活动,例如乌拉圭国家能源公司(ANCAP,1931年)、智利的生产开发公司(Corfo,1939年)、玻利维亚国家石油公司(YPFB,1936年)、巴西的沃尔塔雷东达冶金公司(1941—1946年)和有名的墨西哥国家石油公司(Pemex,1938年)的活动。

进口替代战略是用来缓解危机的经验主义工具。这种替代战略通常会过快地与工业化(ISI,即进口替代工业化模式)联系在一起,这在20世纪30年代更像是一种例外,而非规律。第二次世界大战结束后,该地区的大多数国家开始走上工业化道路,而这种工业化始终由那些依赖外界的经济体的各项参数决定。尤其是单一种植和单一市场的经济体,它们面对危机所采取的措施之一就是扩大供国内消费的农业生产,并减少用来出口的农业生产。

墨西哥、巴西、阿根廷等比较大的国家,要么是生产结构更加多样化,要么是国家掌控生产资料,在20世纪20年代左右,这些国家的制造业和工业得到了发展,这些行业有时得到低端出口经济的支撑,有时与之互补,这一前提优势使工业生产得以扩大。一方面,消费市场受到了不同措施的刺激,进而促进了工业扩张;

另一方面，货币政策、对贸易和进出口差额的掌管控制政策（之前，这种政策会被认为很荒唐）将资源从初级产业转移到中级产业，也促进了工业扩张。

两次世界大战期间还伴随着其他的变化：拉丁美洲人口增加，人口分布发生了结构性变化，城市里居住的人口变多了。

在20世纪三四十年代，规模庞大的"陌生"的外来者，即涌入城市的人口，改变了社会和政治的面貌及含义。这是一群"土里土气"的外来者，他们大多数是农民，通常说着"不同的"语言，有着一些"奇怪的"文化习惯。农村的贫困让人们把目标转向了城市。如果说这一过程在20世纪20年代是缓慢的、几乎不可察觉的，那么在危机之后，这一过程就已成为拉丁美洲社会的一种集体性和结构性现象（直到今天也是如此）。城市被染上了浓烈的色彩和气味，充满了各种各样的食物和音乐。正如许多当代学者分析指出的那样，一眼看去社会似乎被分割了开来，变成了"双重性"的社会，甚至在传统居民眼中都变得陌生了。路易斯·阿尔贝托·桑切斯（Luis Alberto Sánchez）在流亡结束后回到利马时写道："1945年，我第三次回到利马，我的同乡们的外貌变化令我震惊。我见到许多眼睛歪斜的女人，很多'混血种人'。很多人长得像印第安人，也许他们就是印第安人。"

外来人口对这些欧洲化的城市产生了文化影响。他们很贫穷，被从小农场、庄园或种植园中驱逐出去。这些居无定所的人在城市中寻找工作和发展机会,试图提高社会地位,而后稳定下来。他们带着一种进步的幻想(各寡头政府之前在城市中心也宣传过)来到了城市,并想在这种进步中分得一杯羹。他们在此之前从事什么工作呢?在智利,那时仍存在佃农这一职业;在墨西哥,那时仍有农场雇工;在玻利维亚,他们是印第安"农仆"(pongos);在秘鲁,他们是租种土地的佃户(yanaconas);在厄瓜多尔,有"养身地"(huasipungos)[①]之说;在巴西,仍然存在不同形式的移民垦殖制;在阿根廷的市区,这些人被称为"黑小子"[②]。这些劳动关系有什么共同点呢?劳动者拿不到薪水。此外,这些劳动形式往往存在于一个个小型社会中,其中,庄园主、种植园主、农场管家、牧场主的"受俸主义"(prebendalism)、世袭主义和个人主义渗透到了社会关系和权力关系中。

这些衣衫褴褛的人、身无分文的人、土著农民、混血种人、"黑小子"、"凯皮罗人"(caipiras)[③]涌入了城市。城市虽然无法将他们作为劳动力容纳下来,但比他们之前生活的地方要好,能

[①] 厄瓜多尔方言,指庄园主将小块土地作为一部分劳动报酬分给土著农民,允许他们在上面盖房子和利用给庄园主干活的余暇种植自己需要的农产品。
[②] cabecita negra,20世纪中期,阿根廷的布宜诺斯艾利斯地区的中上层阶级对印第安工人的贬义性称呼。
[③] 巴西中南部的土著居民。

够给他们提供一种不那么戏剧性的生活。城市充斥着权力,人们为了工作和权利而奋斗。贫民窟[①]"如同蘑菇"(在智利,人们用"蘑菇"一词指代贫民区)纷纷出现在里约热内卢、圣地亚哥、利马、布宜诺斯艾利斯和蒙得维的亚的城郊一带,并且在很短的时间内,成为城市不可或缺的一部分。

城市人口的增长几乎是肉眼可见的。1900 年,拉丁美洲只有 10 个城市的人口数超过 100 000;1940 年左右,布宜诺斯艾利斯、墨西哥、里约热内卢和圣保罗的人口数超过 1 000 000,智利的圣地亚哥的人口数接近 1 000 000,此外,利马、蒙得维的亚、罗萨里奥的人口数超过了 500 000。11 个城市的人口数超过了 200 000(累西腓、萨尔瓦多、阿雷格里港、阿韦亚内达、科尔多瓦、拉普拉塔、瓜达拉哈拉、拉巴斯、波哥大、加拉加斯和瓦尔帕莱索)。

城市延伸到了周围的城镇或郊区。例如,1930 年左右,智利的圣地亚哥的市区面积是 6 500 公顷,而在 30 年后,其面积达到了 20 000 公顷。1952 年的首次住房普查的数据令人震惊:该市人口(约 200 000 人)中有 15% 是实际居民,他们占缺少饮用水居

---

① 原文为 "Favelas, callampas, vecindades, pueblos jóvenes, villas miserias, cantegriles",是巴西、智利、秘鲁、阿根廷、乌拉圭对贫民窟的不同叫法。

民数量的54%，占缺少排污系统服务的居民数量的57%。一首流行歌曲描述了这种人口增长。《如果你要去智利》这首热门歌曲提到了一个隐秘的小村落，那里有低矮的房屋，还有一棵柳树，如果旅客到这里，打听歌中的那位爱人，他就会找到她。这首歌曲写于20世纪40年代，作者住在布宜诺斯艾利斯，是一位多愁善感的智利人。歌词里还写道，这个小村子名为"拉斯孔德斯"，坐落在"山峦与天空之间"，也就是在安第斯山脚下，而如今这里已成为大都市圣地亚哥的商业、金融和旅游中心的一处居民区。如果有人在这里打听他的爱人在哪里，那么他是找不到她的。

自20世纪50年代以来，墨西哥城以每天36平方米的速度扩大。1940年，这座城市占地11 783公顷，而到了1988年，墨西哥城已占地125 000公顷。墨西哥城已覆盖了整个墨西哥谷。那么贫民区是怎么出现的？墨西哥人文评论家卡洛斯·蒙西巴依斯（Carlos Monsiváis）这样说道：

> 二三十户家庭来到一片荒地，尽可能地安定下来，居住在他们亲切地称之为"家"的简陋房屋中，屋子的地板就是土地，墙壁是纸板做的。群体中的"头儿"在他们身上敛钱，用来跟政府机构打交道。居住者们把他们所有的钱都交上去，然后"头儿"就去找政府官员，严词提醒他：人民享有权利……

如果这些人没有被暴力驱逐的话,那么二三十年后,这里就会建起一两所学校、一所教堂……随之而来的是饮用水、电和其他一些城市服务。

圣保罗市的情况也是如此。第一次世界大战之后,尤其是在20世纪30年代,圣保罗市成为巴西工业化程度最高的地区(工业生产占该国总产量的50%以上)。城市向周边地区肆无忌惮地扩张,引发了严重的住房危机,导致中部地区的房地产投机活动增多。20世纪50年代左右,工业园区的分散化进程开始,工业区转移到了大圣保罗区的其他城市(如圣保罗ABC工业区[①]、瓜鲁柳斯),并向圣保罗州的内部转移(例如坎皮纳斯)。圣保罗在历史上曾是吸引外国移民最多的城市,在1930年之后,圣保罗则是吸引国内移民最多的城市,尤其是来自东北部的移民。矛盾的是,如今的圣保罗市是巴西拥有最多的东北部人口的城市之一,圣保罗的东北人口甚至要多于东北部的塞尔希培。

在成千上万的东北部人口向圣保罗海岸迁移的过程中,有这么一个既有代表性又具特殊性的故事。1952年,一位生活在巴西

---

① 位于大圣保罗区,是一个由7个城市组成的工业区,其中A指圣安德烈,B指圣贝尔纳多-杜坎普,C指南圣卡埃塔诺。

东北部的伯南布哥州的小村子的母亲，受够了贫穷困苦，带上她的8个孩子，并与其他几家子一起坐上了开往圣保罗的卡车。经过13天的艰苦旅行，他们在瓜鲁雅安定下来。欧瑞迪斯女士和她的孩子们找了几份工资低微的工作，能够维持基本的生活。尽管如此，他们仍然希望改善自己的处境。她的第七个孩子在街上卖橘子，给干洗店当助手，擦鞋并在商店当学徒。不久，他进了圣保罗工业区的一家冶金厂，并在国家社会学习服务中心（热图利奥·瓦加斯政府和工会创立的学校，为不断发展的工业培训工人）注册学习车工工艺。到这里为止，故事讲述的是东北部许许多多个人的历史。故事的特殊之处在于，这个名叫路易斯·伊纳西奥·卢拉·达·席尔瓦（Luiz Inácio Lula da Silva）的年轻人不久后在圣贝尔纳多冶金工人工会中脱颖而出，在1980年建立劳工党，并于2003年成为巴西总统。

在这些群众团体中，之前由无政府主义或无政府工团主义思想主导的工人运动放弃了"英雄阶段"，进入了弗朗西斯科·萨帕塔（Francisco Zapata）所说的与国家产生联系的"制度阶段"。工会既是劳资关系体系中的工人代表，又是政治体系中的工人代表，而巩固工团主义是这一时期的政治重心。在20世纪30年代，一些全国性质的工人组织成立了：阿根廷劳工总工会（CGT，阿根廷，1930年）、墨西哥工人联合会（CTM，墨西哥，1936年）、玻利维亚工会联合会（CSTB，1936年）、智利工人联合会（1931年）、古巴工人联合会（1939年）等。在巴西，热图利奥·瓦加斯上台执政之前的工人组织传统较为薄弱，瓦加斯任总统后，由上到下展开了工会化进程。在瓦加斯第一次任期期间，受意大利《劳动宪章》的启发、由第一任劳动部部长林多尔夫·科卢尔（Lindolfo Collor）起草的社会法，将各工会置于能够很好地反映该地区诸多社会现实的困境中。该社会法基于社会和谐的意识形态，认为国家如今不能仅仅是一个裁判，还要积极地打造资本和劳动之间的和谐关系。因此，工会不应是无产阶级的代表机构，而应是一个与国家进行合作的行业组织。1930至1939年间，巴西所有的劳工和社会法律都有效地运行于那些受国家承认的工会之上。工人运动面临着一种困境，这一困境就是历史学家穆里奥·德·卡瓦里奥（Murilo de Carvalho）所说的："没有庇护的自由，或没有自由的庇护。"

  1930年通常被认为是拉丁美洲政治变革的标志性年份。许多观点都强调，资本主义危机的影响与该地区一些国家发生政变之间是有关系的。然而，经济危机与国家政变之间存在着某种简化的关系。这些观点通常按以下思路展开：原材料出口秩序的衰竭——揭示了各种寡头制度的崩溃。并非所有国家的政治变革都具有相同的标志，尤其是当武装力量或军事部门进行直接干预时。

1930年的阿根廷政变结束了公民政治权利的扩大进程。在秘鲁，由路易斯·桑切斯·塞罗（Luis Sánchez Cerro）领导的阿雷基帕驻军发动的政变，结束了奥古斯托·B.莱基亚长达11年的统治，并首次使秘鲁进行自由竞选成为可能，虽然竞选未能打破寡头政治制度，但是推动人们成立了第一个群众性政党：秘鲁阿普拉党。

在巴西，自由联盟发动的起义将一些不同性质的组织聚在了一起，例如尉官派运动①的组织、武装力量，以及经济领域最活跃的非咖啡种植产业的组织，拉开了热图利奥·瓦加斯长期统治的序幕，他的执政期跨越1930年至1954年，分成几个阶段，且具有诸多形式（1934年的临时政府，1937—1945年的"新国家"政权，1951—1954年的民众主义式民主政权）。在多米尼加共和国，政变开启了何塞·莱昂尼达斯·特鲁希略（José Leónidas Trujillo）漫长的独裁统治。在许多情况下，政治变革的共同点都是有武装力量进行干预，然而，特鲁希略和何塞·埃瓦里斯托·乌里武鲁发动的政变都与智利空军司令马马杜克·格罗韦（Marmaduque Grove）的情况截然不同，后者于1932年带头发动了政变，建立了昙花一现的智利社会主义共和国。这次行动虽然在短短几周内就失败了，但它的成果得到了继承。次年，智利社会党成立，由

---

① 尉官派运动是巴西20世纪20年代军队尉官发起的反政府运动。

智利共产党与社会党、民主党、激进党和劳工联盟等组成的智利人民阵线党自 1938 年开始上台执政。我们用"非同一般"来形容智利人民阵线党的这次执政，因为在 20 世纪三四十年代的拉丁美洲，许多国家都奉行严酷的反共产主义法律。在 1933 年的古巴，反对格拉多·马查多独裁政权的人将拉蒙·格劳·圣·马丁（Ramón Grau San Martín）推选为总统，后者被称为"学生总统"，他的执政期同样十分短暂。受美国干预的军队领导人富尔亨西奥·巴蒂斯塔（Fulgencio Batista）后来当选为古巴总统，一直执政到 1959 年。

在有"美洲瑞士"之称的乌拉圭，加夫列尔·特拉（Gabriel Terra）总统于 1933 年发动了一场政变。没有武装力量的援助，但有警察力量的支持，这位红党总统解散了国家行政委员会和议会。几年后，国家体制恢复了，然而，红党总统何塞·巴特列·奥多涅斯的执政模式已经显露出弊端。那段时间，《前进》周刊问世，主办人是卡洛斯·吉哈诺，编辑主任是胡安·卡洛斯·奥内蒂（Juan Carlos Onetti），后者出版了小说《井》。卡洛斯·雷尔·德阿苏阿这般形容道，在这个"半死不活的社会"的腐朽过程中，产生了用于重新思考批判形式和政治形式的新词汇、新思想。社会的其他阴暗面同样启发了一位叫作奥古斯托·塞斯佩德斯（Augusto Céspedes）的玻利维亚作家，他也写了一篇名为《井》的小说，收录在他的短篇小说集《混血种人的血》（1936年）中，小说以玻利维亚和巴拉圭争夺格兰查科地区的战争为题材。1952年开始的国民革命终结了玻利维亚的寡头秩序。

这几个例子说明了拉丁美洲地区的政治危机对每个国家的意义是不同的，同时也意味着政治、社会和经济秩序发生了深刻变化。

应对政治危机的方式有独裁统治[这里就可以看到美国的干预，比如特鲁希略、索摩查家族①、马克西米亚诺·埃尔南德斯·马丁内斯（Maximiliano Hernández Martínez）②、豪尔赫·乌维科·卡斯塔涅达（Jorge Ubico Castaneda）③、卡里亚斯·安迪诺④]，有改良主义运动（智利人民阵线），有民众主义运动，或民族－民众运动。20世纪四五十年代的政治环境将民族主义和革命结合到一起，它的特殊之处在于军事社会主义——这是玻利维亚在查科战争中失利后，受1952年革命影响，因国内"锡矿大王"的势力减弱而生的产物。

玻利维亚与巴拉圭为争夺查科地区北部而进行的战争（1932—

---

① 索摩查家族，对尼加拉瓜实行43年的封建买办、考迪罗式的独裁统治的家族。
② 马克西米亚诺·埃尔南德斯·马丁内斯，萨尔瓦多军人、政治家，曾独裁统治萨尔瓦多13年。
③ 豪尔赫·乌维科·卡斯塔涅达，1878—1946年，危地马拉前独裁者。
④ 卡里亚斯·安迪诺，即蒂武西奥·卡里斯·安迪诺（Tiburcio Carías Andino，1876—1969年），洪都拉斯前独裁者。

1935年）激化了玻利维亚的政治思想和行动。这不是玻利维亚第一次在战争中被击败了。在此之前，玻利维亚在南美太平洋战争中落败，失去了出海口，至今仍在要求恢复。查科战争这一"英勇却愚蠢的战争"，与其说是与交战国的利益相关，不如说是与标准石油公司和荷兰皇家壳牌石油公司的利益息息相关。战争留下的创伤让人们展开了对政治秩序的讨论、抨击和粗略的评判。"查科一代"的文章引发了人们对玻利维亚特性、国家和民族的思考，话题的背景是国家对外依赖的严重情况，以及精英领导层（军事、政治或知识分子精英）的统治。战争结束后，所谓的军事社会主义政府（1936—1939年）轮番出现，它们的意识形态内容庞杂：反对寡头统治，坚持民族主义和反帝国主义。例如，1936年，戴维·托罗（David Toro）领导的政府将美孚石油公司无偿收归国有，将石油国有化，并成立了玻利维亚国家石油公司（YPFB）。

另一位与之相似的总统是瓜尔韦托·比利亚罗埃尔（Gualberto Villarroel，1943—1946年），他是"拉德帕"（RADEPA[①]）组织的最高领导人，该组织是由一群被巴拉圭俘虏的玻利维亚军官联合民族主义革命运动人士一起成立的。他在任时，举行了玻利

[①] RADEPA 是西班牙语 Razón de Patria 的缩写，该组织又叫作祖国道义共济会或圣克鲁斯元帅共济会。

维亚历史上第一届印第安人全国代表大会，上千名印第安人领导人出席会议。在会议上，比利亚罗埃尔总统宣布废除印第安人所憎恶的劳役制度。同样在这个时期，胡安·莱钦（Juan Lechín）领导的玻利维亚矿工工会联合会成立。在紧张的政治局势中，"锡矿大王"们与有共产主义倾向的左翼革命党结成了出人意料的联盟，掀起了一场血腥暴动，他们冲进了总统府克马多宫，杀害了比利亚罗埃尔，将他的尸体从阳台扔到楼下，并悬挂在总统府前穆里略广场的路灯杆子上。从那以后，不止一位总统厄运缠身。

在20世纪40年代初期，玻利维亚组织了许多工人和农民工会，并成立了许多政党，诸如民族主义革命运动（MNR）、左翼革命党（PIR）、工人革命党（POR）。随之而来的是一场狂热的"政治-知识"运动，它对先前的玻利维亚的方方面面进行了回顾和颠覆：1942年，何塞·夸德罗斯·基罗加（José Cuadros Quiroga）撰写了《民族主义革命运动行动的基础和原则》；1946年，玻利维亚矿工首次全国代表大会在普拉卡约举行，并通过了《普拉卡约宣言》；1946年，瓦尔特·格瓦拉·阿尔塞（Walter Guevara Arze）编写了《民族主义革命运动阿约帕亚宣言》；拉巴斯当地报纸《街道》（1936—1946年）刊登奥古斯托·塞斯佩德斯、何塞·夸德罗斯·基罗加、卡洛斯·蒙特内格罗（Carlos Montenegro）的作品，这份报纸是民族主义革命运动的思想加油站。报纸的某位主编将其定义为"反投降主义的骨干,它发现了被总统们、部长们、律师们和思想家们所神化的政治的另一面,在此之前,整个国家已经沦为一个矿场。只有八页纸的《街道》与寡头统治对抗了长达十年之久,并成为民族革命的摇篮"。

战争的挫败促使人们重新思考国家独立以来的历史、经济和权利。人们一次又一次地回到对国家形象的分析上来:之前的国家并不团结一致,国家的存在是为了服务一小撮已被铲除的寡头阶级的利益,寡头阶级为了自身的利益,夺取了国家财富,并让国家财富服从于外国利益,大地主和"锡矿大王"对外"阿谀奉承",他们是玻利维亚的堕落之人。

战争残酷地揭露了玻利维亚不堪一击、排他主义和贫穷落后的面目。每日发行的报纸《环球》的新闻记者——奥古斯托·塞斯佩德斯在战争前线向人们报道了战斗的情况:那些曾是农民和工人的士兵深受饥饿和维生素缺乏之苦,嘴里发出"对政府和军队的诅咒",囚犯们因口渴和恐惧而死去,人们甚至不了解查科地区的自然环境,在那里"甚至连蚊子似乎都是敌人的盟友"。除了新闻报道之外,塞斯佩德斯还有一部广为流传的作品,即短篇小说集《混血种人的血》(1936年)。在这本书中,他详细分析了战争的背景,尖刻地讽刺了玻利维亚四分五裂的状态,还讽刺了政治领导人——尤其是萨拉曼卡总统——对这片土地的无知,以及对巴拉圭的低估。例如，塞斯佩德斯讲到，一位议员对萨拉曼卡总统说，巴拉圭军队用八天的时间就能抵达查科的心脏地区，而玻利维亚军队则要花费三个月的时间。对此，萨拉曼卡漫不经心地回应道："那好办，我们提前三个月出发就可以了。"博克龙这座要塞的失守，标志着玻利维亚彻底失败，巴拉圭早已迅速地在火线上安排了 12 000 名士兵，而"玻利维亚的 3 000 000 居民在 23 天内都没能援救出 600 名被巴拉圭军队围困的士兵"，塞斯佩德斯谴责道。

不仅政治和军事精英是人们持续抨击的对象，知识分子精英也是，尤其是那些将玻利维亚的落后归因于种族因素的知识分子精英。之前已经提到过，这方面的代表人物之一是阿尔西德斯·阿尔盖达斯，以及他的《病态的民族》一书。后来出现了一部历史著作，名为《独裁者自杀：玻利维亚四十年历史纵观》，塞斯佩德斯在书中批评了阿尔盖达斯作品中的种族主义和悲观主义："从逻辑上讲，它必然是悲观主义的。除了自由主义精英这条窄巷子之外，玻利维亚没找到其他出路，这条窄巷终结于帕蒂尼奥[①]的锡矿产业。"之前从种族、生物学和地理角度出发解释玻利维亚种

---

① 西蒙·伊特瑞·帕蒂尼奥（Simón Iturri Patiño，1862—1947 年），世界"锡矿大王"，玻利维亚最富有的人。

种弊端的论点,已经被民族主义和殖民主义所取代。在何塞·夸德罗斯于 1942 年撰写的《民族主义革命运动行动的基础和原则》中,责任落在了反民族精英的头上,他们是大地主和矿主结成的联盟,自 1899 年联邦战争以来,他们以玻利维亚人民的利益为代价,让自己变得富有起来。何塞·夸德罗斯写道:"《共产党宣言》指出,进步给我们造成了伤害,没有给我们带来好处。"

卡洛斯·蒙特内格罗在有关玻利维亚修正主义思想的经典作品《民族主义和殖民地时期:它们在玻利维亚新闻界的历史表现》(1943 年)中,对上述的论点进行了深化。他提出应该揭露 1780 年到 1935 年之间"玻利维亚发生的真实变化",要远离官方历史的反玻利维亚主义标准。蒙特内格罗从民族/反民族和对外依赖/拥有主权出发,对玻利维亚的历史提出质疑。在这套论点中,玻利维亚民族真实的主体,即中间阶层、工人、矿工和农民,自国家独立以来,在政治上、经济上和知识上都受到了与外国利益勾结的封建矿主寡头政治的奴役。玻利维亚社会"从保守的殖民模式转变为英法自由主义殖民模式"。就这样,自从佩德罗·多明戈·穆里略(Pedro Domingo Murillo)和埃斯特班·阿尔泽(Esteban Arze)等混血种人被处决以后,共和国继续上演殖民地的社会模式。这种开历史倒车的行为否定了民族现实,也否定了玻利维亚的社会转型。在蒙特内格罗看来,"在实现国家独立后,却仍然采用殖民地时期的社会、经济和政治结构，共和国的身体就好像突然瘫痪了一样"。查科战争"恢复了玻利维亚史诗般的形象"。只有所有那些受寡头统治和帝国主义压迫的阶级发动起义，才有可能清除这种瘫痪现象。瓦尔特·格瓦拉·阿尔塞在 1946 年起草的民族主义革命的奠基性著作《阿约帕亚宣言》中阐明，要发起民族革命，而不是社会主义革命。

宣言提出了有关拉丁美洲地区社会转型的经典论题：民族与革命的关系。这份政治文件穿插着对工人运动的社会主义和托洛茨基主义宣言（即《普拉卡约宣言》）的讨论，起草者是吉列尔莫·洛拉（Guillermo Lora）。《阿约帕亚宣言》声称，玻利维亚缺少进行正统的社会主义革命的客观条件，因此有必要进行一次民族革命，这次民族革命可以不排斥阶级斗争，但不能建立在阶级斗争之上。玻利维亚的民主只是一个神话，因为在一个存在极端不平等现象的社会中，民主是无法实现的："帕蒂尼奥和任何一个姓玛玛尼[①]的人是富有和贫穷的两个极端……有的孩子一出生就注定要去读牛津大学，而土著人的孩子却不识字，因为他没有学校可以上。"民族主义革命运动的纲领性方案提出要团结所有受帝国

---

① Mamani，玻利维亚的土著人姓氏。每 10 个或 12 个玻利维亚人中，就有一个人的父姓或母姓是玛玛尼。

主义压迫的阶级（农民、工人、手工艺人、中产阶级，乃至资产阶级），组成反帝国主义民族阵线，发起革命运动。这种反帝国主义的民族主义与本书中已经提到过的其他立场有很多共同点。反帝国主义的民族主义最终在1952年发展成为一条革命道路。

1952年4月爆发的革命是民族主义革命运动下的一场重要的农民和工人群众运动，它从根本上改变了玻利维亚的经济和社会结构：锡矿被收归国有；重要的土地改革得以实行；普选制度颁布；印第安人获得公民身份；工人和矿工可以通过玻利维亚工人联盟（COB）直接参与国家的经济和政治决策，该联盟可以与政府共同管理国家；备受质疑的旧军队被解散，而农民和工人组成的新军队建成。这一状况一直维持到勒内·巴里恩托斯（René Barrientos）将军于1964年发动政变，他扼杀了美苏冷战背景下受古巴革命影响而蠢蠢欲动的革命趋势。

正如我们之前指出的那样，在20世纪30年代的风云变幻之前，出现了一些试图替代自由主义秩序的政治思想。革命主义者、民族主义者、反帝国主义者、基督教社会主义者、整合主义者早已搭建好了他们的意识形态框架，他们还在寻找可以代替老派精英的主体：人民、阶级阵线、民族、军队。面对1929年的经济危机带来的挑战，和社会复杂化的过程，他们的思想凝结成形，浮出水面。社会的复杂化开始在社会结构中勾勒出上述主体的形象，而这些主体也在20世纪三四十年代获得了人们的关注。无论如何，这些思想的共同点是推崇民族主义、以国家为中心和社会包容。严重的资本主义危机催生了各种政治解决方案。民族主义、职团主义、阶级阵线、民众主义（或民族-民众运动）频频出现在20世纪20年代的政治讨论中。然而，在20世纪30年代，除玻利维亚之外，革命和自由主义民主是新的地区局势中最陈旧的解决方案。人们更想看到的是与过去10年的不同之处。在20世纪三四十年代，无论是受法西斯主义影响的右翼，还是革命派的左翼，两者都抛弃了激进的政治思想。然而，巴西政变之后，米纳斯吉拉斯州州长安东尼奥·卡洛斯·里贝罗·德·安德拉达（Antônio Carlos Ribeiro de Andrada）有感而发："我们要在人民发动革命之前进行革命。"这句预示性的话语显示出经验主义的解决方案（例如所谓的民众主义）会在多大程度上把这一时期的根本性转变（群众和权力）考虑在内。

民众主义：一种或是多种？

> 我们把民众主义比作一只水晶鞋，在某个地方，有一只脚能穿上这只鞋。有很多只脚都可以勉强穿上这只鞋，但我们不能被这些脚所欺骗，认为这只鞋的尺码适合它们。王子一直拿着鞋四处游荡，寻找合适的脚。我们很确定的是，在世界上的某个地方，有一只叫作"纯粹的民众主义"的脚在等待着这只鞋。
>
> ——玛利亚·莫伊拉·麦金农（María Moira Mackinnon）、马里奥·阿尔贝托·佩特罗内（Mario Alberto Petrone）《拉丁美洲的民众主义和新民众主义：灰姑娘的问题》

从吉诺·赫尔曼尼（Gino Germani）的早期著作直到 20 世纪 50 年代末，民众主义作为一种典型的拉丁美洲政治思想，对它的思考已成该地区社会科学中的一个核心问题。

民众主义作为一个术语，具有不确定性和模糊性，因此对它的解释经常受到质疑。在与这个术语有关的文献中，人们始终认为有必要对这一术语进行阐明。"民众主义"这个词涵盖了不同性质的内容：领导形式、政治制度类型、国家类型、政党、运动和意识形态。这个术语既源自政治领域，又源自社会学领域，通常带有贬义，这些含义并不掩盖对偏离、社会失范和他律行为的重视。民众主义实体的外在构建也很困难：在拉丁美洲，没有任何政党或运动表明自己是民众主义的。此外，民众主义受到自由主义者、保守派以及政治左派的批判。自由主义者和保守派批评民众主义领导层进行煽动性宣传、对国家进行人为性扩展以及期望群众膨胀。对古典自由主义左派而言，民众主义者操纵了工人运动，其目的并非实现工人运动本身的目的，因此束缚了工人阶级的意识及其革命性。

除了这些困难之外，还要算上民众主义与拉丁美洲社会现代化之间的紧密关系，而后者是一个时常被提到的话题。在这个过程中，我们还要从根源上寻求与对立面的和解。不管是社会阶层、国家、资本主义的形式、资本主义的社会关系，还是权力的世俗化形式，都不符合条件，因此对立面在经典模式中是无法消除的。于是，在这些典型的社会表达形式与民众主义经验所提出的社会与国家之间的联结形式之间就有了某种程度上的和谐性。例如，一般而言，民众主义基本上既反对自由主义，又反对共产主义。民众主义扩大了公民的政治权利，使其在严格的自由主义民主框架中受到重视。民众主义扩大投票范围（例如赋予女性投票权利）、使投票有效，还确保总统通过健康的、竞争性的选举政策来获得权力。就这样，墨西哥总统拉萨罗·卡德纳斯开启了他的六年任期；阿根廷的胡安·多明戈·庇隆在发动政变之后取得了权力，但直到在1946年2月24日的选举中才担任共和国总统。1928年以来，选举一直都公平廉洁，具有竞争性。1928年的选举让伊波利托·伊里戈延再度当选总统，巴西的热图利奥·瓦加斯在1950年举行的范围扩大的竞选中成为共和国总统。大多数学者认为这一时期是巴西历史上的民众主义民主化时期。此外，民众主义也采取了一些政治左翼的措施：扩大社会权利，反对帝国主义。这些措施虽然有时是口头上的，但有时也付诸实践，例如将受外国资本控制的战略性企业收归国有，并发展工团主义。还有一些涉及资产阶级的措施，例如发展工业、扩大国内市场。在一些学者看来，民众主义还具有"公投"性质，具有个人主义式的、有时是煽动性的领导特点，行使权力的形式也具有职团主义和专制性的特点，这些特点令民众主义与自由主义民主制相去甚远。

自由主义秩序残损破旧，与替代性工业化有关的积累模式存在问题，工人运动及其组织形式出现了数量的增大和质量的提高，国家权力无处不在。自由主义模式已经不适用于20世纪30年代，但有时人们会忽略政治思想所处的时代背景。正如艾瑞克·霍布斯鲍姆（Eric Hobsbawm）所说的那样，1920年到1929年间，无论是共产主义还是非共产主义国家,在大多数欧洲国家中,议会民主制实际上已经消失了。这种情况在 1929 年的危机之后更加严重了:第二次世界大战初期,"在 27 个欧洲国家中,可以被归类为议会民主制的国家只有英国、爱尔兰、法国、比利时、瑞士、荷兰和斯堪的纳维亚半岛的四个国家(芬兰勉强挤入这个行列)"。

人们在定义拉丁美洲的民众主义时,总会提到"模糊性""不确定性""多义性"等字眼。释义也随着评论和意识形态传统的不同而变化:对于一些人来说,民众主义是波拿巴主义、法西斯主义;对于另一些人来说,民众主义是拉丁美洲社会福利的表现。此外,这些关于民众主义的解释也具有时段性。例如秘鲁的吉列尔莫·E. 比林古斯特(Guillermo E. Billinghurst)总统(1912—1914 年)、乌拉圭的何塞·巴特列·奥多涅斯总统(1903—1907 年)、阿根廷的伊波利托·伊里戈延总统(1916—1922 年)以及智利的阿图罗·亚历山德里(Arturo Alessandri)总统(1920—1925 年),有人认为他们的政权是民众主义政权,或民众主义的"前身"。对于其他人(也就是对于我们)而言,为了搞清楚这个范畴,我们需要将其置于 1929 年经济危机和古巴革命之间的这段历史中。20 世纪 90 年代,关于新民众主义(增添的前缀使这个概念更加复杂了)的讨论也很多,它们与各种各样的新自由主义方案有关。秘鲁的阿尔贝托·藤森(Alberto Fujimori)、巴西的费尔南多·科洛尔·德·梅洛（Fernando Collor de Mello）、阿根廷的卡洛斯·梅内姆（Carlos Menem）和厄瓜多尔的阿夫达拉·布卡拉姆（Abdalá Bucaram）被认为是新民众主义者，这无疑更新了"民众主义"这个词的概念，并再次引发了人们对它的原始概念的讨论。如今，这个概念又固执地回到了社会学的范畴内，被用来衡量现代的后新自由主义政府，例如委内瑞拉的雨果·查韦斯（Hugo Chávez）、厄瓜多尔的拉斐尔·科雷亚（Rafael Correa），甚至玻利维亚的埃沃·莫拉莱斯·艾玛（Evo Morales Ayma），或者阿根廷的内斯托尔·基什内尔（Néstor Kirchner）和克里斯蒂娜·费尔南德斯·德·基什内尔（Cristina Fernández de Kirchner）的政府。在最后两位的身上，可以看到庇隆主义最初的影子。自相矛盾的是，拉斐尔·科雷亚领导的主权祖国联盟运动党①的上台，很大程度上是出于对布卡拉姆总统的裙带政治的反抗，基什内尔夫妇的上台却取代了梅内姆的新自由主义政策。

新民众主义在时间和分析方面具有的延展性所带来的诠释学问题就是，当它重新出现在政治和社会学领域时，就和地质层一样，一些新的特性会不断地加进来，并对某些共识性的东西产生影响，

---

① 主权祖国联盟运动党（Movimiento Alianza PAIS），2005年11月由前总统科雷亚建立。

尽管这些共识永远都无法敲定，但它们会再次引发讨论——拉丁美洲没有其他任何一个社会学范畴像民众主义这样。如今，我们不禁要问：要进行多少次概括和归纳，才能解释清楚一个范畴。我们认为，如果民众主义这个范畴具备某种解释能力，也就是说，具备比较性（找出某个意义非凡的政治阶段的独特之处，而不是它与其他阶段的相似之处），那么所谓的经典的民众主义政府（卡德纳斯政府、瓦加斯政府、庇隆政府）就同样具备这种比较性。

至少我们可以大致确定民众主义的三个主要的解释。第一个是基础范畴的解释，解释了从传统社会向现代社会过渡过程中的民众主义政治。第二个是"历史－结构"解释，这一解释将民众主义与拉丁美洲资本主义的发展阶段联系在一起，后者是随着农产品出口模式危机以及寡头制国家危机而出现的。很多作者强调国家的干预作用，在资产阶级力量薄弱的情况下，国家必须在变革过程中发挥领导作用。第三个解释基于霸权的概念，以及"人民／权力集团"这个概念，后者成为代替阶级矛盾的特殊矛盾。

20世纪50年代末，吉诺·赫尔曼尼的著述确定了第一个解释范畴，与此同时，拉丁美洲地区的社会学研究也发表了专业性论作。赫尔曼尼基于现代化理论和结构功能主义理论，认为"民族－民众运动"是"在传统社会阶层加速变动的过程中，对这些阶层的政治生活进行干预的形式"。如果在这种变动中，人民的整合和代表制形式受到了阻碍，民众主义就会出现。"社会失范"这个概念是核心论点，它能够解释群众在没有找到代表制的制度渠道时会采取的方式。这些方式会从一种传统的心理出发，继承了政治统治中的个人主义、家长式和专制形式。那些可利用的、容易受外界支配的、尚不具备集体行动自主机制的群众会被某位富有魅力的领导者操纵。这位领导者会成功地与这些群众建立直接联系，并把他们与其他群体（资产阶级、军队）联系在一起。

第二个解释将民众主义的出现置于经济危机、国内市场主义、进口替代工业的历史背景，以及伴随着这些现象的社会进程内。有关这方面内容的一部经典著作是费尔南多·亨里克·卡多索（Fernando Henrique Cardoso）和恩佐·法莱托（Enzo Faletto）的《拉丁美洲的依赖与发展》（1969年）。在卡多索和法莱托看来，"发展主义式的民众主义"（出现的时段大约在1930年到1960年）的特征是城市中产阶级以及工商业资产阶级在政治制度中的存在感和参与度都有所提升。巩固内部市场、用进口替代工业的政策在不同的阶层和行业（新兴中产阶级、城市资产阶级，旧的进出口系统行业，甚至包括生产率低下的行业）之间打造了一种协议式政治，这些阶层应当与支撑新生群体的经济基础兼容，大众群体也要有参与经济和社会活动的机会，他们在城市中的存在可以改变政治制度。这就意味着在相互对立的势力之间建立了一种"发展主义联盟",这些势力由企业部门领导,国家起主导作用。

在这类解释中存在着不同的侧重点,例如奥克塔维·兰尼(Octavio Lanni)从马克思理论角度出发,认为资本主义框架内的民众主义国家对待经济的态度是干预主义和民族主义的,并最终导致了群众政治向阶级斗争的转变。民众主义体现了拉丁美洲大众政治的根源:民众主义并不是与工人阶级的政治历史的一次决裂,而是工人阶级政治运动的一个阶段;民众主义出现在寡头秩序的穷途末路之时;煽动性宣传和领导形式起到了作用。民众主义也意味着群众的政治化阶段。民众主义成了"向内"增长的经济计划的政治体现。

我们之前提到过,有一种表达民众主义的模糊性的方式。巴西政治学家弗朗西斯科·维福特(Francisco Weffort)所说的正是这种方式,他认为民众主义是寡头政治危机的体现,是国家在城市和工业的不断发展中,通过将大众阶级(Clases populares)纳入政治游戏来实现的一种民主化过程。他还认为:

> (民众主义是)一种明确而具体的、用于操纵大众阶级的方式——大众阶级并非自主地参与政治。民众主义也是一种用来表达群众不满的方式。民众主义对于统治群体而言是一个权力结构,但它也是大众群体进入工业和城市发展过程的一

种政治体现形式。它是实行统治的一种机制，但统治者也有可能通过这种方式受到潜在的威胁。

第三个解释民众主义产生的原因的方式是埃内斯托·拉克劳（Ernesto Laclau）的理论，他的观点如今在拉丁美洲备受争议。拉克劳将民众主义经验从积累的方式、结构性基础、它的历史中分离出来，还将民众主义从对它的评价和意识形态中分离出来。在拉克劳看来，民众主义是一种政治建设模式，它可以被各种不同的意识形态所采用，可以服务于共产主义，也可以服务于法西斯主义。民众主义何时会出现？当社会空间一分为二时，当社会参与者们认为自己属于两个对立阵营中的某一个时，民众主义就会出现。古铁雷斯·维拉（Gutiérrez Vera）认为，带有民众主义特色的言论总是包含着一些诸如"祖国""人民""公民"等空泛的词语，而这些词语很容易被霸权化，换句话说，它们有时会被赋予服务当权者的含义。就和一枚棋子的价值取决于它所在的位置一样，这些政治符号未被占用时，它们漂浮在符号的海洋中，但是当它们被纳入特定的话语策略中时，它们就有了不同的含义。

拉克劳的理论出发点是对两种逻辑的定义，即两种表达社会需求的方式。两种逻辑指的是差异逻辑和相等逻辑。在第一种逻辑中，社会需求被政治制度逐个地回应、吸收，因此这种逻辑是制度主义的,并且在拉克劳看来,它将政治变成了纯粹的行政管理。第二种逻辑出现的时机是,在一直无法得到满足的社会需求之中,一种团结关系开始建立起来,它编织环结,塑造出大众认同感,而这种认同感体现在被政治领导人所解释、援引的常见符号中。"这就是民众主义出现的时刻,它让三个方面彼此关联:未被满足的需求之间的平等;所有这些需求结晶成的常见符号;其言辞就是大众认同过程化身的领导人"。拉克劳提出,只要相等逻辑在差异逻辑之上,民众主义就是程度轻重的问题,而且相等逻辑永远不会完全掩盖差异逻辑。将人民的构成等同于民众主义的这一本体论假设还是引起了广泛的争论。在其他的政治选择中也有可能出现相同的表述。我们在这里只能非常概括地去处理上述这种杂乱的解释,拉克劳的观点如今已成为学术和政治领域讨论的核心观点。

就如同麦金农和佩特罗内说的那样,民众主义这个概念就像是社会科学里的灰姑娘,既是平民,又是公主。我们再次回顾一下 J.B. 阿洛克(J.B. Allock)的观点:

> 我们把民众主义比作一只水晶鞋,在某个地方,有一只脚能穿上这只鞋。有很多只脚都可以勉强穿上这只鞋,但我们不能被这些脚所欺骗,认为这只鞋的尺码适合它们。王子

一直拿着鞋四处游荡，寻找合适的脚。我们很确定的是，在世界上的某个地方，有一只叫作"纯粹的民众主义"的脚在等待着这只鞋。这就是民众主义的核心，是它的本质。所有其他的民众主义都是纯粹的民众主义的衍生物和变体，而真正的、完美的民众主义悄悄地藏在了某个地方，它有可能曾经只出现过六个月，或者只在一个地方出现过……这是柏拉图式的、理想的民众主义，所有其他的民众主义都是它的不完美版本或歪曲版本。

关于民众主义的讨论仍在继续，人们在21世纪的政治思想领域中继续对此持开放态度。

-3-
拉丁美洲史诗：有趣的事情正在发生

> 诸如爱德华多·加莱亚诺（Eduardo Galeano）写的《拉丁美洲被切开的血管》这类书，尖锐地指出了从政治和社会科学领域向文学领域的转变过程，对这种全新的、普遍的共存给予了回应。玛塔·特拉巴（Marta Traba）的小说标题对拉丁美洲的文学野心做出了定义：《拉丁美洲史诗》。文学作品的身影开始频频出现于这片大陆的不同地区，它们不再只是描绘有限视野中的内容，而是成为可接触、可分享的经历。
>
> ——安赫尔·拉玛（Ángel Rama）

拉丁美洲的 20 世纪 60 年代给这里的人留下了强烈而坚固的记忆。人们对这段记忆达成的共识是，该时期的政治、艺术、思想和人文风情都获得了解放。拉丁美洲青年经历了一次前所未有的国际化进程。青年阶段不再是生物学意义上的过渡时期，拉丁美洲的青年被道德、政治、美学以及市场塑造成社会角色。在这次国际化进程中，当时被人们称为"第三世界"独有的特质构成了拉丁美洲。团体和集体成为拉丁美洲重要的符号。美国的嬉皮士借助"权力归花"（flower power）运动、公社和毒品来摆脱消费主义社会，而在拉丁美洲，运动的性质就不一样了。拉丁美洲的青年并不逃避世界，而是参与、沉浸到拉丁美洲政治和社会变革的紧迫性中。他们有时力量十分强大，堪比社会变革中最强大的推动者。

1959年的新年，几个年轻人率领一支起义军进入古巴哈瓦那。菲德尔·卡斯特罗（Fidel Castro）时年32岁，埃内斯托·切·格瓦拉（Ernesto Che Guevara）30岁，卡米洛·西恩富戈斯（Camilo Cienfuegos）在这一年逝世，享年27岁。他们结束了富尔亨西奥·巴蒂斯塔漫长的独裁统治，并为古巴开启了新的文化和政治时代。1962年2月4日，古巴通过了《第二个哈瓦那宣言》，将古巴革命定义为拉丁美洲的第一次社会主义实践。受到何塞·马蒂的"第二次独立"的鼓舞，古巴革命本着反独裁和反帝国主义的原则，在美苏冷战的背景下，在距美国约144千米处，表达了自己的社会主义倾向。

革命是用来唤起人民意志、建造乌托邦的引擎和燃料。这种狂热已经超出了政治领域，政治范围的火苗借势蔓延到了艺术、文化领域，改变了人们看待世界的方式和拉丁美洲在世界上的定位。

1967年，拉丁美洲团结组织（OLAS）在哈瓦那举行会议。拉丁美洲团结组织的决议以西蒙·玻利瓦尔的一句话为标题："对我们而言，祖国就是美洲。"革命应当席卷整个大陆。这一年，美洲之家出版社出版了雷吉斯·德布雷（Régis Debray）的《革命内部的革命》一书，这部作品对古巴革命进行了概括性的分析，被许多政治斗士当作满足他们自由主义幻想的世俗版圣经。同一时期，巴西作者费尔南多·恩里克·卡多索和智利作者恩佐·法莱托（Enzo Faletto）正在撰写一部奠基性著作——《拉丁美洲的依赖与发展》。瑞典科学院将诺贝尔文学奖授予危地马拉作家米格尔·安赫尔·阿斯图里亚斯，称其是"拉丁美洲现代文学的代表"，而且"有趣的事情正在拉丁美洲发生"。

阿斯图里亚斯的演说体现了拉丁美洲的文学气候。他的演讲，语气无比肯定，内容旁征博引："我们被我们无法否认的现实所迫害，我们是墨西哥革命中的人民，是马里亚诺·阿苏埃拉、阿古斯汀·亚涅斯（Agustín Yáñez）和胡安·鲁尔福（Juan Rulfo）作品中的人物。"接下来，他还提到了厄瓜多尔作家豪尔赫·伊卡萨（Jorge Icaza）、秘鲁作家西罗·阿雷格里亚（Ciro Alegría）和玻利维亚作家赫苏斯·拉腊（Jesús Lara）的小说，称它们是"印第安人反抗剥削和遗弃的呼声"。还有罗慕洛·加里戈斯的《堂娜芭芭拉》——女主角堪称拉丁美洲的普罗米修斯；奥拉西奥·基罗加和他那"既是自己的也是美洲的噩梦"；何塞·玛利亚·阿尔盖达斯（José María Arguedas）的《深河》；巴拉圭小说家罗亚·巴斯托斯（Roa Bastos）的《人子》；秘鲁作家巴尔加斯·略萨（Vargas Llosa）的《城市与狗》，这部小说"让读者看到了我们土地上的工人是如何破产的"；米盖尔·奥特罗·席尔瓦（Miguel Otero Silva）的《死屋》；戴维·维纳斯（David Viñas）和韦尔比特斯基（Verbitsky）都展示了"我们这些大城市中的贫民区，以及可怖的、非人住的居民区"；泰特尔鲍姆（Teitelboim）的《硝石之子》描述了"硝石场上的艰苦劳作"。米格尔·安赫尔·阿斯图里亚斯就和串珠子一样，悉数列举了拉丁美洲小说的代表作品，这些作品是对遭受苦难和剥削的人的救赎，是对权力和资本家的控诉。在他的话语中，人们隐约看到了一种文学类型和一群文学家的诞生。或许，加布里埃尔·加西亚·马尔克斯的《百年孤独》在这一年出版并非偶然。

和20世纪20年代一样，20世纪60年代的拉丁美洲也是一个多元化的集体。哲学、社会学和艺术领域中，出现了一些既普遍、又带有拉丁美洲特色的意象、隐喻和符号，它们试图对这一地区的面貌进行定义。这个过程向来都很困难。还有更多的人想在这面镜子里看到自己。墨西哥、阿根廷、秘鲁和智利的读者在这个敏感的政治领域中对彼此有了认识。诗歌、流行歌曲和电影强化了这一理念。"我喜欢学生们。"智利歌手比奥莱塔·帕拉（Violeta Parra）这样唱道。学生们不仅仅在智利受到欢迎。面对在乌拉圭展开的一场刻不容缓的土地改革，乌拉圭歌手丹尼尔·维列蒂（Daniel Viglietti）唱出了《拆掉铁丝网》一曲。巴西歌手希科·布阿尔克（Chico Buarque）面对独裁政权的非难，谱写了歌曲《虽然你当权》，还把"盘球"这个足球术语改造成一个带有政治色彩的词。

在所谓的"拉丁美洲文学爆炸"中，该地区的符号化创造过程与文化产业的现代化过程交织在了一起。20世纪60年代的出版社既激励了这种对话，又被这一对话所推进，其中有时代出版社（1960年）、华金-莫尔蒂兹出版社（1962年）、二十一世纪出版社（1965年）。布宜诺斯艾利斯大学出版社的发展轨迹很有意思。这个出版社是在布宜诺斯艾利斯大学的时任校长里谢里·佛朗利基（Risieri Frondizi）的倡议下创建的，是他推进大学升级及其现代化进程的一项举措。校长将出版社的设计工作委托给了拉丁美洲出版界一位绕不开的重要人物：阿纳尔多·奥尔菲拉·雷纳尔。

他是墨西哥经济文化基金会的负责人，后来创立了二十一世纪出版社。他是连接阿根廷和墨西哥的桥梁，是拉丁美洲与世界沟通联系的桥梁，也是连接 20 世纪 20 年代和 60 年代的桥梁。阿纳尔多·奥尔菲拉·雷纳尔活了 100 岁，一辈子都在跟书打交道。据说，他选择鲍里斯·斯皮瓦科夫（Boris Spivacow）当布宜诺斯艾利斯大学出版社的负责人，是因为得知鲍里斯建立了图书馆。1966 年，胡安·卡洛斯·翁加尼亚（Juan Carlos Onganía）的独裁政权对阿根廷的大学进行了前所未有的打压，也称不幸的"长棍之夜"，在那之后，斯皮瓦科夫成立了拉丁美洲出版中心（CEAL），名称中的"拉丁美洲"一词并非异想天开。大多数阿根廷人对拉丁美洲并不了解，拉丁美洲出版中心以分册的形式出版了广受欢迎的拉丁美洲历史系列，在报摊上以非常实惠的价格出售。庞大的读者群头一次在书上了解到了有关潘乔·维拉、埃米利阿诺·萨帕塔、卡米洛·托雷斯（独立战争英雄）、路易斯·埃米利奥·里卡巴伦、路易斯·卡洛斯·普雷斯特（Luis Carlos Prestes）和热图利奥·瓦加斯的事迹。该时期的杂志也起到了同等作用。古巴的《美洲之家》、乌拉圭的《前进》等几百种杂志，它们在知识领域中将关系密切的集体串联起来。

阿根廷学者克劳迪亚·希尔曼（Claudia Gilman）指出："美洲大陆知识群体的特点是作家和批评家之间结成了一张强大的人

际关系网，强大到足以对专业批评的模式以及文学联盟、文学分歧乃至文学典范产生影响。卡洛斯·富恩特斯将《阿尔特米奥·克罗斯之死》献给美国社会学家赖特·米尔斯（Wright Mills），将《换皮》献给科塔萨尔（Cortázar）及其妻子奥罗拉·贝纳德斯（Aurora Bernández），将《命中注定》这个短篇故事献给加西亚·马尔克斯。马里奥·贝内德蒂（Mario Benedetti）将他的诗《哈瓦那人》献给古巴诗人费尔南德斯·瑞特马尔（Fernández Retamar）。何塞·多诺索（José Donoso）将《没有界限的地方》献给卡洛斯·富恩特斯及其妻子丽塔。海地诗人热内·德佩斯（René Depestre）将《加勒比自传》的一个章节——《地缘自由主义回忆录》——献给雷吉斯·德布雷。戴维·维纳斯将他的《骑马的男人》献给巴尔加斯·略萨、鲁道夫·沃尔什（Rudolph Walsh）和卡洛斯·戴尔·佩拉尔（Carlos del Peral）。格雷戈里奥·塞尔泽（Gregorio Selser）将一本关于'进步联盟'的书献给卡洛斯·富恩特斯。"

1968 年前后，迸现出很多思想和社会运动，成为青年抗议和反叛的主场。墨西哥的学生运动和铁路工人运动蔓延到了其他行业，他们聚集在三文化广场，并在 1968 年 10 月 2 日的"特拉尔特洛尔科之夜"遭到残酷镇压。同年，开展了乌拉圭左翼的学生抗议活动，要么围绕着全国解放左派阵线（Fidel）进行，要么是在工人学生抵抗组织（ROE）内部进行。这些反抗行为证实了卡洛斯·雷尔·德·阿苏阿的高度一体化的社会理论已经过时,也体现了乌拉圭新巴特列主义(neobatllista)体制的危机。在巴西,圣保罗的冶金工人大规模罢工接踵而至,里约热内卢、贝洛奥里藏特、库里蒂巴、巴西利亚、萨尔瓦多、累西腓等地的示威游行和攻占大学事件频发。1968年6月26日,里约热内卢街头出现了10万人大游行,这是反对军事独裁的一次大规模运动,聚集了学生、知识分子、艺术家、宗教人士和一般居民,这些人共同反对警察镇压。几个月后,卡洛斯·马里盖拉(Carlos Marighella)领导的民族解放行动组织在桑托斯-容迪亚伊路线上袭击了一列火车,这是用武装力量进行的一次暴力洗礼。

受到1968年事件的影响,在1969年5月,发生了"科尔多瓦风暴"事件,这一事件将科尔多瓦工人运动的阶级潮流和学生们聚集在了一起,反对胡安·卡洛斯·翁加尼亚将军的独裁统治,并成功地推翻了他的政权。科尔多瓦风暴是政治激进化进程的一个转折点。部分庇隆主义者的左派化和部分左派人士的庇隆主义化,引起了人们对社会主义革命或对民族解放革命的思考。1955年,庇隆总统被政变推翻,庇隆主义也受到了压制,因此1955—1973年间愈发激进的左翼思想与运动状况在社会史上被称作"没有庇隆的庇隆主义"。

关于法国的"五月风暴"事件对1968年拉丁美洲学生运动的

影响,一直有很多争议。标语和演说都雄辩有力,学生运动受胡志明和毛泽东的影响更大,菲德尔·卡斯特罗或卡米洛·托雷斯被提到的频率也要高于法国的科恩·本迪特(Cohn Bendit)。当然,还有切·格瓦拉的影响。1967年10月8日,切·格瓦拉在玻利维亚被杀,他那时正在进行最后一次革命行动。次年,阿尔贝托·柯达(Alberto Korda)拍摄的一张格瓦拉的照片被贴在了巴黎的路障和布拉格、都灵、哥伦比亚学生的示威牌子上,照片中的切·格瓦拉留着胡须,戴着贝雷帽,望向远方。当时人们穿的T恤衫正面是切·格瓦拉的形象,背面是鲍勃·迪伦,或位置相反。

然而,在普遍性和特殊之间向来复杂的这种对话中,地区记忆巩固和拉近了"五月风暴"和拉丁美洲学生运动之间的关系。地区记忆可能不是以扩散的方式出现,而是作为解释的背景出现,或者更常见地,作为传记的背景出现。

1968年,墨西哥的游行牌子上写着:"要组建青年党!""我们的运动不是学生性质的。我们的事业具有战斗精神和批判精神,要去抨击、驳斥、改变和革新现实。"这句话体现出这些青年之间的情谊,就和那句广为人知的口号"严禁'严禁'"一样。"五月风暴"和拉丁美洲学生运动的结果或许是不同的。巴黎、伯克利和都灵的事件催生了共同经验,除了带来的影响之外(这种影响在政治思想中往往很复杂),这些事件还具有同时代性,几乎就像是共谋，伴随着美学精神和反抗意志。这些特点可能更多地体现在符号上，而非在内容中。因此，那个时期图画传媒的现代化产物——报纸和杂志摄影——中往往会有几个穿牛仔裤、披散着长发的年轻人，他们在城市里展开活动，攻占大学，并经常在他们临时搭建的路障所在的街道上与警察对峙。这样的行动源自强烈的认同感，就和涂鸦一样，是一种既短暂又不可磨灭的存在。

另一个涉及意识形态的方面是，有关法国"五月风暴"的重要文献以及欧洲左翼的作品被迅速地翻译和传播：让－保罗·萨特（Jean-Paul Sartre）、安德列·高兹（André Gorz）、罗兰·巴特（Roland Barthes）、欧内斯特·曼德尔（Ernest Mandel）、科恩·本迪特和赫伯特·马尔库塞（Herbert Marcuse）的作品被20世纪六七十年代的人们阅读和讨论，并在起义的环境中得到了新的诠释。在1968年的拉丁美洲，受到震撼的不仅是敏感的年轻人。那些对剧烈变化不是很敏锐的组织（武装部队和教会），也暗暗酝酿着激进变革的政治方案。

在秘鲁，建筑师出身的费尔南多·贝朗德·特里（Fernando Belaúnde Terry）于1963—1968年担任总统，他推行的发展主义模式已经山穷水尽。胡安·贝拉斯科·阿尔瓦拉多上台后，宣称要进行一场"民族主义、人道主义、社会主义、自由主义、独立于各种意识形态、政党或权力集团"的秘鲁革命，提议"改变经济、社会、政治和文化结构，以建立一个新的社会，让秘鲁人都能自由和公平地生活"。社会总动员体系（Sinamos）要求终结这个严重分层的社会及其闭塞的传统结构。贝拉斯科在大规模的社会动员下，推动了一场空前的土地改革，将石油收为国有，实行企业国有化，尝试了一场史无前例的教育改革，承认克丘亚语为官方语言。在秘鲁政府宫主厅，图帕克·阿马鲁二世的画像替代了原有的弗朗西斯科·皮萨罗（Francisco Pizarro）的画像。

1962—1965年，罗马天主教会召开了第二次梵蒂冈大公会议，使罗马天主教的面貌发生了巨大变化。在这场热潮的影响下，第二届拉丁美洲主教会议于1968年在哥伦比亚的麦德林举行，会议要求宗教权力的民主化，主张对社会不公正现象进行世俗的谴责和采取行动，坚决致力于社会变革，并确定了"优先拣选穷人"的牧灵方针。米歇尔·洛威（Michel Löwy）认为，拉丁美洲的解放主义基督教（cristianismo liberacionista）相当于创造了一种新的宗教文化，体现了拉丁美洲的特殊情况：对外依附的资本主义、大规模的贫困、制度化的暴力和大众的宗教狂热。尽管"优先拣选穷人"表现在组织形式、方案提议、社会运动，以及将信仰和现实联系起来的宗教职务的施行模式上，但这种宗教文化仍被称为"解放神学"。

基督教与马克思主义之间复杂的意识形态交汇，显示出了革命思想能在多大程度上影响拉丁美洲舞台上不尽相同的参与者。拉丁美洲与其他第三世界国家不同的是，其教会和天主教由多种成分构成，就和自由主义或实证主义一样。在墨西哥，瓜达卢佩圣母最早代表的是下层民众和混血种人，而在伊达尔戈之后，它则被赋予了革命性。然而，秘鲁利马的圣罗莎和巴西的阿帕雷西达圣母并不是这种情况。卡米洛·托雷斯、埃内斯托·卡德纳尔（Ernesto Cardenal）、奥斯卡·罗梅罗（Óscar Romero）、埃尔德·卡马拉（Helder Cámara），以及巴西和智利的基层社群等社会团体，还有阿根廷的工人教士，不仅参与了革命，还参与了游击队。

革命不再是一个抽象的概念，而是一种用来解释拉丁美洲大陆衰落原因的方式，同时也是拉丁美洲人民行动的前景，是成为拉丁美洲人、做拉丁美洲事的合法性表现。

革命和第三世界

> 古巴革命教会了我们什么？革命是可能的，人民是可以进行革命的，在当今世界，没有任何力量能够阻碍人民的解放运动。
>
> ——《第二个哈瓦那宣言》

古巴革命的政治和意识形态建设是由一系列复杂的要素塑造的。一方面，"七·二六"运动是古巴历史的直接产物。20世纪二三十年代，古巴脱离西班牙独立，面对美国的干涉，寻求自我定位。古巴人民又受到何塞·马蒂的启发，继而对马查多独裁统治进行反对和抵抗 [拉蒙·格劳·圣·马丁建立了古巴革命党，安东尼奥·吉特拉斯（Antonio Guiteras）组建了大学生领导机构]，以及爱德华多·奇巴斯（Eduardo Chibás）领导的古巴正统党（该党的象征符号是一把扫除腐败的扫帚）对富尔亨西奥·巴蒂斯塔政权的反抗，不可否认的是，这些事情之间存在着连续性。在这段反独裁反帝国主义的历史的影响下，1953年7月26日，以菲德尔·卡斯特罗为首的165名革命青年向蒙卡达兵营发动了袭击。

1957年7月12日，卡斯特罗在马埃斯特腊山发布《土地改革宣言》，呼吁全体古巴人民团结起来，"恢复政治民主，实现社会正义"。也就是说，在采取起义、武装和革命战略的同时，还要实现建立各方面民主秩序的目标：实行自由选举，"保证绝对的信息自由、广播和文字新闻自由，以及宪法所保障的一切个人权利和政治权利的自由"。1958年7月20日的《加拉加斯协定》也是如此，它"广泛动员所有工人、公民、专业人士和经济学者的力量"，为了"在暴君倒台之时，建立短暂的临时政府，通过宪法和民主程序，引导国家恢复正常"。

1960年9月2日发布的《哈瓦那宣言》用与20世纪50年代民族运动的政治语言并无不同的话语，阐明了一系列权利。例如，主张"被压迫和被剥削的民族有义务为自己的解放而斗争，每个民族有义务团结所有被压迫、被殖民、被剥削或被侵略的民族"，"民族VS帝国主义"和"殖民地VS宗主国"（不管是经济宗主国，还是政治宗主国）。这些纲要不怎么具有社会主义色彩，而是更有民族解放的意味。在描述剥削关系的时候，相较于拉丁美洲无产阶级传统，宣言中的阶级主义色彩少了很多。宣言以这种方式阐明了一系列权利：农民有权拥有土地；工人有权享有劳动成果；儿童有权接受教育；病人有权享有医疗和医院护理；青年有权工作；学生有权享有免费教育；黑人和印第安人有权拥有完整的人格尊严；妇女有权享有公民权利、社会和政治平等；老年人有权安享晚年；知识分子、艺术家和科学家有权用自己的作品为建设更美好的世界而奋斗；国家有权将帝国主义垄断产业收归国有，从而拯救国家财富和资源；国家有权实现与世界各国人民的自由贸易；国家有权充分享有主权。在宣言中，何塞·马蒂被频频提及，而宣言基于的传统指的则是拉丁美洲独立战争中的领袖人物（玻利瓦尔、伊达尔戈、华雷斯、圣马丁、奥希金斯、蒂拉登特斯、苏克雷、马蒂）的精神。

1962年2月4日发布的《第二个哈瓦那宣言》将古巴正式定义为社会主义国家。当时，发生了两个重大事件：猪湾事件，以及与美国"争取进步联盟"政策有关的埃斯特角城会议召开。两个事件体现了美国筹划的不同战略。宣言采用了对比的形式，并将古巴作为拉丁美洲的发言人："古巴代表人民，美国代表垄断；古巴代表美洲的工业化，美国代表次发达；古巴代表面包，美国代表饥饿；古巴代表社会主义，美国代表资本主义。"

这份代表一代人心声的标志性文件中有这样一段话："古巴革命教给了我们什么？革命是可能的，人民是可以进行革命的，在当今世界，没有任何力量能够阻碍人民的解放运动。"这第二次独立，也体现在"在1945至1957年间，亚洲和非洲有12亿人赢得了独立。"

法国历史学家阿尔弗雷德·索维（Alfred Sauvy）在1952年

提出了"第三世界"这个说法。这个词语源自美苏冷战和雅尔塔会议,一开始具有空间(东西方)、经济(资本主义和社会主义)的含义,甚至具有年代顺序的含义。然而,在20世纪60年代,"第三世界"这个概念被政治含义覆盖,迅速地与次发达、对外依赖性、边缘性和贫困的概念联系在了一起,这在当时导致了一个非常明显的后果:革命。1954年5月8日,胡志明的军队收回了法国在奠边府的基地,越南独立同盟会击败了法国;14年后,即1968年,北越的"新春攻势"被击溃。这两个事件极为清楚地证实了,一个民族及其军队可以在战争中打赢世界上最强大的军队。阿尔及利亚的情况与之相似,它推翻了殖民统治,照亮了"大地上的受苦者"的解放事业的道路。《大地上的受苦者》是安的列斯群岛作家弗朗兹·法农(Franz Fanon)的著作,在当时被广泛阅读。

这幅意识形态地图使有关古巴革命特征的政治思想变得易于理解。1956年,在苏联共产党第二十次代表大会的报告之后,这种意识形态应当把共产主义危机考虑在内。报告中提及斯大林主义的恐怖统治,开启了关于真实的社会主义实践的广泛讨论,以及在共产主义空间内部进行层层讨论后的理论和政治调整。这些调整或许受到了1968年苏联入侵捷克斯洛伐克这一事件的阻碍。

于是,古巴成为安的列斯群岛中的"新耶路撒冷",在行动与思考的张力作用下,人们探讨革命和社会主义。古巴革命对马克思主义阵营所有的理论主题和当时最新的现代化理论进行了重新阐释，包括社会阶级、生产关系、价值理论、土地所有制形式、拉丁美洲资本主义的特点、对外依赖的形式、帝国主义等内容，也对革命的方法论进行了重新阐释，尤其是对游击队进行了重新阐释。

1963 年到 1964 年间，人们展开了一场有关古巴经济的激烈辩论，国际马克思主义的几位重要人物参加了辩论，如欧内斯特·曼德尔和夏尔·贝特兰（Charles Bettelheim）。辩论围绕着四个核心内容展开：价值规律在资本主义过渡到社会主义时期的作用、国有生产资料的性质（它们是不是商品？它们是社会财产，还是一部分被社会化、另一部分仍属于企业的财产？）、工业企业的组织方式，以及物质或道德激励在社会主义建设中的重要性。后面的两个是比较实际的内容。

在这场辩论中，切·格瓦拉支持采取道德激励措施，这一措施与"新人类"直接挂钩，是建设"没有资本主义过渡残余"的社会主义的条件。辩论的另一方则提出建立企业财务自治体系，这就引出了企业的盈利原则。这个观点的支持者是卡洛斯·拉斐尔·罗德里格斯（Carlos Rafael Rodríguez）——国家土地改革研究所（INRA）的主任，他还支持采取物质奖励措施。双方也对社会化企业展开了讨论。切·格瓦拉赞成按照产业分支的划分在企业中实行某种组织制度，企业由国家预算扶持。一部分人主张道德经济，采用参与度更强的政治纲领，多多调解与苏联的关系，强化古巴在拉丁美洲和第三世界的存在感；另一部分人倾向于与苏联保持一种特权性的、几乎是排他性的亲近关系，主张建立在经济计算基础上的模式和中央集权的体制，使政治组织从属于党，而这种倾向成为主流倾向。

在同一时期，古巴电影艺术和工业研究所所长阿尔弗雷多·格瓦拉（Alfredo Guevara）与布拉斯·罗卡（Blas Roca）进行了激烈的辩论，后者提议禁止放映费德里科·费里尼（Federico Fellini）的《甜蜜的生活》和路易斯·布努埃尔（Luis Buñuel）的《泯灭天使》。这些分歧并不是美学层面上的，而是涉及艺术自主性在革命中的政治边界这一微妙的问题。

此外，所有的现代性革命（或许革命与现代性本就是"同义词"）都被认为是国际性的，并因其意识形态信念被人们提起，甚至成为超越了地方或国家的幸存方式和复制方式：法国大革命、拉丁美洲独立革命和俄国革命。这些革命的结果都是建立国家或巩固国家政权，古巴也不例外。如何革命也是一个核心政治议题。对切·格瓦拉来说，古巴革命进程提供了三个证据：第一，人民力量可以在战争中获胜；第二，不必等到所有条件都具备时才开始革命，因为游击中心可以创造革命条件；第三，在拉丁美洲，开展行动的地点必须是农村。

游击中心能够创造革命条件（虽然切·格瓦拉没有在玻利维亚取得成果）。对这一点的坚信，一方面是因为受到了古巴将革命传至美洲大陆这一决定的鼓舞，另一方面是由于人们判断民众主义和发展主义的解决方案已经走到了尽头，无法克服半个世纪前就困扰着美洲的贫困、对外依赖等劣势。赞扬武装斗争，将其作为践行"推翻资本主义，建立社会主义"这一至高原则的唯一途径，以及对共产党战术和策略的批判，都强化了游击中心主义。

拉丁美洲的游击中心纷纷建成：在墨西哥，卢西奥·卡巴尼亚斯（Lucio Cabañas）领导农村游击队，并建立了穷人党（PDP），热纳罗·巴斯克斯（Genaro Vázquez）成立了全国公民革命协会（ACNR）；危地马拉的图尔西奥斯·利马（Turcios Lima）和永·索萨（Yon Sosa）成立了"11月13日革命运动"组织（MR-13）；在哥伦比亚，法比奥·巴斯克斯·卡斯塔诺（Fabio Vázquez Castaño）是民族解放军的首领，而曼努埃尔·马鲁兰达·贝莱斯（Manuel Marulanda Vélez）领导了哥伦比亚革命武装力量；在秘鲁，路易斯·德·拉·普恩特·乌西达（Luis de la Puente Uceda）从阿普拉党内分离出来，并成立了革命左翼运动组织（MIR）；在玻利维亚，切·格瓦拉创建了民族解放军（ELN）；在智利，革命左翼运动组织（MIR）已经开始行动；在巴西，卡洛斯·马里盖拉领导了民族解放行动组织（ALN）；在具有制度和民主传统的乌拉圭，出现了一个特别的城市游击队组织，即"民族解放运动－图帕马罗斯（MLN-T）"；在阿根廷，出现了人民革命军（ERP）和名为"蒙东内罗斯"（Montoneros）的游击战军事组织，前者依靠的是阶级理论和社会主义思想，后者诞生于教会和庇隆主义，主张进行一场更符合民族解放模式的革命，推翻独裁，并要求流亡的庇隆回国。

发展和依赖

> 依赖是指一个国家被迫做它原本不想做的事,或不去做它原本会做的事。因此,依赖意味着对他国利益的服从——不管是经济、政治还是战略利益。
>
> ——劳尔·普雷维什(Raúl Prebisch)

　　这场政治运动与该地区另一场重大思想运动同时发生,这场思想运动也和第二次世界大战后的变化有关,这些变化让人们专注于对该地区的特殊之处进行一系列的概括总结。殖民主义的危机引发了一场关于线性发展、进化论和欧洲中心主义的激烈讨论。在 20 世纪 20 年代,第一次世界大战破坏了"文明"这一单向概念,尤其是颠覆了"进步"的线性规律。在 20 世纪 60 年代,"进步"一词则被称为"发展",而与之相对应的是"次发展"一词,"次发展"一词引发了一系列争论,同时也被用于分析拉丁美洲的根本性范畴。

　　次发展与贫穷、饥饿的话题有直接关系。1952 年到 1956 年间,巴西的若苏埃·德·卡斯特罗(Josué de Castro)担任联合国粮食及农业组织（FAO）理事会主席，他的著作《饥饿地理》和《饥饿地缘政治》揭示了世界贫困问题的紧迫性，并提出了解决这一问题的建议。那个时代最具代表性的是一张比亚法拉（1967年脱离尼日利亚独立）挨饿儿童的照片。杂志和电视上的画面将饥饿问题最丑陋的一面刻在了人们心中，以至于在不少拉丁美洲家庭中，当自己的孩子看着盘子里剩下的食物毫无胃口时，中产阶级知识分子家庭的父母就会教育他们世界上仍有挨饿的人存在，剩饭就是对他人的不公平。这些孩子并不总能听父母说的话好好吃饭，他们的同龄人却瘦骨嶙峋，肚皮浮肿，没有食物可以吃。

人们用一种被阐释为"连续体"的模式来分析"次发达"这个概念，在连续体中，次发达是完全发达之前的一个低级的、不成熟的阶段，人们可以通过创造有利于经济"起飞"的条件来规避次发达。这种分析论调要得益于当时被古典经济学家广泛阅读的一本书，也就是华尔特·惠特曼·罗斯托（Walt Whitman Rostow）的《经济成长阶段》。这本1960年出版的书还有一个带有明确政治色彩的副标题：非共产主义宣言。作者在书中指出，发展的开端并不是一个革命的、计划经济的国家（例如苏联），而是要和工业革命后的英国、美国内战后的美国、俾斯麦改革后的德国、明治维新后的日本一样，落后和传统的经济体可以通过一系列的结构改革来实现工业化，而绝不是要经历剧烈的革命。

这位跟某位诗人重名的经济学家后来成了白宫的国家安全顾问。换句话说，从肯尼迪政府开始，发展和国家安全之间就有了必然联系。这一概念偶然地将政治、社会、制度的现代化和经济发展联系在了一起，并用工业化国家的标准来衡量现代化的水平。当时，大量的科学文献，用发展理论对现代化主题进行再次探讨。在这种理想的模式下，制定了一些经济、社会和政治策略，其目的是加速创造有利于工业化"起飞"的条件。拉丁美洲若干国家的经济政策都受到了这些方案的激励。儒塞利诺·库比契克（Juscelino Kubitschek）政府的口号是让巴西的发展"五年相当五十年"；他还兑现了竞选时的诺言，将联邦首都从里约热内卢迁到巴西高原，并将其命名为"巴西利亚"。这或许是他最具标志性的两个事件了。1958年，库比契克在拉丁美洲号召与次发展这一"大陆之痛"作斗争，这次行动被称为"泛美行动"。该行动与哥伦比亚总统阿尔贝托·耶拉斯·卡马戈（Alberto Lleras Camargo）的倡议以及1960年签署的《波哥大公约》一同被认为是争取进步联盟的前身，而争取进步联盟是美国面对古巴革命所采取的行动。

然而，早在数年前，在1948年成立的拉丁美洲经济委员会（CEPAL）上，以及在普雷维什于1949年所作的《拉丁美洲的经济发展及其主要问题》这一报告中，人们已经用跨学科的，尤其是区域性的参数对上述经济增长理论的假设进行了讨论。拉丁美洲经济委员会聚集了一批与权力中心的古典政治经济学传统相悖的重要人物：例如上文提到的劳尔·普雷维什，还有塞尔索·富尔塔多（Celso Furtado）、阿尼瓦尔·平托（Aníbal Pinto）、阿尔多·费雷尔（Aldo Ferrer）、维克多·乌尔奎迪（Víctor Urquidi）等人。他们大多在自己国家有过不同的管理经历，并受到了凯恩斯主义的熏陶。

拉丁美洲经济委员会对经济增长理论中的阶段主义和欧洲主义提出了强烈的原创性批判。从历史结构的角度看，这种理论瓦解了古典政治经济学中国际分工的核心观点：比较优势原则和"向外发展"阶段原则。在此之前，这两条原则一直是不争的公理，而拉丁美洲经济委员会的思想戳穿了原则的神秘前提：工业化国家和原材料出口国家之间看似对等的贸易条件。资本主义制度的中心国家和边缘国家的优势是不一样的，人们认为这种关系是必然的、结构性的。于是，拉丁美洲经济委员会提出了"向内发展"，即在国家干预下的替代性工业化进程，对这一进程来说，国际贸易中的专业化观念与其说是优势，不如说是阻碍。在1949年拉丁美洲经济委员会的重要报告中，普雷维什指出："如果我们所说的集体指的仅仅是一些工业大国，那么它们确实是均匀地享受到了进步的成果；但如果把集体的概念扩展到世界经济的范畴，那么上述的普遍化假设就是一个严重的错误：边缘经济体所享受到的所谓的生产力发展的优势,与中心国家的人口享受到的优势根本不具备可比性。"这个初步萌生的观点伴随着一种信号,即边缘国家的经济次发展与中央经济体的有机发展进程是联系在一起的。就这样,拉丁美洲经济委员会独立于当时流行的现代化理论的规则,因为它分析的中心点是世界经济,以及世界经济中阻碍了边缘经济体的经济发展的结构性二元论。拉丁美洲经济委员会的观点独创性在于,它并没有把发展和次发展作为前因和后果,线性地处理,而是功能化地探讨它们,把它们当作国际贸易中同一枚硬币的两面。

前文提到过,古巴革命为拉丁美洲的政治思想领域以及美国与拉丁美洲的关系开创了新局面。1961年1月20日,约翰·菲茨杰拉德·肯尼迪(John Fitzgerald Kennedy)就任美国总统。他在向最高法院和国会两院议员发表的第一次国情咨文中,转变了美国对拉丁美洲的政策,指出"共产主义的代理人试图利用拉丁美洲充满希望的和平革命,并已经在古巴建立了一个基地。这个基地离我们的海岸只有90英里[①]"。在1961年3月13日对白宫大使的讲话中,他重新提到了西蒙·玻利瓦尔、贝尼托·华雷斯、何塞·德·圣马丁和何塞·马蒂,谈到了反殖民统治的共同战斗

---

① 英里,英美制长度单位,1英里等于5280英尺,合1609.344米。

的历史，认为1776年在费城和1811年在加拉加斯开始的革命并没有结束，"因为我们仍有一个任务，那就是向全世界证明，自由的人民可以在民主制度的框架内努力奋斗，以更好地实现人类对经济进步和社会正义抱有的未实现的愿望"。他呼吁"西半球的所有人民一起加入争取进步联盟，努力实现合作，以前所未有的规模和崇高的目的，满足美洲人民对住房、工作、土地、健康和教育的基本需求"。一个月后，一支由美国中央情报局资助和训练的队伍，得到肯尼迪的授权，入侵古巴，在猪湾被古巴人民击溃。

争取进步联盟在乌拉圭的埃斯特角举行的泛美经济与社会理事会特别会议（CIES）上正式宣布成立，拉丁美洲各国都派代表参加了此次会议（古巴也派出了工业部部长切·格瓦拉）。在签署的协议中，美国承诺提供技术和财政支持，以应对该地区的贫困和落后状况，最初承诺投资200亿美元，目的是在10年内实现各国的经济增长，每年人均增长不低于2.5%，确保到1970年，所有的学龄儿童至少接受6年的小学教育，人均预期寿命至少增加5年，并做到为不少于70%的城市人口和50%的农村人口提供饮用水和污水处理系统。信贷是长期的、带有公债性质的，人们也确立了一些对应措施，诸如稳定化和金融合理化改革、资本主义经济框架下的结构性改革（如土地所有权改革）等，并且尊重民主和自由制度。

关于争取进步联盟的初衷及其所获得的微薄成果，本章已经说了很多。事实上，信贷对拉丁美洲各国的影响是不平等的、有选择性的，确定的数额从未达到协议的第二章所规定的数额（并且还是在拉丁美洲各国代表对美国施加压力，要求以具体方式确定这些数额之后，美国才把数额加进去）。不管是从经济社会的角度看，还是从政治的角度看，争取进步联盟预设的目标都没有实现。美国企图用这些改革措施来扼制政治激进化，但是人们对改革结果的失望进一步加深了这种激进化，而且改革措施也没有起到对民主制度的维护作用。

我们在此举一个案例。1963年，巴西总统若昂·古拉特（João Goulart）在争取进步联盟的信贷条款范围内与美国就一项贷款计划进行谈判。经济学家塞尔索·富尔塔多曾经是拉丁美洲经济委员会的成员，也是国际知名的发展主义者之一，他在库比契克、奎德罗斯和古拉特执政期间，担任过巴西东北发展局（Sudene）局长。富尔塔多为巴西的东北部地区规划了一个雄心勃勃的发展方案，这个地区有2000万人口，他们生活在极端贫困中，经济形式是勉强的自给自足，常年经受着旱灾[在格劳贝尔·罗恰（Glauber Rocha）导演的电影中经常可以看到]，还有50万人的失业人口，用富尔塔多的话说，他们是"西半球最严重的问题"。

在那时，巴西历史上头一次，农民成为政治的参与者。农民加入天主教基层社区的组织，或加入律师弗朗西斯科·胡利昂（Francisco Julião）领导的亲卡斯特罗派的农民联盟：这两派都要求进行土地改革。

这便是古拉特政府申请美国贷款的背景。作为交换条件，古拉特政府必须实施调整计划，以抑制通货膨胀。古拉特总统取消了一些补贴，并使货币贬值。这两项政策导致了物价上涨、居民购买力下降，从而要用工资的增长来进行弥补。古拉特让步于来自工人的压力，给予了他们高于通货膨胀的加薪。当时，美国关闭了它的信贷方案，让巴西一度濒临破产。1964年3月31日，翁贝尔托·卡斯特洛·布兰科（Humberto Castelo Branco）领导的军事政变推翻了古拉特政府，并启动了稳定化方案。直到那时，美国的信贷资金才开始发放，但美国对巴西提出了非常苛刻的财政、货币和汇率要求。

发展主义（在争取进步联盟内）标志着一种思想的大合唱，其中可以经常听到一些在政治语言中十分常见的词语："发展""计划""技术""工业化"。这些词语被纳入了遏制社会冲突的救世任务中，而社会冲突过于迅速地与共产主义联系到了一起。

在批判的竞技场上，某个概念成为社会科学和政治机构的思考焦点：依赖理论。在许多情况下，发展主义共识制定的政策被挫败，在这种挫败的刺激下，辩论从资金流通领域转向了结构性条件领域，后者试图对拉丁美洲经济体的停滞不前做出解释。尤其是对两个经济体之间的关系特点做出解释。

所谓的"依赖理论"是拉丁美洲社会科学史上最重要的理论之一。有关这个理论的各学派的论点和争论十分激烈、多样，在此无法一一尽述。争论的多样性是无可避免的，连理论名称都被一些人断然否认。巴西社会学家特奥托尼奥·多斯·桑托斯（Theotônio dos Santos）认为，有关这一理论的最新解释基于四个特点：次发展与工业化国家扩张之间具有功能性关系；发展和次发展是同一个普遍进程的不同方面；次发展不再被当作进化过程的首要阶段；依赖不仅是一种外部现象，还在内部结构（社会、意识形态和政治）中表现为不同的形式。

除了这些共有的特点之外，还要注意到在20世纪60年代中期出现的理论和政治作品及讨论的多样性，例如劳尔·普雷维什、塞尔索·富尔塔多、巴勃罗·冈萨雷斯·卡萨诺瓦（Pablo González Casanova）、阿古斯汀·奎瓦（Agustín Cueva）、赫利奥·加瓜利伯（Helio Jaguaribe）、费尔南多·恩里克·卡多索、恩佐·法莱托、鲁伊·毛罗·马里尼（Ruy Mauro Marini）、保罗·巴兰（Paul Baran）、安德烈·冈德·弗兰克（André Gunder Frank）、特奥托尼奥·多斯·桑托斯、凡尼亚·班布拉（Vania Bambirra）、阿尼瓦尔·吉哈诺（Aníbal Quijano）、弗朗兹·欣克拉默特（Franz Hinkelammert）等人的作品。

对拉丁美洲的封建或资本主义特征进行修正成为一个中心任务。对于一些人来说，拉丁美洲从 16 世纪起就开始实行资本主义；而对于另一些人来说，则是三个世纪以后才开始。这种讨论很快就转移到了政治领域，并得出了非常具体的结论：一方面，如果拉丁美洲是资本主义的，那么革命就应该是社会主义的；另一方面，如果拉丁美洲仍存在封建或半封建残余，那么革命就应该是资产阶级民主式的。

1969 年，二十一世纪出版社在墨西哥出版了《拉丁美洲的依赖与发展》的第一版，作者是巴西的费尔南多·恩里克·卡多索和智利的恩佐·法莱托。该作品从社会学的角度对拉丁美洲的经济进行了分析，并考虑到了该地区的历史、时期和特殊性。该作品具有重要地位，不仅对拉丁美洲的依赖情况进行了分析，还指出了外部群体与拉丁美洲社会内部动态之间的联系。该作品的目的是"一方面分析群体和阶级之间的政治斗争，另一方面分析内部和外部的政治统治结构的历史"。这部作品并非对历史事件进行归类，而是透过历史事件看拉丁美洲"在各国统治体系的内部层面，及与国际秩序的关系"中的发展阶段。换言之，这种社会学与经济学的关联不仅揭示了国家民族之间的斗争的真相，还揭示了群体和社会阶层之间的冲突的真相。这一解释，及其他对"外部与内部"之间关系、阶级和民族、拉丁美洲的依附性资本主义的工作形式和土地所有制、封建主义、国内殖民主义的阐释，震撼了所有的社会研究者，也在历史学领域掀起波澜，特别是在生产方式方面。这部作品谈到了有关转型的狂热的政治需求，而这种需求之后又以不同的版本转向了政治和社会组织、社论甚至艺术领域。拉丁美洲20世纪后期最有名的著作是乌拉圭作家爱德华多·加莱亚诺写的《拉丁美洲被切开的血管》，该作品就是这种需求的产物。

依赖问题是作为一个理论问题而不是一种理论被提出来的。费尔南达·贝格尔（Fernanda Beigel）认为，对经济主义的批判使讨论"依赖"的理论家们将之问题化了，把它当作一种发生在国内和国际特定结构性条件下的"情况"。

> 如果把这些研究当作一个整体分析，并结合1967年到1979年间的争议、批评和"反批评"，我们可以看出，"依赖"这一问题并不是一种从外向内的、强加在我们国家头上的一种现象，而是一种关系，因为它的条件在内部社会结构的不同形式下是可能实现的。

如何分析中心国家和边缘国家之间的这种关系，是一场复杂而充满争议的辩论的核心问题之一，这场辩论把整整一代的社会科学家都牵扯了进去。

热烈的、独特的社会历史生产关注的是重建并分析土地所有制形式、庄园或种植园内的社会关系、美洲的奴隶制及其与世界资本主义建设的关系、劳动形式和劳动关系（劳役、佃农、移民垦殖制）、农民社区。正如桑托斯所说："在拉丁美洲，方法论建议不断积累，社会思想日益增多，人们不是简单地应用那些从中心国家搬过来的思考、方法论或科学建议，而是开辟了属于自己的理论领域，有了自己的方法论、自己的主体身份，也有了通往更现实的实践的路径。"

知识分子及其责任

> 一个人肩上扛着面包走过，看了他我
> 怎能再去写我这样的人？
> ——塞萨尔·巴列霍（César Vallejo）[1]，
> 《人类的诗篇》

拉丁美洲知识分子的社会地位有其谱系和传统。现代知识分子的问题在 20 世纪 20 年代就出现在了拉丁美洲。第一次世界大战后，这一问题作为"文字共和国"一系列回顾的一部分，一直跟随着该地区社会政治转型的步伐。在 20 世纪 20 年代，不管是所谓的"知识分子"，还是其他的人（"智者""学者""文人""教师"），他们的地位、职能和实践都被问题化了。这显示出新事物与旧事物之间、延续与断裂之间、"文字城市"与先锋派之间的张力。

"知识分子"一词在 20 世纪 20 年代才开始成为一个集体，

---

[1] 塞萨尔·巴列霍，秘鲁现代作家，西班牙共产党党员。他虽然一生中只出版过三本诗集，但仍被认为是 20 世纪最伟大的诗歌改革者之一。托马斯·默顿（Thomas Merton）称其为但丁之后最伟大的诗人。

并作为名词被使用,随之而来的是对自身职能和使命的自我反思(自我反思是知识分子与生俱来的能力)。他们如何定义自己？他们在社会和国家中处于什么样的地位？他们最突出的话题是什么？他们构建了什么样的合法形式？他们在传统面前如何定位自己？这些问题都牵扯到对知识分子的定义。因此,这些"现代的"(拉丁美洲的现代性是极其复杂、模糊不明的)知识分子对自己的目标、思想领域和群体身份进行了思考。他们首要的、几乎带有偏执情感的话题有两个：民族和革命。青年主义(juvenilismo)、反帝主义、代际批评、政治与美学先锋派在一片仍旧模糊不明、但在20世纪20年代却有重要意义的领域内交错混杂。

知识分子的重新定位基于政治和社会参与的明确使命,以及向底层"他人"的一种靠拢(有时是一种模仿,有时是前卫举动),此处的"他人"有可能是印第安人、工人或农民。例如,古巴共产党创始人和学生领袖——胡里奥·安东尼奥·梅利亚(Julio Antonio Mella)在1925年写道：

> 知识分子是思想的工作者,工作者！换句话说,在何塞·恩里克·罗多看来,知识分子是唯一配活着的人。就和有人犁地、给土地施肥,有人挥剑让人民获得解放,有人挥动匕首处决暴君一样,知识分子挥动手中之笔与不公现象作斗争。那些

贬低其思想、让思想屈从于愚昧传统或可憎暴政的人，我们绝不能称他们为知识分子。让我们把少量的、美好的词语留给那些更少的、伟大的事物。

诗人塞萨尔·巴列霍对艺术创作和社会使命之间的张力进行了描写：

> 一个人肩上扛着面包走过，
> 看了他我怎能再去写我这样的人？
>
> 有个人号哭着走入坟圈，
> 看到他我怎能再去科学院？
> 有个人在厨房里将枪擦得干干净净，
> 看到他我还有什么勇气谈论来生的事情？
> 有个人掰着指头数着数走过，
> 看到他我怎能不在谈论"非我"时呐喊一声？

知识分子态度的出发点是面对社会现象的某种"不适感"，以及在不公现实面前的一种糟糕状态。知识分子用"我指责"表达出对权力、剥削和不公的抨击和谴责，这决定了他们的主要职能，标志着他们与上一代的"文人"截然不同，尤其是与所谓的"现代主义者"截然不同。现代主义的精英式的"知识贵族"反对的是虚拟"群众"和民主化力量的糟糕直觉，因此"象牙塔"成为守护真善美的地方。战后的一代人反对这种思想，他们高举社会参与的大旗，他们的作品的主要描写对象（有时是主体）是大众阶层。维克多·劳尔·阿亚·德·拉·托雷把他的国家政治计划的阶级联盟称为"体力劳动者和知识分子阵线"。将工人与知识分子联系在一起是一种新的思想趋势。何塞·卡洛斯·马里亚特吉非常坚定地站在现代的坐标之上，他的作品的很大一部分都用于描述、界定和分析知识分子在现代舞台上的职能。学生活动与知识分子界的关系也是十分密切的，这是 20 世纪 20 年代人的突出特点。巴勃罗·聂鲁达（Pablo Neruda）在他的《回忆录》中提到了学生杂志《明晰》：

> 我曾在特木科担任《明晰》杂志的记者。《明晰》是学生联合会创办的刊物。1920 年传到特木科的消息给我们这一代人留下了血淋淋的伤疤。寡头制度的产物"金色青年"袭击并破坏了学生联合会的场地。多明戈·戈麦斯·罗哈斯（Domingo Gómez Rojas）是智利诗歌界的年轻希望，但他发了疯，并在牢里被折磨致死。这一消息所造成的深刻而

广泛的影响，不亚于费德里科·加西亚·洛尔迦（Federico García Lorca）在格拉纳达被暗杀的影响。

这些思想家明确地以推进文明化、现代化和世俗化进程为己任，但当务之急是批判和变革。知识分子如今已不能只阐释和谴责，还要参加公共（政治）事务。也就是说，他们不仅要教书育人，发挥专业职能，做诗人、考古学家或文学评论家，甚至不能只对政治有兴趣，还要把自己当作针对社会问题进行演讲、阐释和世俗化表述的精英群体。他们是一群有创造力的人。《反帝国主义和阿普拉党》《道德力量》《宇宙种族》《阐述秘鲁现状的七篇论文》以及这一时期的其他著作中包含兼具独创性和经典性的理论解释，丰富了拉丁美洲思想的宝库。就如同前文提到的那样，20世纪20年代在墨西哥革命和俄国革命推动下产生的政治思想，引发了一系列问题。在这些问题中，革命和民族，选择改革还是革命成为改变政治秩序的焦点。

到了20世纪60年代，这些争议又再次被提出，并得到了深化。秘鲁拉孔本西翁省和拉雷斯区游击运动的领袖雨果·布兰科（Hugo Blanco），在监狱中写了一封信，请求"诗人同志们"让塞萨尔·巴列霍"起死回生"。他其实是想让诗人们重新承担起社会责任："我们需要的是按要求写作的诗人""希望他们用诗去支持革命斗争，并在之后完成这场斗争"。这就让与政治，甚至是与武器有关的文字特性成了一个有争议的问题。

图略·埃尔珀林·唐希指出了一种两难的困境，那就是"塞尔索·富尔塔多在 20 世纪 60 年代初作为巴西经济的掌舵人开始了一段充满希望，但很快就失败了的公共事业；卡米洛·托雷斯之后则要面临一次实实在在的失败。毫无疑问，那些致力于完成踏实的任务的人本能地会偏向塞尔索·富尔塔多的做法。与此同时，许多人感觉到，对他们来说最合算的选择正变得越来越虚幻。格外注重社会科学概念的即时变现会促使科学活动在政治斗争中瓦解，甚至会把科学论证带至它们的最终结果，也就是军事方面的结果"。

在作家代表大会上（这里不得不提到哈瓦那），从政治文化杂志，到工会，甚至到游击队，拉丁美洲的知识分子重新思考了他们的象征性实践本身的特点。思想和行动有时是互补的，有时是互斥的。具体地说，"写什么？"和"为谁写？"是核心问题。当社会和思想激进化过程加剧时，就会有这样的问题：在革命斗争的紧迫背景下的写作是否合理？

一则切·格瓦拉的轶事（如今已无法判断其真实性）很能说明那个时代的常识。这则轶事在这一时期被名人们频频提及，已经融进那个年代的情感结构中了。这则轶事讲的是，一个忧虑的知识分子问格瓦拉，自己如何才能为革命做出贡献，切·格瓦拉问他："您是做什么的？"此人答道："我是个作家。"格瓦拉于是尖刻地、戏剧性地说道："啊……我以前是个医生。"这则轶事所揭示的是，一个人为了革命可以放弃任何职业和身份，或者使他的职业服务于革命。在某些情况下，革命的政治斗争会将知识分子吞噬，或者至少会消解知识分子与其他人之间的界限。

如果真如《第二个哈瓦那宣言》所说的那样，"每个革命者的职责是进行革命"，以及"革命者不应该坐在自己家门口看着帝国主义的尸体经过"，那么在某些紧要关头，革命和写作这门行业就是完全冲突的。

古巴革命给知识分子赋予了一些标志性符号。当时，知识分子主要的活动是对社会问题进行批判。在一个革命的社会里，自由思想和批评究竟在多大程度才能算得上是"革命"的，这是古巴面临的难题。这个问题并不新鲜。作家、艺术家和知识分子有多大的自主创作空间？他们在一场革命中对形式自由和内容自由享有多大的自主权？列宁已经于 1905 年提出过这些问题，毛泽东在延安文艺座谈会上也指出过这些问题。对于墨西哥的瓦斯孔塞罗斯而言，这些问题反映了革命国家与艺术家之间关系的争议。例如，卡洛斯·古铁雷斯·克鲁兹（Carlos Gutiérrez Cruz）在 1925 年的《革命诗人与不被理解的普通人》一文中，对革命文学的范式进行了说明。

它应当是简洁的、毫无修饰的，而且不应该对统治者歌功颂德。它不应该充斥着你们这些"娘娘腔"的审美情感，因为人民的审美情感与他们的有血有肉的生活是分不开的，因为人民歌唱的是他们的感受、他们的生活。革命诗人是那些只为人民、工人和农民歌唱的人，是把马克思和列宁的思想写进他们的诗句中的人。

以上观点是卡洛斯·古铁雷斯·克鲁兹与先锋派作家进行辩论的一部分内容。《当代》杂志的创办者就是先锋派作家，他们所捍卫的是艺术的特殊边界。对此，萨尔瓦多·诺沃（Salvador Novo）回应道："不存在所谓的'社会主义诗人'和'资产阶级诗人'，只有优秀诗人和蹩脚诗人……你无法说服工人，让他们觉得你是个好诗人，也无法说服农民,不可能仅凭对着他们念念诗,就能让他们去把工厂主杀了，或是让他们信奉马克思主义。他们什么都懂，也知道什么时候该做这些事，比你懂多了。"

20世纪20年代的另一个共同特点是如何界定拉丁美洲的美学和政治内容，并寻找确定两者之间界限的方式。20世纪60年代的一个很好的佐证是1962年在智利康塞普西翁大学召开的世界知识分子代表大会，参加会议的有巴勃罗·聂鲁达、何塞·玛利亚·阿尔盖达斯、卡洛斯·富恩特斯、何塞·多诺索、阿列霍·卡彭铁尔、奥古斯托·罗亚·巴斯托斯（Augusto Roa Bastos）、蒂亚戈·德·梅洛（Thiago de Mello）、费尔南德斯·瑞特马尔、马里奥·贝内德蒂等人。会议的两大主题是"美洲的形象"和"当今人的形象"。会议中出现最多的是人们抱怨作家们往往特别了解欧美文学以及他们自己国家的文学，而对拉丁美洲其他国家的文学几乎一无所知。会议上得出结论："要打破我们的孤立状态，消除我们彼此之间的陌生感，就是要找到我们共同的、统一的声音，并赋予其力量。"为此，人们给阿纳尔多·奥尔菲拉·雷纳尔寄出了一封由所有与会者签名的信，他们在信中建议他在经济文化基金会内部编纂一个伊比利亚美洲作家的作品选集。

此外，古巴革命引发了人们对知识分子在革命和社会主义进程中所担任的职能的辩论。第一个里程碑是卡斯特罗于1961年6月发表的重要演讲——《致知识分子》。卡斯特罗试图驱除笼罩在大会三天讨论之上的、无处不在的"斯大林主义幽灵"。卡斯特罗的演讲（在20世纪六七十年代受到广泛争论）指出了古巴革命进程中知识分子的不同态度、职能和责任："不是所有的艺术家都是革命者，也不是所有的革命者都应该是艺术家"，但对革命者来说，最大的目标是人民，"我们透过人民这面棱镜可以看清楚一切"。"凡是对被压迫阶级有利的事情，就是对我们有利的事情。"他还说，"那些更像艺术家而非革命者的人，是不会站在我们的立场上思考问题的。"

然而，卡斯特罗认可并鼓励那些"并不是革命者，但是足够诚恳的、想为革命尽一份力的艺术家"的作用，因此他指出，革命应该只抛弃"那些无可救药的反动分子"。他最后用一句名言结束了演讲："这就意味着，革命的人获得一切，反对革命的人一无所获。"这句话后来被歪曲成了"革命之外，什么也不存在"。

现在，面对这些模棱两可的定义（古巴革命之后会对其进行定义，特别是在切·格瓦拉离开古巴之后），问题变成了如何处理知识分子和革命者之间的关系，尤其是要解决革命知识分子的问题。随着游击战争和民族解放运动的规模在拉丁美洲逐渐扩大，革命游击队员的形象深入人心，他们渐渐获得了合法性，也收获了积极的评价，相比之下，知识分子的活动尽管从责任出发，但渐渐失去了价值和分量，对于知识分子本身而言尤为如此。

于是，拉丁美洲知识分子掀起了一场名副其实的自我反省热潮（在拉丁美洲之外也是如此，例如萨特和他的著作《掠过蔗糖的飓风》）。这场运动的中心是美洲之家出版社和同名杂志，其合作委员会成员有墨西哥作家埃玛纽埃尔·卡巴洛（Emmanuel Carballo）、阿根廷作家胡里奥·科塔萨尔和戴维·维纳斯、萨尔瓦多诗人罗克·多尔顿（Roque Dalton）、海地诗人勒内·德佩斯、古巴小说家埃德蒙多·德诺斯（Edmundo Desnoes）、古巴诗人费尔南德斯·瑞特马尔、古巴评论家安布罗西奥·福内特（Ambrosio Fornet）、古巴小说家利桑德罗·奥特罗（Lisandro Otero）、古巴女作家格拉谢拉·波戈洛蒂（Graciela Pogolotti）、危地马拉剧作家曼努埃尔·加利奇（Manuel Galich）、乌拉圭作家安赫尔·拉玛和马里奥·贝内德蒂、秘鲁作家巴尔加斯·略萨和剧作家塞巴斯蒂安·萨拉萨尔·邦迪（Sebastián Salazar Bondy），还有哥伦比亚作家何塞·萨拉梅亚（José Zalamea）。文学年度奖及其出版物一般都以强调事实为中心（例如，切·格瓦拉之死、德布雷被捕、越南战争）。此外，还创立了一些政治文化杂志（例如，乌拉圭的《前进》周刊，上面刊登了切·格瓦拉写的一封信，该周刊后为《古巴的社会主义和人》）。新闻机构（例如，拉丁美洲通讯社）也得以创立。

1968年在古巴的哈瓦那举行的"国际文化大会"是一场里程碑式的会议，来自拉丁美洲、亚洲和非洲的400多名知识分子齐聚一堂。在会上，一份典范性文献对知识分子在革命中应有的职能做出了定义："（知识分子）提供革命阶级的意识形态，参加意识形态斗争，通过科学技术征服自然、造福人民，创作和传播文艺作品，以及在必要的时刻直接参加武装斗争。"

大会得出的另一个结论：革命的存在本身，以及与之有关的游击队员的榜样，一直困扰着知识分子。讨论的主题很快就从作品的责任变成了作家的责任，并由此转向了作家作为"新人类"在革命斗争中的责任。知识分子如今要超越的已经不仅仅是自由主义文化，还有"萨特式职责"这个概念。迄今为止，萨特的这种干预社会事务的做派在充满斗志的知识分子群体中一直处于至尊地位，因为界定知识分子真正的革命性质的是行动而非语言。行动被定义为政治战斗活动，而后者被当作革命实践，并被越来越多地定义为武装斗争。

即便这是一种极端做法，那些没有直接参加游击队活动的知识分子身上也发生了一系列潜移默化的改变，他们开始重新审视自己的行为。具体来说，一个人如果为革命而写作，就应当自觉搁置个人的美学想法，甚至放下作家们赖以谋生的行业。从某种意义上说，对"文化"这一概念的抨击本身就导致了重构，正如马里奥·贝内德蒂在乌拉圭周刊《前进》（1971年）中表达的观点那样：

> 革命知识分子最紧迫的任务或许就是把自己打散、分解成为无名之辈，然后融入他们所属的群体——人民——中去，做到这一点的办法是通过低调却宝贵的努力，帮助所有人重

新具备葛兰西（Gramsci）所说的那种知识分子的职能，让人们明白他们可以担任这一职能。知识分子的职能不是一种特权，而是一种权利；它不是一份礼物，而是一种责任。

文化与革命的关系、言论自由、社会主义社会中的批评的范围、目的和限制等话题的讨论，受到了"帕迪亚事件"的影响。1968年，古巴诗人埃贝托·帕迪亚（Heberto Padilla）的诗集《游戏之外》获得古巴作家和艺术家联盟第一诗歌奖，但该书出版时的序言引发了争议。1971年，帕迪亚因被指控从事反革命活动而入狱。约一个多月之后，帕迪亚被释放。一批拉丁美洲和欧洲的知识分子发表联名信（即"62人宣言"），要求古巴政府对此事件进行解释。从那时起，曾经一团和气的世界左翼知识分子阵营分裂成了两派，一派继续坚定地支持古巴革命政府，另一派站到了其对立面。在第一封联名信中，知识分子担心在"智利建立社会主义政府，以及秘鲁和玻利维亚的新形势"会在打破对古巴的违法封锁成为可能之时，发展出宗派主义。他们谴责对在革命中行使批评权利的知识分子和作家使用的镇压手段，认为这些手段"只会在全世界，特别是拉丁美洲的反帝国主义力量中产生一种深刻的负面影响，对于拉丁美洲而言，古巴革命就是一个象征、一面旗帜"。

这封62人的联名信所透露出的不仅仅是一种疑虑。对"镇压手段"的明确指责,以及对"斯大林主义"、古巴革命采取的集权主义和宗派主义的防患,引发了一场深刻的争论。不久后,帕迪亚出狱,菲德尔·卡斯特罗发表了一场明显带有挑衅和反智语调的讲话,并应帕迪亚本人的要求,发布了一封"致歉书"。人们怀疑他做出这次声明是迫于强大的官方压力,于是就出现了第二封联名信,其中充斥着大量批评,追溯了"'斯大林主义'时代最肮脏的时刻——它的预谋和猎巫运动"。

第二封联名信体现了一部分成员的立场,例如,加西亚·马尔克斯和胡里奥·科塔萨尔已经不在信上签名了,科塔萨尔甚至写了《豺狼时刻的多方批评》一文作为回应。他在文章中说道:"我永远不与肤浅表面的自由主义者为伍,也会与那些在道德文章上签字的人保持距离,因为古巴不是他们在写字台上制定的规划所要求的那样。"其他的知识分子[贝内德蒂、沃尔什、纪廉（Guillén）等]则进一步地捍卫古巴,并坚守革命作家的职责。

单独分析"帕迪亚事件",不仅仅是因为它一波三折,还因为它反映了知识分子角色和革命的关系讨论的紧张时刻。阿根廷作家鲁道夫·沃尔什（Rodolfo Walsh）认为:"诚如巴列霍所写的那样,革命不会由有觉悟的知识分子来完成,但这种危机在知识分子中往往更加严重和紧迫,这一点也是事实。"

革命知识分子开始划定自己的范围和要求:是否参与过古巴

革命进程（例如沃尔什、贝内德蒂等），是否参加政治活动，是否在"帝国主义资助"的平台上发表过文章，例如《新世界》杂志，这是美国用来招揽知识分子的一项不怎么精明的策略，遭到了知识分子的一致抗拒。

20世纪60年代始于古巴革命，这一点毋庸置疑。然而，确定这个时期的"能指"的结束（"所指"很少对这段时期的反复无常做出回应）则有些困难：是奥古斯托·皮诺切特·乌加特（Augusto Pinochet Ugarte）于1973年9月11日发动的、结束了智利人民团结阵线政府的那场政变吗？这或许可以称得上是一个分界点。然而，我们应当注意的是，是20世纪60年代中期那场推翻巴西总统若昂·古拉特的政变拉开了南锥体地区武装力量的政治独裁的序幕，这种气氛通常与烙印在拉丁美洲想象中的"60年代"无关。

1968年，在乌拉圭这个"近在咫尺的国家"爆发了学生抗议，帕切科·阿雷科（Pacheco Areco）总统出台了"紧急安全措施"来镇压抗议，帕切科认为这是一种国家内部的骚乱状态，而他的镇压措施被认为是乌拉圭滑向独裁政权过程的前奏。巴西的科斯塔·伊·席尔瓦（Costa e Silva）将军也是如此，他于1968年公布了第五制度法，这一条例制造了一个镇压机器，开启了独裁统治的新阶段，使恐怖控制战略得以制度化。在南美洲，还有其他一些国家在 1968 年酝酿着它们的恐怖统治和镇压策略。

毋庸置疑，拉丁美洲 20 世纪 60 年代"始"于 1959 年 1 月。革命是流动在拉丁美洲"被切开的血管"中的一种执念。然而，对 20 世纪 60 年代的想象与左翼的创造力、反顺从主义、抗议和起义紧密地联系在一起，除此之外，"革命"这个词对所有的社会角色都产生了影响。但革命并不一定就与社会主义有关。秘鲁的人民行动党在执政期间的口号是"用镐头和铁锹进行一场没有子弹的革命"；智利基督教民主党的口号是"在自由中闹革命"；秘鲁总统贝拉斯科·阿尔瓦拉多的口号是"秘鲁革命"；甚至独裁者胡安·卡洛斯·翁加尼亚也把 1966 年 6 月的政变称为"阿根廷革命"。

1972 年 12 月，萨尔瓦多·阿连德（Salvador Allende）在联合国大会上发表了一场精彩的演讲。他提到了"通过民主途径向社会主义过渡"，将自然资源收归国有，尤其是铜矿。他还提到了社会所有制领域的企业、"在一个高度制度化的法治国家框架内"的大规模社会运动，以及"（这个国家）向来在变化面前应对自如，而如今它需要自我调整以适应新的社会经济现实"。他还严厉谴责了尼克松的无形封锁，并发出了警告：

我们是不易察觉的行动的受害者，这些行动一般都用一些尊重我国主权和尊严的措辞和声明当作伪装……我在全世界人民面前，指控美国 ITT 公司企图在我的祖国挑起内战。这就是我们所说的帝国主义行动。智利现在正面临着一种危险，其解决不仅取决于民族意志，还取决于很多外部因素。

在这次演讲中，阿连德引用了约翰·肯尼迪的一句话："当无法进行和平革命时，暴力革命就在所难免。"确实是这样，但或许不是阿连德所想象的那样。暴力革命分别在 1964 年的巴西、1971 年的玻利维亚、1966 年的阿根廷、1973 年的乌拉圭和智利爆发。智利的政变导致了萨尔瓦多·阿连德的自杀。暴力革命还在 1975 年的秘鲁爆发，并于 1976 年以一种全新的形式再次在阿根廷爆发。1980 年，玻利维亚爆发暴力革命。同年，在斯特罗斯纳（Stroessner）独裁统治下的巴拉圭，统治者开始策划一场秘密的情报联合行动，以消除政治异见。

1973 年 9 月 11 日，智利空军的两架"猎鹰"战斗机向拉莫内达宫投掷炸弹，这是与人民团结政府作对的叛军发动的政变。就在一个多月前，卡洛斯·普拉茨（Carlos Prats）将军辞去了副总统兼参谋长的职务，他自基督教民主党人爱德华多·弗雷·蒙塔尔瓦（Eduardo Frei Montalva）担任总统以来就是一直是参谋长，并得到了萨尔瓦多·阿连德的认可。普拉茨是一位忠于法治国家的将军，他知道自己和许多其他同胞一样，生命面临着重大威胁。政变发生几天后，他抵达了阿根廷，然而一年多之后，在 1974 年 9 月 30 日时，他和妻子在布宜诺斯艾利斯的街头被暗杀。两年后的 1976 年 5 月，乌拉圭记者泽尔玛·米凯利尼（Zelmar Michelini）和政治家赫克托·古铁雷斯·鲁伊斯（Héctor Gutiérrez Ruiz）在同一城市被绑架、暗杀。次月，玻利维亚前总统胡安·何塞·托雷斯被绑架、暗杀，这位总统曾将马蒂尔德矿井收归国有，曾释放雷吉斯·德布雷，提高了矿工的工资，并封锁了一处名为"关塔那米托"的美军基地，后被军人乌戈·班塞尔（Hugo Bánzer）发动的政变赶下台。1976 年 9 月，一场胆大妄为的密谋让智利前驻美国大使、阿连德政府内阁成员奥兰多·勒特里尔（Orlando Letelier）和其秘书的妻子——美国人罗妮·墨菲特（Ronni Moffitt）在华盛顿遭汽车炸弹袭击身亡。1975 年 11 月 25 日，在智利的圣地亚哥，智利、乌拉圭、玻利维亚、阿根廷与巴拉圭各个情报部门的首领齐聚一堂，正式签署了有关情报和行动合作的协议。各国的安全部队秘密地、正式地批准了这个被称为"秃鹰行动"的联合跨国行动，还得到了国内力量和美国中央情报局特工的支持。数百名不知姓名的反对独裁政权的人被杀害。安装炸弹的情报人员米歇尔·汤利（Micheal Townley）正是中央情报局和智利国家情报局的间谍，承认至少参与了三次恐怖行动。

铅色思想：南锥体武装部队的独裁统治

> 首先，我们先杀光所有的颠覆分子；然后，我们杀死他们的合作者；接着，我们杀死他们的同情者；再接着，我们杀死那些政治冷淡者；最后，我们杀死胆小鬼。
> ——伊维里科·圣-让（Ibérico Saint-Jean，1976—1981年任布宜诺斯艾利斯省长），1977年5月12日

从20世纪60年代中期到70年代，武装部队通过发动政变夺取了政权，这些国家包括巴西（1964—1985年）、玻利维亚（1964—1982年，其中有过短暂的元首空缺期）、乌拉圭（1973—1985年）、智利（1973—1990年）和阿根廷（1966—1973年和1976—1983年），还要加上阿尔弗雷多·斯特罗斯纳在巴拉圭实行的漫长独裁统治（1954—1989年）。

这些独裁统治试图实行一个新的政治干预计划，从根本上改造国家、经济和社会，甚至想要改造思想。奥古斯托·皮诺切特将军在发动政变一个月后，于1973年10月11日明确提出了任务："我们希望打败存在于智利人心中的马克思主义。"在他看

来，马克思主义在社会中根深蒂固，因此"当务之急是要改变智利人的思想"。过去的军事专制政权宣称自己是纠正性的，但也是过渡性的，与之不同的是，20世纪60年代的军事专制政权则宣称自己是奠基性的。1977年，阿根廷独裁政权的规划部部长迪亚斯·贝索内（Díaz Bessone）将军表示支持"国家重组进程"的方式和期限，认为其目标是"建立一种真正能够实现军事干预，并使其结果不可逆转的新政治制度"。

这些独裁政权的另一个明显特点是具有区域性规模，这一区域的军事干预都发生在同一时代，并且它们的目标和意识形态具有一致性，它们要推翻的事物是一样的。国家安全部门的任务已经不单单是在国家受到外部威胁时守护国家边界（这是武装部队的传统目标），其职能也不再局限于充当合法暴力垄断机构的执行者（这曾是国家的典型属性）。六个独裁政权的情报和行动机构完成了一项秘密计划，该计划的内容是组织情报任务，迫害、暗杀反对派人士，将六个国家以跨国方式联合起来，实现"秃鹰行动"的具体目标。

南锥体的军事独裁政权根据"国家安全理论"的内容，将自己的统治合法化了，目的是"根除国际无神论马克思主义"，并消除对"真正的国家原则"的破坏。"国家"这个概念要放在对"西方的基督教社会"的解释中理解。与独裁政权的自我合法化论调相反的是，不论是在法庭席上还是在社会科学领域，有一件事已经得到了严肃的证明，那就是革命武装组织的军事力量在军事政变之时就已经被击败。换言之，独裁政权的其他做法（约束社会运动；为适应跨国资本相关的一系列经济部门而使经济"正常化"；实行恐怖统治，使社会"低幼化"；削弱社会的批判能力；阻止人民捍卫权利和提出权利要求）使其不得不与一个"内部敌人"作斗争，这个"内部敌人"比武装组织或左派活动强大得多。

捍卫"自由世界"的行动在地缘政治层面上被称为"西半球防卫"，它讨伐的对象是"苏维埃－卡斯特罗的马克思主义"，后者能够隐藏在任何伪装之下。"内部敌人"的身影无处不在，最恶劣的行为是"颠覆性的或恐怖主义犯罪"，它可以表现为政治军事组织的行动、罢工、研究计划，也可以在摇滚乐队周围的年轻人身上得到体现。巴西陆军参谋长布雷诺·博格斯·福特斯（Breno Borges Fortes）将军在1973年于加拉加斯举行的第十届美洲军队会议上对"内部敌人"的范围进行了划定：

> 敌人是不确定的，他们千变万化，能够适应任何环境，并使用一切合法和非法的手段来达成目标。他们把自己伪装成牧师、教师、学生、农民……伪装成机警的民主卫士、先进的知识分子，伪装成虔诚之人、极端的新教徒……他们到

农村去，到学校去，到工厂去，到教堂去，到讲台上去，到行政机构中去。如有必要，他们会穿上制服或便服。总之，他们将扮演任何他们认为方便的角色，去欺骗并陷害有良好信仰的西方人民。

法国空军高等战争学院、美国的美洲学校和"国家安全理论"是为了在冷战期间对区域武装力量进行训练，它们所带来的行为和意识形态影响已经不止一次被人们指出。在印度支那战争和阿尔及利亚反殖民战争之后，"革命战争"和"反叛乱战术"等概念被创造出来。法国空军高等战争学院的拉丁美洲军人把这些概念学到了手，被派往不同国家的特派团也不惶多让。罗杰·特兰基耶（Roger Trinquier）、查尔斯·拉舍鲁瓦（Charles Lacheroy）、保罗·奥萨莱塞斯（Paul Aussaresses）的笔记和美洲学校的课堂上，都出现了这些概念。对"世界颠覆进程"的理论实践阐述，提出了一种国际共产主义的全球视野。在这种共产主义中，群众"是一小撮不择手段的煽动者们的猎物"，煽动者"和一种社会癌症一样让群众腐烂"。为了阻止这种"革命性转移"，必须确定一个几乎看不见的敌人，而这种外科手术式的行动就是从情报任务开始的。在得到情报后，明确建议对敌人使用酷刑，这样就可以像奥萨莱塞斯所说的那样，让"每一个嫌疑人"

都成为"被推迟执行死刑的人"。武装部队的培训内容中是否涉及这一点,至今仍有待调查。此外,在古巴导弹危机和对多米尼加共和国进行干预的事件中,美国起到了主导作用。这两个事件被认为是美国与加勒比地区关系的转折点。巴拿马古利克堡的美洲学校对军人展开军事训练,这是一所名副其实的独裁干部学校,约有 6 万名拉丁美洲军官在这里接受过训练。其中最著名的有阿根廷独裁者罗伯托·比奥拉(Roberto Viola,1981 年 3 月至 12 月担任总统)、莱列奥波多·福图纳托·加尔铁里(Leopoldo Fortunato Galtieri,1981 年 12 月至 1982 年 6 月担任总统,此人对马岛战争负有直接责任)、玻利维亚将军乌戈·班塞尔(1971 年到 1978 年间的独裁者)、路易斯·阿尔塞·戈麦斯 [Luis Arce Gómez,1980 年加西亚·梅萨(García Meza)将军在玻利维亚发动政变时的得力助手,后来担任内政部部长]、智利的曼努埃尔·孔特雷拉斯(Manuel Contreras,智利国家情报局的创始人和最高领导人)。根据被解密的美国国务院文件,即政治警察发现并解密的文件——例如在巴拉圭档案馆发现的所谓的"恐怖卷宗",以及通过对侵犯人权和犯有危害人类罪的罪犯进行审判,我们进一步发现了中央情报局参与破坏国家稳定的秘密行动的证据。

"国家安全理论"的突出内容是什么?"国家安全理论"具有两极性,支持普遍的、非常规的、"低强度"战争,奉行武装部队的救世主主义，认为武装部队保卫的不仅是领土边界，还是意识形态边界。在这一边界的右侧是一种自然化的、有机的和本质主义的秩序观念：国家是一个非历史性的"灵魂"，而非像智利社会学家曼努埃尔·安东尼奥·加雷托（Manuel Antonio Garretón）指出的那样，是利益冲突纠纷的社会产物。因此，一项刻不容缓的政治任务应运而生，那就是修复被破坏的国家本质，而修复工作应当由解释国家本质、延续国家意义的"保管员"来完成，即由武装部队来完成。

> 被人们以这种方式理解的"国家安全理论"，其目的不仅是保护国家的领土完整，还特别捍卫构成民族灵魂或传统的核心价值观。如果没有这些价值观，民族身份就会被摧毁。与世界上其他国家一样，智利也遭受了马克思列宁主义的冲击，并决定与之对抗，与之斗争，直至完全打败它。
> ——奥古斯托·皮诺切特在执政三周年时的讲话
> （1976年9月11日）

正如前文提到的那样，军事干预的目的不仅是要消除武装反动力量和摧毁共产党起义，还是为了约束一切凌驾在"整体"之上的"部分"：政党、工会、学生运动，还有任何一个意欲破坏"这种建立在服从和等级基础上的团结"的组织。1974年由海梅·古斯曼（Jaime Guzmán）起草的《智利政府原则宣言》为智利武装部队的政变打下了基础。"在波塔莱斯的影响下"，智利武装部队践行"严格消灭所有目无法纪或无政府的苗头，并始终将自己置于所有性质的特殊群体之上"这一权力原则。简而言之，所有多元化的意见、政治意见都被指责是煽动性言论，会腐化规定性（或禁止性）秩序，必须"用血与火"的方式将其铲除。J. 拉塔诺（J. Laitano）上校是乌拉圭工兵队队长，他在1980年4月时说道，武装部队代表真正的政治，"而非代表党派、阶级或派别，从根本上说，它捍卫的是构成国家存在基础的永久性核心价值观"。

"国家安全理论"所规定的共同准则强化了武装部队内部现行的、合作性的共识。然而，它们植根于以往的政治传统，即军人和文官右翼分子思想中现有的一套观念。在每次政变前夕的动荡局势中，这些思想就会蓬勃而出，并在职能和情感上随着"国家安全理论"的内容而变得活跃起来。独裁政府得以建立的基础不仅包含思想，还包含代表专制思想的政治人物。每个国家的侧重点也不同。海梅·古斯曼是智利行会运动的代表，信奉托马斯主义和职团主义，也是1980年智利宪法的起草者，他和他的"波塔莱斯的影响"只是其中一个例子。智利独裁政权援引了奥希金斯和波塔莱斯的政治传统，自诩"真正的"智利身份的传承者和守护者，与阿连德政府对立，而阿连德政府由于其社会主义特征，被认为是外来的、疏远的和反动的政权。

在对政治秩序的讨论中，本书的几个章节里都有一个反复出现的话题："现实"和"抽象"之间的矛盾。在这一矛盾中，对"现实"的肯定使"抽象"显得做作、虚假。1979年6月，海梅·古斯曼和独裁政权的重要支持者创办了《现实》杂志。在第一期杂志中，他呼吁人们在"神话、乌托邦和破坏性革命"面前实事求是地接受"人和事物的本质"。

阿根廷政治科学家皮拉尔·卡尔韦洛（Pilar Calveiro）认为，独裁政权及其镇压政策并非与以前的政治元素之间产生分歧，而是对这些元素进行了重组，并加入了其他元素，从而创造出社会内部权力流通的新形式。以此为研究对象的历史学著作越来越多，最大的难题就是弄明白"变化－连续性"这个动态过程，即右派意识形态（很多时候只是被选出来的社会少数群体的观点）的不连续性，这种意识形态在某些社会运动的历史条件下如虎添翼，并因军事行动而得到加强，而军事行动又反过来从这种意识形态中选取论点、获得支持。这种历史观使我们能够更深入地探讨每一个独裁政权的特点、它们不同的制度形式、它们进行政治统治和使用（并滥用）暴力的方式、它们的镇压方法，以及它们共同的理论支撑。巴西独裁政权采取议会形式；乌拉圭独裁政权采取

"文人-军人独裁"的形式；智利政权制度化与个人主义有关；1976 年到 1983 年间阿根廷军政府内部的变化和冲突，让阿根廷陷入内忧（内战）外患（马岛战争）之中；巴拉圭独裁者斯特罗斯纳的"共和专制"（选举、政党、宪法改革）顽固地披着伪自由主义民主的外衣。他的"共和专制"是对巴拉圭前独裁者弗朗西斯科·索拉诺·洛佩斯的致敬，他在 20 世纪 60 年代将"国家安全理论"作为其政治合法性的基础。不得不补充一点，在 1974 年 5 月 13 日，奥古斯托·皮诺切特在访问巴拉圭期间获得了一枚金质奖章，上面有弗朗西斯科·索拉诺·洛佩斯的像。斯特罗斯纳说，奖章上的是这样"一位领导人，他让他的钢铁之剑熠熠生辉，他绝不允许反民族、反基督教的无神论共产主义称霸国家"。

专制民族主义思想、天主教宗教激进主义、"必要的宪兵力量"、有机论的职团主义、考迪罗主义和个人主义等反自由主义和反共产主义的"工具"，它们在拉丁美洲历史上不止一次地作为方案或历史经验被使用，它们是国内意识形态的可选择方案。在冷战的背景下，"国家安全理论"将其新的内容植根于这些方案。此外，如上所述，在 20 世纪 60 年代，在各种革命选择中，最陈旧的政府形式就是民主制，即便在乌拉圭和智利这样具有悠久民主制度传统的国家也是如此。在智利，人民团结政府在通过民主道路向社会主义过渡的过程中，民主制的内容和深度得到了最大限度的延伸。值得一提的是,土地改革和智利铜矿国有化都是通过国会投票通过的法律完成的,而国会诞生于自由的竞争性选举。在国会中,人民团结党并不占多数。根据美国国家安全档案馆"智利文件项目"已经解密的录音带内容,1971年4月6日,理查德·尼克松在白宫与基辛格的秘密谈话中说,"智利是一个法西斯国家",必须狠狠"踢它的屁股"。

"自由世界"的"自由原则"向来纵容拉丁美洲最残暴的独裁统治。同样可以肯定的是,在新事物中存在着一种特殊的权力方法,这是一种在该地区历史上没有先例的镇压机器,它在国家机器的层面,系统地策划了极其畸形的酷刑,其结果:人员失踪;大规模枪决;皮诺切特的"死亡大篷车";拘留营中出生的儿童被掳走;长期监禁缺乏应有程序;成千上万的公民被视为无国籍人士,受到死亡威胁,被迫四处流亡;人民遭受日常的心理恐吓。这些事情极大地破坏了社会关系。

1964年4月1日,巴西武装部队将总统若昂·古拉特赶下台。政变的官方日期被人改成了前一天,因为4月1日一般是"愚人节",这个日期对以后的政变纪念活动来说缺乏严肃性。在前面的章节中我们讲到过,军事政变的第1号制度法案的序言是由弗朗西斯科·坎波斯撰写的,他曾是"新国家"独裁政权宪法的设计师,也是教育部、司法部和内政部部长,亦是20世纪三四十年代专制主义思想的突出代表。序言为政变的合法性提供了坐标。坎波斯认为，权力的行使可以用选举或革命的方式合法化，而革命是"制宪权最激进和最有表现力的形式"，因此"一次胜利的革命会使自己合法化"。虽然宪法赋予了总统特殊权力，用来阻止"共产主义的前进，因为共产主义的脓水已经渗透进了政府的领导层"，但国会仍然存在。玻利瓦尔·拉莫尼尔引起了人们对选举的关注，选举作为政权的一项政治战略，尽管有局限性，受到操纵，还要接受政治阶层的很大一部分人在上述规则下参加选举，但仍具有中心地位。我们还要补充的一点是，巴西公民的政治权利十分有限：在1988年宪法改革之前，只有识字的人才能投票。专制统治没有放弃普遍的发展主义模式，这种模式以"技术－官僚－军事"联盟为基础。专制统治也没有放弃外国资本，地方资产阶级积极参与积累，不过这种积累模式需要对劳动力进行约束。

"阿根廷革命"（这是胡安·卡洛斯·翁加尼亚将军对1966年6月28日政变的称呼）后，胡安·卡洛斯·翁加尼亚提出要重建国家，这是一项具有合作性、计划性的政治计划，按照这位崇尚佛朗哥主义的独裁者的规划，大约需要20年才能完成。翁加尼亚是一位恪守"国家安全理论"的意识形态准则的将军，他在1964年的西点军校美洲军队参谋长第五次会议上的讲话中就已表明了这一点。他上台后最先采取的措施包括取缔一切政党，建立死刑制度，对被认为是淫秽的或共产主义的文化产品实行严格的审查，并在所谓的"长棍之夜"殴打大学生。翁加尼亚执政期间，召集了一批有冲突的自由主义和发展主义顾问（1966年到1970年间，17位部长中只有一位是军人），他们奉行的是反共产主义的军事化意识形态，吸收了天主教民族主义思想的内容，以及自20世纪20年代后期就扎根于阿根廷专制政治思想中的反民主和新共和主义的内容。在此之前的四次军事政变的军事论调提到了这些内容，侧重程度各不相同。传统保守的、教宗极权主义的天主教与1949年在西班牙马略卡岛诞生的"基督教徒进修班"的主张不谋而合。1959年的布宜诺斯艾利斯也出现了这种进修班，军事政变的领导层及其首个政府中的很多部长都参加了这些进修班的精神静修。1969年5月，在"科尔多瓦风暴"事件中，工人和学生把翁加尼亚赶下了台，他的统治计划失败。随后的政治激进化进程（包括开放选举，还有胡安·多明戈·庇隆结束了长期流亡返回国内）也给之后武装部队的行动奠定了基调，例如，它很好地解释了1976年3月24日的政变中武装部队的转变。在这次政变中，国家机器的军事化是全方位的，权力集中在了军事委员会手中，国家被划分为军事区和军事分区，以执行系统性的镇压计划。3万人——其中绝大多数是年轻人——在340多个秘密拘留营中失踪；很多反对（或被认为是反对）军事独裁政府的人被绑架到飞机上,然后被从高空扔进拉普拉塔河,即所谓的"死亡航行";在拘留营出生的儿童被掳走;经济管理转为自由主义化和非国有化管理。

同样,独裁政权的制度化过程具有不同的方式。正如1981年独裁者莱奥波尔多·福图纳托·加尔铁里所说的那样,在阿根廷,"投票箱受到严密的保护",而智利和乌拉圭的独裁政权则要借助选举——当然,这些选举是被操纵的——让政权合法化,并消除国际上对其侵犯人权的指控。然而,两国选举的结果截然不同。1980年,智利举行全民公决,通过了宪法,虽然宪法经历了实质性的改革,但该宪法至今仍然有效。在乌拉圭,军政府在第3号、第5号和第10号制度法案的基础上,起草了一部专制性质的宪法草案,但这一草案在1980年11月的公民投票中被公民否决了。

在乌拉圭,巴特列·奥多涅斯政治模式的山穷水尽、自20世纪50年代起就开始的经济危机、政治上向白党政府的转变(1958—1966年)、传统的红白党轮替机制中出现的第三方左派政治角色(左翼政党的"广泛阵线")、危机面前的社会动员过程,导致帕切科·阿雷科总统于1968年出台了"紧急安全措施"(例外状态),开始了"民主走向专制之路"。历史学家开始研究在危机面前的少数群体的右翼反共产主义思想,这些群体与其他一些更早成立的组织汇合到了一起。贝尼托·纳尔多内(Benito Nardone)领导农业部门，此人公开反对成立政党，也是东方反共产主义的鲜明代表人物，他在 1960—1961 年期间担任乌拉圭总统。胡安·玛利亚·博达贝里（Juan María Bordaberry）总统开始独裁统治之后，军队势力得到了迅速增强。迫于军方压力，博达贝里于 1973 年 6 月 27 日解散了议会，于 1976 年中止了选举。左派政治阶层受到排斥和镇压，军方领袖格雷戈里奥·阿尔瓦雷斯（Gregorio Álvarez）将军上台（1981—1985 年），他领导的军队控制了政府，独裁统治对左派人士实施了无正当程序的长期监禁。被监禁的人众多：被监禁人口占总人口的百分比让乌拉圭成为世界上政治犯比例最高的国家之一。该独裁政权还采用令人痛恨的恐吓和蛊惑机制，它不仅要瓦解乌拉圭政治文化中根深蒂固的民主观念，还要强调专制政体就是"民主的"。能够证明这一点的是公民投票，还有宣传性的作品，例如《东方民族的武装力量以及颠覆》（1976 年）、《乌拉圭的政治历程》、《来自一个受侵略国家的证据》（1978 年），以及对武装部队所做之事的顽固辩护。乌拉圭的独裁统治使用了一种旨在破坏民主传统根基的意识形态话语，所谓的根基就是教育、民主自由主义（demoliberalismo）、世俗主义和民主制。《蓝白》杂志的撰稿人布埃纳文图拉·卡维利亚（Buenaventura Caviglia）上校指责自由主义被"马克思主义和共产主义心理政治学"所利用，鼓励冷漠主义和不可知论，导致了社会上的理论真空地带，冷漠主义是经常出现在独裁者说辞中的话题中心。在这场全面战争中，各方已经没有多少余地，因此不得不把那些假设的对手的边界也包括进来，这甚至让无动于衷的人也开始怀疑，成为颠覆行为的同谋。另一个经常出现的观点就是，社会转型思想来自国外。官方书籍《东方民族的武装力量以及颠覆》警告人们："外来的意识形态侵入大众的思想是很危险的，这些意识形态以其追随者的精神或经济力量为依托，试图为彻底摧毁现有的东西找到捷径和正当理由，将其当作建造乌托邦要付出的代价。"因此，人民应该"承担起防卫责任，揭露和摧毁不同形式的意识形态侵略"。

各个独裁政权也搬出了它们自己的历史版本，企图通过强化本国和民族主义属性获得人民的拥护、忠诚和认同，这些内容也被植入了教育系统。在乌拉圭，独裁政权试图让何塞·赫瓦西奥·阿蒂加斯的形象为己所用，他是独立革命中最富有卢梭精神的人物。独裁政权将 1975 年定为"东方之年"，试图将阿蒂加斯的英雄事迹与独裁统治相提并论。独裁政府开展的众多官方活动中，包括建造陵墓以重新安置阿蒂加斯的遗体。1977 年 6 月 19 日，即这位英雄的诞辰，阿蒂加斯的遗体被安放在蒙得维的亚市中心现存的阿蒂加斯的骑马雕像处。几年前，乌拉圭东岸共和国政治左派代表、该国总统塔瓦雷·巴斯克斯（Tabaré Vázquez）在 2006 年 12 月 26 日颁布法令，将 6 月 19 日定为"永不再来日"。

1972年9月7日，巴西以一种略为悲痛的方式纪念其独立150周年。怀着对巴西帝国的些许怀念，埃米利奥·加拉斯塔苏·梅迪西（Emílio Garrastazu Médici）总统带头将佩德罗一世皇帝的部分遗体（心脏留在了里斯本）从葡萄牙庄严地转移到了巴西，在全国各地进行了漫长的巡礼之后，将其安置在了伊匹兰加纪念馆的小教堂里。佩德罗一世被重塑为军事英雄，从4月22日到9月7日，他的遗体巡游了全国，甚至还到了一些在1822年时尚不属于巴西的地区（例如阿克雷地区）。阿根廷最后一个军事独裁政权于1979年庆祝了所谓的"征服沙漠"一百周年，这是胡里奥·罗卡将军对阿根廷巴塔哥尼亚的一次军事远征。这个委婉的称呼至今仍保留在学校的教科书中，它掩盖了这样一个事实：这片"沙漠"上曾居住着约两万名印第安人，其中数千人被杀害，他们的土地被夺走，约1000万公顷的土地被当作农业出口的原始积累。此外，当时还发生了掠夺、战乱、谋杀，甚至掳走土著儿童的事件。独裁政权在教育系统内举办了学术大会、竞赛和各类活动，将罗卡将军的形象与独裁者豪尔赫·拉斐尔·魏地拉（Jorge Rafael Videla）将军的形象融合，将打击土著"野蛮人"的运动与"反颠覆"运动进行类比，将武装部队奉为"身处危险中"的国家的救星。在1978年（即阿根廷举办世界杯之年，举办世界杯是政权试图使自己合法化的一种方式）的年末，阿根廷军事独裁政权和智利独裁政权之间爆发了冲突，这场冲突差点就演变成一场有关边界问题的战争。1979年，即阿根廷庆祝巴塔哥尼亚战役胜利的这一年，在教皇约翰·保罗二世的调解下，冲突得到了化解。

即便所有的这些纪念活动都是为了庆祝历史上的大事，人们还是注意到了这种历史解读方式的丧葬意味：历史既是民族主义的，又是充满死亡气息的，死亡凌驾于生命之上。其他的庆祝活动则相对欢快一些。独裁政权为了控制社会而采用的一种手段就是把体育与政治联系起来，操纵人们对足球的巨大热情。

世界杯唤起了民族主义热情，独裁政府则开始通过大型的宣传活动将体育成绩与政府画上等号（"和平、团结、经济成功"），从而对民族主义热情进行引导。在巴西军事独裁政权对反对者进行大规模政治镇压的时候，巴西国家队在1970年的墨西哥世界杯上第三次夺得冠军，梅迪西总统抓住这个机会，展开了一场声势浩大的宣传活动，将"巴西奇迹"与世界杯的胜利联系起来。梅迪西在阿尔沃拉达宫举着世界杯与国家队合影，这张合照登上了各大媒体的头条。更有甚者，在1978年阿根廷世界杯的宣传活动中，数以千计的政治囚犯在黑暗的秘密拘留营里受尽折磨，而军事独裁政权在修筑高墙，同时铲除棚户区，以便把体育场附近的穷人掩盖起来。国家的意识形态机器借助大众媒体组织了一场铺天盖地的宣传，并且尤为重视电视宣传，宣传口号是"我们阿根廷人是正直的、有人性的"。这个口号针对的是"反阿根廷运动"。该运动由流亡到国外的政治人士发起,他们主要谴责独裁政府侵犯人权的行为。1980年,乌拉圭蒙得维的亚举办了"小世界杯",目的是庆祝乌拉圭成功举办第一届世界杯50周年。这次活动得到了国际足联的授权,是乌拉圭独裁政权宣传活动的一部分。乌拉圭独裁政权借此展示其统治下国家的安全与和平,并凸显政府美德,巩固公民投票。正如乌拉圭歌手海梅·罗斯(Jaime Roos)所说,足球"是乌拉圭的希腊神话"。尽管组织者们别有意图,但1980年的"小世界杯"是乌拉圭人民表达自己观点的集会,他们在球场上公开喊出了投票时就暗自决定的口号:打倒军事独裁政权。

禁止思考拉丁美洲：思想的消失和恢复

在对意识形态疆域的严密防护中，在这场由独裁者强加的思想战争的战场上，文化领域的政治符号被认为是马克思主义渗透的危险工具。独裁者通过一视同仁的暴力来强行实施一些"纠正"政策，其中就包括抹除一片地区的历史记忆。伴随着男人和女人的噤声、失踪，他们在各种媒介上表达的思想都受到了持续的、执着的摧毁，这背后的目的就是要抹去他们争取权利和正义的历史。阿根廷独裁统治时期情报机关的文字顾问们对20世纪六七十年代拉丁美洲文化领域的看法可以提供佐证。同时，提请大家注意一个在近几年的史学作品中仍在发展的话题：情报机关在"内部敌人"的语义建设过程中所发挥的作用。我们认为，情报机关的言辞和行为是扩展"他者"的危险性的语义的一个决定性因素，是独裁权力机器上的一个齿轮，也是其意识形态宣传的核心内容。

本章提及的关于书籍、唱片、广告、杂志、公告、大学生的书本复印件和笔记的情报报告，是阿根廷国家情报处（SIDE）历史资料协调部的文字咨询处编写的数千页文件（尤其是1976—1977年间）的一部分，现存于布宜诺斯艾利斯省前警察情报局

（DIPBA）档案馆，由布宜诺斯艾利斯省历史记忆委员会（CPM）保存和管理。该档案馆是阿根廷自2002年10月以来开放的首个供公众查阅的政治思想情报档案馆。

仅仅是"拉丁美洲"这个词，就被情报部门认为是"共产主义的"和"革命的"，因此这个词在研究机构、学术、政治作品和虚构小说中被文字顾问们拿来剖析、记录，并遭到禁止。以下的几个例子展示了这些独裁知识分子的阐述及其逻辑，他们组成了不穿军队制服的、为邪恶服务的官僚集团。

任何提到所谓的"依赖理论"的出版物都会被剖析、禁止。例如，费尔南多·恩里克·卡多索和弗朗西斯科·维福特撰写的《科学和社会意识》一文，此文被收录在《拉丁美洲：依赖和次发达》（哥斯达黎加，教育出版社，1976年）一书中。文字顾问们认为："需要研究社会现实……为此，人们认为有必要培养'新一代'的专家，即对地区、国家和拉丁美洲的现实有更深了解的专家。"阻碍变化的因素有两个：第一，"新文献"的传播力度不够大，作品数量有限；第二，社会科学的"拉美化"进程缓慢。文字顾问们用担忧的眼光审视社会科学持续的"拉美化"进程，并指出它是极度不妥的。情报机构认为"拉美化"进程"违反了支撑国家宪法的原则"，并根据第20840号法令（反颠覆法）的内容，建议予以禁止。

其他的反对意见则与政府的民主形式有关，有民众主义版本和社会民主版本。正如前面指出的那样，民众主义是拉丁美洲传统的政治思想，学术领域的两大潮流——现代化理论和马克思主义传统——使民众主义成为拉丁美洲政治社会学的根本性问题。关于这个话题的一部经典作品是吉诺·赫尔曼尼、托尔夸托·迪·特拉（Torcuato Di Tella）和奥克塔维奥·伊安尼所著的《拉丁美洲的民众主义与阶级矛盾》（墨西哥，时代出版社，1973年）。这部结合了两种思想传统文章的著作，也被列为禁书，因为"它助力了马克思主义意识形态、理论、政治、经济和社会制度的传播，这些东西意图摧毁国家宪法的原则"，且"这部作品对'民众主义'进行了多个方面、形式和实际应用的分析……而且总是将其与革命的、社会主义的或马克思主义的世界进行联系和比较，这部作品采用了其中一部分理论。社会民主是'内部敌人'的另一种'伪装'方式"。以上是对《新社会》杂志某一期（加拉加斯，1976年5月－6月刊）的分析。杂志刊登了一份关于费利佩·冈萨雷斯（Felipe González）的报告，还收录了卡洛斯·安德烈斯·佩雷斯（Carlos Andrés Pérez）、达德利·汤普森（Dudley Thompson）、路易斯·卡雷尼奥（Luis Carreño）和朱利叶斯·尼雷尔（Julius Nyerere）等人的文章。独裁知识分子对杂志的评价是结论性的："它涉及的所有话题都围绕着对社会主义民主制度的赞美，并将其作为反对依赖性资本主义的唯一手段。从上述情况来看,可以认为这份涉及政治经济问题的杂志中的文章大多受到马克思主义思想的影响。该杂志隐藏在社会主义民主国家面目之下,是马克思主义对我国人民进行思想渗透的工具。"

"拉丁美洲""土地改革"和"农民群体"是20世纪六七十年代社会学和历史学研究中的几个关键词。情报机构除了不眠不休地疯狂搜寻颠覆性的材料,还对大学生的书本复印件和笔记进行分析。其中一份材料是《拉丁美洲资本主义之前的庄园和地主阶级及其与资本主义生产方式的结合:以厄瓜多尔为例》一书的誊抄本,情报机构对此材料的分析如下:

> 这部作品(研究)附带不同农业剥削类型的数据和统计表格,着重分析了厄瓜多尔"养身地农工"(在地主土地上工作的农民,根据工作天数和农产品分成获得一些报酬)的案例。它以马克思主义的观点写成,并使用了它所拥护和认可的马克思主义意识形态的观点和要素,传播和宣传了马克思主义意识形态。

"革命"一词值得细细品味。如果革命指的是墨西哥和墨西哥革命,那么很少有像赫苏斯·席尔瓦·赫尔佐格(Jesús Silva

Herzog，既是政治家又是史学家）的文章和《美洲杂志》（这里指的是 1976 年 1 月 – 2 月那期）中的代表性文章那样经典的作品了。二十一世纪出版社的一系列出版物、席尔瓦·赫尔佐格著作的出版，以及双月刊《美洲之家》杂志的出版，都令独裁政权的记录员恼怒不已。他们还对上文提到的那期《美洲杂志》中的反佛朗哥主义立场进行了谴责，认为这期杂志带有危及独裁政权的内容："……力图把读者引向那股文化潮流……通过批评拉丁美洲的军政府，来支持反对独裁政府的抵抗和游击队运动。"在这种情况下，该刊物被贴上了"西班牙语美洲国际马克思主义宣传材料"的标签。

在拉丁美洲政治思想史上，文学作品是用来传播观点的主要形式。毫无疑问，20 世纪最著名的作品之一（至今仍名声不减）是乌拉圭作家爱德华多·加莱亚诺的《拉丁美洲被切开的血管》一书。自 1971 年初版以来，这本书一直在重印，然而这本畅销书曾是禁书之一。正如加莱亚诺所说，他写这本书是"为了与人民进行对话"。这本书集政治和诗歌于一体，详细而丰富的注释（原稿有 15 页的注释）完美地展示了那个时代能够用来描述拉丁美洲的语言和矛盾，独裁政权的史学家们和法医解剖尸体一样，把这些思想解读了一遍。他们抄录了该书的大量文段，指出了该书维护的是什么，排斥的是什么，最后建议禁止该书出版："可以看出，这本书以不易察觉的方式，削弱和回避了民族思想和概念，直接进入了对'剥削者与被剥削者'之间经济和社会关系的分析。即便该书以真实的事实和情况为依据，有相当广泛的事实基础，但它的论调是具有倾向性的，并且是从唯物主义（马克思主义）的角度出发的。""削弱和回避了民族思想和概念"这句话是他们决定禁止该书出版的理由之一，而《拉丁美洲被切开的血管》更倾向于对"帝国主义－民族"这个二项式进行探讨，而不是分析"剥削者－被剥削者"。独裁政权的民族观念建立在紧密的本质主义基础上，民族观念是独裁政权存在的前提之一。

被解读、查封和没收的不仅仅是书籍。音乐唱片也可以具备与书籍同等的渗透力，甚至比书籍的威力还大。在独裁政权知识分子看来，"从马克思主义心理战的角度看，音乐的腐蚀性比书籍更强"，因为"音乐要求在脑中对不同性质的意象进行一种极其理性的整理"。1977年10月，阿根廷国家情报处编写了《关于唱片产业的特别报告》，提出了专制主义思想中主导的有机论的、功能主义观点：集体的决定大于个人的决定。音乐会对个人产生很大的影响，"这是因为音乐中存在着暗示性、说服性和强制性的内容"。关注点又从个人转向集体，因为"群体中存在着一种从众的本能，而听音乐的影响是会传染的"。音乐是"传染病"，是"共产主义的病毒"。因此，"某些类型的音乐能鼓励群体采取和谐有序的行动,而另一些音乐则会诱导群体失去控制力,走向混乱"。"颠覆性的唱片活动"产生于1966年,当时的菲利普斯唱片公司发行了3000张由梅赛德斯·索萨(Mercedes Sosa)演唱的《有理之歌》的唱片。

这位流行歌手是阿根廷共产党的一员,比她的政治派别更危险的或许是一个音乐运动(即所谓的"新歌运动")的主题和内容,这个音乐运动在民间音乐领域展开一系列谴责和抗议运动。梅赛德斯·索萨虽然是拉丁美洲音乐的代表艺术家,但受到了严重的威胁,不得不流亡国外。在20世纪六七十年代的阿根廷,有很多反映拉丁美洲社会变革的话题、诗人和音乐家:乌拉圭歌手丹尼尔·维列蒂和阿尔弗雷多·西塔罗萨(Alfredo Zitarrosa)、智利歌手维克多·哈拉(Víctor Jara)和比奥莱塔·帕拉、智利诗人巴勃罗·聂鲁达、古巴诗人纪廉、巴西歌手希科·布阿尔克等。不巧的是,对于情报部门来说,这些人刚好可以体现独裁意识形态无法容忍的两个核心概念:"灵魂工程师"和"关键传播者"。

"灵魂工程师"——我们在此沿用苏联对作家和艺术家的称呼——试图先打造自己的文化声望,在初始阶段并不会散布过于明显的抗议内容。到了后期,当政治环境合适的时候,关键传播者们开始进入公开宣讲阶段,直接表明自己的颠覆性意识形态。

梅赛德斯·索萨就是一个典型的关键传播者,她借助不同的媒体巧妙地进行宣传。她现在去了西班牙,在进行艺术表演的同时,用马克思主义的意识形态讨论与我国国内形势有关的问题。

这虽然只是其中几个例子,但是能够概括现存的资料的内容。我们已经在其他作品中对这些资料进行了更深入的分析。同样遭受审查的作家存在着共同点,这种共同点并非在意识形态领域,而在他们共同属于一个知识分子阵营,他们从他们的作品和所在的组织出发,对被置于学术兴趣中心的拉丁美洲进行了讨论和分析,这些人包括吉诺·赫尔曼尼、托尔夸托·迪·特拉、阿尔贝托·布拉(Alberto Pla)、凡尼亚·班布拉、特奥托尼奥·多斯·桑托斯、弗朗西斯科·维福特、费尔南多·恩里克·卡多索、奥克塔维奥·伊安尼、里卡多·拉戈斯(Ricardo Lagos)、曼努埃尔·卡斯特尔(Manuel Castells)、恩佐·法莱托、何塞·阿里科(José Aricó)、阿尼瓦尔·吉哈诺、曼努埃尔·布尔加(Manuel Burga)、胡安·卡洛斯·波坦蒂洛(Juan Carlos Portantiero)、图略·埃尔珀林-唐希、罗杰·巴特拉(Roger Bartra)、巴勃罗·冈萨雷斯·卡萨诺瓦、勒内·扎瓦莱塔·梅尔卡多(René Zavaleta Mercado)、阿古斯汀·奎瓦、胡里奥·科特勒(Julio Cotler)、恩里克·弗洛伦斯卡诺(Enrique Florescano)、胡安·费利佩·雷阿尔(Juan Felipe Leal)、何塞·马托斯·马尔（José Matos Mar）、简·巴赞特（Jan Bazant）、伍德罗·博拉赫（Woodrow Borah）、大卫·布雷丁、罗伯托·科尔特斯·孔德（Roberto Cortés Conde）、赫拉克利奥·波尼拉（Heraclio Bonilla）、胡安·奥多内（Juan Oddone）、埃德尔韦托·托雷斯·里瓦斯（Edelberto Torres Rivas）和鲁杰罗·罗曼诺（Ruggiero Romano）等人。显而易见，思考拉丁美洲是件被禁止的事情。

马克思主义书目的流通对情报部门来说一直是一个隐忧，情报人员除了要详细记录研究计划、书店、图书馆、报刊亭的刊物之外，还要对讲座做相同程度（甚至更详细）的记录。20世纪60年代，情报人员监视了每一场讲座，并将讲座内容写成详细的情报报告，然后存档。在大学、文化馆、社区组织、公共图书馆中举办的展览、讲座与书籍、唱片一样具有威胁性。这些活动意味着人群的聚集，意味着会上的言论和思想不那么可控，可能会很快地被引向极端主义学说。因此，出于一种预防性的目的，情报部门将监视聚众会议当作日常工作的一部分。一份来自布宜诺斯艾利斯省警察情报局的"机密"文件对工作任务进行了说明："工作的起点是要知道每个人分别是谁，也就是说，要对那些好人进行登记，这样就可以在他们犯错时知道他们是谁。"

关于这点，有一则很有趣轶事。人们阅读和创作侦探小说的热情，让豪尔赫·路易斯·博尔赫斯声名鹊起。在1953年的第一本侦探故事选集《十个阿根廷侦探故事》中，编辑鲁道夫·沃尔什（他在阿根廷独裁统治期间失踪）指出，博尔赫斯和比奥伊·卡萨雷斯（Bioy Casares）于1942年合作撰写的《伊西德罗·帕罗迪的六个谜题》开创了阿根廷侦探小说的先河。人们知道博尔赫斯与布宜诺斯艾利斯省胡宁市的个人关系和文学关系。鲜为人知的是，博尔赫斯曾在他的老家胡宁被布宜诺斯艾利斯省警方的一名情报人员"记录过"。

根据这位来自第八区块（布宜诺斯艾利斯省警察情报局要求进行网格化管理）的情报员所写的详细而严谨的记述，1970年5月28日，博尔赫斯在胡宁市律师协会的大厅作了题为"胡宁与征服沙漠运动"的讲座。情报报告中记载，博尔赫斯谈到了边境、印第安人、土著人的突袭、他的祖父弗朗西斯科·博尔赫斯司令和他的英国祖母（他从祖母那里继承了对老家胡宁的感情）。1964年出版的诗歌集《另一个，同一个》中，博尔赫斯写道："我回到胡宁，我从未来过的地方。"布宜诺斯艾利斯省警察情报局的记录报告则用大白话来澄清这句诗并不符合实际情况。情报人员在报告中记录道，讲座共有320人参加，大部分是高中生，报告结论是"没有新情况"，警方叙述中经常使用这种省略的记录方式，意思是没有问题、没有骚乱、没有涉及政治。然而，报告中出现了或许与情报人员的结论相悖的言论。报告搬用了博尔赫斯的话:"最后,我想说,历史是一种每时每刻都在构建的东西,在1955年9月那些光辉的日子里,我对这一点有十分深刻的体会。胡宁是边境的摇篮,正如曾经辉煌的阿尔西纳沟①在它所在的时代那样。"他远离野蛮土著,极其靠近文明,反对庇隆主义("1955年9月那些光辉的日子"这句话说明了一切),没有任何左派的嫌疑。尽管如此,博尔赫斯还是要受到监视的。这是胡宁的秋天,也是阿根廷历史上的秋天。"科尔多瓦风暴"一周年的前夕,全国所有的情报部门都在阿根廷社会的各个角落安排了耳目。即使是在那些看上去明显无害的地方也有他们的耳目——对于警察情报部门来说,宁可信其有,不可信其无。

正如我们之前讲到的那样,20世纪60年代出现的出版社是拉丁美洲思想重要的传播和表达平台。在对文化产品进行解读之后,就要采取具体的行动了:禁止图书出版、将书籍从图书馆和书店下架、迫害作者。

1980年6月,拉丁美洲出版中心的数百万册图书被烧毁。出版社第一次被禁止是在1969年,因为违反了胡安·卡洛斯·翁加尼亚独裁时期的反共产主义法——第17470号法令。在情报部门

---

① 1876—1877年,在布宜诺斯艾利斯省西部,人们用壕沟和土埂建造了防御工事,该防御工事被称为"阿尔西纳河",其主要功能是防止印第安人的突袭,并阻碍土著人偷窃牲畜。

的记录中，出版社被查封和被禁止的资料都存档在"共产主义"这个类别下。11年后，也就是在最后一个军事独裁政府统治期间（1976—1983年），被查封的资料的存档类别是"颠覆性犯罪"。情报部门在对出版社的库存进行清算时所做的报告中指出，被查封的材料"侵犯了我国的社会现实和我们的生活方式，出版物不断攻击这两者，提供了马克思主义意识形态、学说、政治、经济和社会传播的材料，意图损害我国宪法所维护的原则"。出版社出版书籍的特点一直没有变过。从禁书到焚书，标志着武装力量从第一次制度独裁过渡到第二次制度独裁。

1980年6月，在布宜诺斯艾利斯省的一块空地上，拉丁美洲出版中心的"24吨纸张"被烧毁。那场巨大的篝火摧毁的是造就了整整一代人的历史、文学和社会科学著作。正如比阿特里斯·萨罗（Beatriz Sarlo）所言，几乎没有一个30岁以上的阿根廷人没看过其中的一两本书。

情报部门的长臂伸向了二十一世纪出版社。1976年12月，情报部门提供了一份报告，说明该出版社给南锥体带来了显著危险和影响。报告有些长，此处只摘选情报部门的理由：

二十一世纪出版社是受共产党控制的、在拉丁美洲南锥体传播马克思列宁主义意识形态的又一项基础设施。从革命战争的角度来看，阿根廷的二十一世纪出版社被框定在所谓的"前革命和/或革命意识促成者"的范围内。鉴于上述情况，不能排除该出版社今后成为我国的颠覆性组织的宣传组织的可能。

墨西哥的政治庇护历史十分悠久。它曾是智利人、乌拉圭人、阿根廷人的避难所，这些避难者往往会发现一个他们曾经并不了解的拉丁美洲，也会发现他们已经不能在自己的国家发表对拉丁美洲的看法。在独裁政权看来，这些人的团结一致另有含义："估计墨西哥的大本营可以为那些因与颠覆活动有关系而流亡到该国的人提供经济便利，并给他们提供手段。"

查封文化作品，迫害、监禁、流放社会科学家，对各种集会、碰面和娱乐活动进行限制。最极端的是，独裁政权冻结了知识构建中必不可少的东西：思想的交流。这就中断了拉丁美洲思想的历史传承。在21世纪，社会组织、学术机构、国家机构对这些作品中的很大一部分进行了恢复、更新和再版，绝非偶然为之。在回望过去、展望未来的时候，有必要思考文化断层的后果、拉丁美洲政治思想因认识论领域的历史传承中断的后果，还要思考对拉丁美洲政治思想进行重新解读和恢复的方式，后新自由主义时代的政治讨论将围绕这一方式展开。

智利不会忘记

2004 年，导演安德烈斯·伍德的电影《那年阳光灿烂》在智利圣地亚哥首映。电影展现了萨尔瓦多·阿连德政府的最后阶段和奥古斯托·皮诺切特政变期间不断加剧的社会矛盾。主人公是两个孩子：13 岁的冈萨洛和生活在贫困棚户区的佩德罗·马丘卡。冈萨洛的父母是进步的中产阶级，他和佩德罗·马丘卡在同一所私立天主教学校上学。社会主义政府的政策是给学校里的贫困学生提供奖学金。二人建立了深厚的友谊。《那年阳光灿烂》打破了票房纪录：它是智利电影史上票房最高的影片之一。这一结果无关美学，也无关严格意义上的电影学。在一位社会主义政党的总统被军事政变推翻 30 年后的当口，电影必然表达了反思过去的必要性，这段过去不仅与独裁统治有关，而且与人民团结政府有关。这部电影引发了争议，掀起了圆桌会议和学术论文创作的热潮。与 1995 年相比，当时智利社会的状况已大不相同，前政治犯帕特里西奥·古斯曼（Patricio Guzmán）于 1995 年拍摄了电影《智利不会忘记》。他在这部电影中记录了不同政治群体、社会阶层和不同年龄的人（特别是青少年学生）在看他的纪录片《智利之战》

时的不适反应，这部在人民团结政府时期拍摄的三个多小时的传奇电影，曾在国外多次作为谴责独裁统治的影片放映，之前从未在智利放映过。

就在《那年阳光灿烂》首映的这一年，国家政治关押和酷刑委员会的最终报告发布，该委员会的领导人是圣地亚哥的荣誉辅助主教——塞尔吉奥·瓦莱克（Sergio Valech）。里卡多·拉戈斯总统在名为"没有昨天就没有明天"的演讲中，表达了人权组织和前政治犯协会在他们为了记忆、真相和正义而进行的耐心、坚定的斗争中提出的诉求。该委员会的目标是"制定一份1973年9月11日至1990年3月10日期间因政治原因被剥夺自由、遭受酷刑的人员名单"。总统的这一倡议是法治国家建立以来用于恢复真相和向受害者提供赔偿的一系列举措之一。第一项措施是在1990年过渡时期的第一任总统任期内成立了智利真相与和解国家委员会。该委员会的目标是调查严重侵犯人权的行为，即调查"失踪、被处决和遭受酷刑导致死亡的情况，在这些情况下，国家要为其代理人或服务人员的行为负有道德责任"，以及调查"造成反对国家政权的人或团体死亡的案例"。委员会名称中的"和解"二字，点明了智利政权过渡时期的主流政治氛围，"专制飞地"依然存在。基于"两个魔鬼理论"，除了要调查被杀害的反对国家政权之人，还要对被杀害的国家工作人员进行调查，这种说法一度在南锥体后独裁时期的国家政策中占主导地位。1998年10月到2000年3月之间，为处理受害者及其家属提出的诉讼案件，应西班牙司法系统的要求，奥古斯托·皮诺切特被监禁于伦敦，为司法案件的开庭审理开辟了道路。

参与重建集体记忆和真相的包括上面提到的瓦莱克领导的委员会，该委员会接收了35 868人的证词，其中27 255人被正式确认为受害者。安妮·佩罗坦－杜蒙（Anne Pérotin – Dumon）认为，仅仅是前来提供"第一人称"的证词的人数，就已经对智利社会产生了巨大的扩散性影响。

在恢复被封锁的记忆这条艰难的道路上，其他具有象征意义的举措得以实施：失踪拘留者及受政治迫害人士纪念碑在圣地亚哥总公墓建立了（这是失踪拘留者和受政治迫害人士亲属小组的一项提议），皮萨瓜、拉塞雷纳、托科皮亚、科金博、毛莱、比奥比奥以及全国各地区也建立了相关纪念碑。

这些例子表明，记忆的形式同样具有历史性，不管是国家政策，还是社会对正义和真相的要求，它们都是动态的，都被打上了它们所处的社会政治背景的烙印，并与权力关系交织在了一起。

众所周知，在遭受过恐怖政权打击的社会中，创伤性影响会导致一种遗忘倾向。很多作品也提到了如何寻找新的语言、新的词语来描述极端情况。在拉丁美洲，"失踪者"这一形象象征着最残酷的压迫秩序，从分析角度和社会角度看，它也是最难以捉摸的。哲学家、社会学家、心理学家、艺术家都试图对邪恶的历史经历的身份效应——无论是个人的还是社会的——进行客观化或主观化的处理，试图剥离独裁的意义和表象。

独裁政权的残暴和野蛮行为导致了一场邪恶的双重运动。国家的镇压措施在暗中开展：夜晚、寂静、信息的扭曲、秘密的拘留营、被折磨后"失踪"的人。这种作案方法留下了足以令人察觉的痕迹和记号。独裁制度打乱了所有已知的社会性准则、归属的象征，甚至是词语的含义。政治计划的同一化和同质化意图，将颠覆领域的所有行为都一视同仁，几乎将外来事物直接等同于疯狂和离经叛道。那些头戴白色头巾，每逢周四就在五月广场上围成一圈行走，只为寻找自己的孩子的母亲们，被独裁政权称为"五月广场的疯女人们"。独裁统治的腐蚀性酸液毁坏了所有的关系，最主要的就是亲属关系，例如，所有在拘留营出生的婴儿都被独裁政权占有，婴儿的身份，乃至社会关系都被篡改。人们也许是漠不关心，也许是出于恐惧心理，对这种行为保持了沉默，或习惯性地用一句"他们一定是做了什么"来为镇压行为找借口。独裁统治还破坏公民社会关系：抹除所有政治反对派的国籍，迫使他们不得不在死亡和失去国籍之间做出选择。

在军事独裁统治结束后（对于危地马拉、萨尔瓦多来说是在内战结束后），重建法治国家不仅意味着要重新确立政治契约，还意味着重建社会关系。仅仅重建公民、政治和社会权利是不够的。国家恐怖主义在结构上改变了拉丁美洲的经济、社会、政治和象征性基础。面对这种遗留问题，尤其是针对侵犯人权这种情况，要重建法制，仅靠一些单纯的恢复办法是不够的。

　　对记忆、真相和正义的要求，主要是由受害者及其亲属、人权组织、社会运动提出的，小部分是由政党提出的。对这些要求进行回应，不仅具有重要的道德意义，而且构成了权力行使的一条合法性原则，然而权力的行使受到军事否决和军方压力的严重阻碍。新的民主政体的弱点使其无法通过共和国的传统机构，特别是司法机构来调查侵犯人权的行为，因为司法机构保留了前政权的运行逻辑、成员和做法。

　　真相与和解国家委员会及其报告是民主政府对所发生的事情达成共识、调查独裁镇压方法、公开谴责独裁统治做法的工具。阿根廷全国失踪者委员会（CONADEP）于1984年发布了《永不再来》这一重要报告、由劳尔·瑞特格（Raúl Rettig）领导的智利真相与和解国家委员会于1991年发布的报告、智利国家政治关押和酷刑委员会于2004年所作的报告、乌拉圭和平委员会于2002年所作的报告，以及于2007年所作的《关于乌拉圭被拘留人士和失踪人口的报告》。2012年，尽管巴西非常抵触对独裁历史进行回顾，迪尔玛·罗塞夫（Dilma Rousseff）总统（她本人也是独裁镇压的受害者）的政府成立了一个真相委员会，于次年提交了初步报告，并讨论了废除1979年《特赦法》的可能性。每个国家都根据自己过去的政治和社会传统、人权组织还算不错的积极表现，对国家的历史进行回顾。这些国家在面对历史和能够自我赦免的武装力量时持一种矛盾态度。根据过渡时期的政治契约，这些武装力量拥有很大的否决权（不论是实际的还是象征性的），只有阿根廷的武装力量因在马尔维纳斯战争中失败而不拥有这种否决权。

过去三四十年中，国家出台的一系列恢复记忆的政策呈现出一种潮涨潮落的动态趋势，有推动，有约束，始终把本国人权组织的不懈呼吁当作道德鞭策。这些组织呼吁以最具耐心、最有创造性的手段来满足其对正义的要求。目前，在经历了一系列复杂的波折之后，这些审判已经在进行中了，并且具有正当程序的所有保障。

在阿根廷，1984年对军事委员会的历史性审判因受独裁赦免法（包括服从法和终止法两项特赦法律）影响而无疾而终。2005年，最高法院宣布上述赦免法违宪。自2008年以来，危害人类罪的定罪数量已上升到439起，76起案件已经审理结束，并做出了判决，目前还有很多其他的审判正在进行中，例如，对"秃鹰行动"的审判。正如法律和社会研究中心所说的那样，"秃鹰行动"是 21 世纪过渡时期司法领域最重要的事件之一。35 年来，五月广场祖母协会的不懈努力使 100 多名祖孙的身份得以恢复，并让他们与家人团聚。在智利，根据迭戈·波塔莱斯大学人权研究中心的数据，在军政府统治期间发生的 3186 起谋杀和失踪案件，已有 75% 以上的案件得到审理。截至 2011 年 5 月底，对军政府期间侵犯人权行为的司法调查有 1446 项正在进行或已经完成，245 名前安全部门人员被最终定罪，然而只有少数人在监狱中服刑。

在乌拉圭，有涨有落的动态趋势最为明显。被称为"国家惩罚性权利失效法"的乌拉圭特赦法曾分别于 1989 年和 2009 年接受全民公投，在这两次公投中，大多数人支持不废除特赦法。尽管有特赦法的存在，独裁者格雷戈里奥·阿尔瓦雷斯和前总统胡安·玛利亚·博达贝里等人还是被起诉和定罪。美洲人权法院对阿根廷诗人胡安·赫尔曼（Juan Gelman）的儿媳被谋杀一案做出了裁决。人权协会和部分乌拉圭公民的要求促使乌拉圭最高法院在 2011 年宣布，独裁统治的罪行没有诉讼时限。此后，法院共开庭审理了 138 起案件，但因国会的一项法案而暂停审理。

在过去的 10 年里，人们参与了众多的纪念性工作和历史学编撰工作，决意要对这段历史进行重新标识，特别是青年艺术家、历史学家和社会运动成员，他们放弃成见，对这段历史提出质疑。

他们要构建一种民主制度，这种民主制度不限制人们表达冲突、疑虑和权利要求的自由。2003 年 9 月 11 日，拉莫内达宫的莫兰德街 80 号的门扉重新开启。萨尔瓦多·阿连德的遗体曾经从这里被搬出，尽管皮诺切特封住了这扇门，但这扇门深深烙在了人们的记忆中。许多其他的门扉随之开启，这些行动的怀旧意味较淡，带有某种计划性。为纪念阿根廷政变 28 周年，海军力学学院（ESMA）的大门被打开供人们参观。阿根廷最后一次军事独裁统治的最大的拘留营就在这里，该拘留营后来被改造成"记忆与人权空间"。在那个过于炎热的南半球秋天的下午，念诗和唱歌的声音响起了。歌手唱起了那些曾经遭到审查、但在记忆中难以磨灭的歌曲：阿根廷摇滚歌手莱昂·杰戈（León Gieco）唱了一首《我只祈求上帝让战争别对我冷漠无情》，维克多·埃雷迪亚（Víctor Heredia）唱了《我们还在歌唱》，胡安·曼努埃尔·塞拉特（Joan Manuel Serrat）献歌一曲《为了自由》。内斯托尔·基什内尔总统代表国家请求人们的宽恕。正是这些年轻人，这些在幼年时期就被独裁政权控制的年轻人，这些已经恢复了身份的年轻人，显示出拉丁美洲的民主制度能在巩固人权这件事上做到何种程度。有人说："在这个地方，他们夺走了我母亲的生命。在这个地方，我出生了，她却消失了。我花了很长时间寻找自我，两年前我给自己寻找的东西起了个名字，要我说，我是失踪者们的儿子……两个月前,当 DNA 测试证实了我的身份时,我终于找到了真相。"满载着字词的沉默,穿过瓦尔特·本雅明(Walter Benjamin)解读的《新天使》画像中的那片废墟,在每个人和集体的权利受到践踏时,在人类身上投射下野蛮世纪"永不再来"的承诺。记忆固执地要成为充满过去的未来。正如约瑟夫·耶鲁沙米(Yosef Yerushalmi)自问的那样:"遗忘之物的反面有没有可能不是铭记之物,而是正义?"

文献说明

豪尔赫·路易斯·博尔赫斯警告我们："所谓的'总结'会给它所总结的内容添上一种断然的、确定的虚假气息。"这份或许过于简短的参考文献存在局限性，它既不是要断然地下什么结论，也并非一项彻底告竣的工作。确切地说，它旨在将读者引往两个方向。一方面，它是一份简明扼要的作品名单，其中列举的书目有其特点和价值，可以让读者深入了解拉丁美洲政治思想的不同方面，书名的标题或内容即使与拉丁美洲政治思想无关，也涉及了与之毗邻的领域；另一方面，只将本书中提到的作者的作品列举出来，或许有失公允，因为还有其他很多未在本书中出现的作者也提供了灵感。实现第一个目标并不容易，因为涉及拉丁美洲的作品并不多。历史研究的日益专业化，加之 20 世纪最后

20年的理论氛围并不乐观，越来越难用一般模式去解释拉丁美洲的问题，这些因素都阻碍了拉丁美洲政治思想的研究工作。幸运的是，这种趋势在21世纪开始逆转，一般表现为对19世纪而非20世纪的话题的集体性作品进行集中研究。

本书在很大程度上要归功于梅赛德斯·德·维加·阿尔米霍（Mercedes de Vega Armijo）主编的作品《永远的追寻：拉丁美洲文化的独特性和普遍性》（墨西哥，外交史料收集总局，2011年），这部作品提供了研究拉丁美洲政治思想的材料。这套书共有六卷，由众多的拉丁美洲学者撰写而成，读者可以读到散文家、思想家、知识分子、音乐家、造型艺术家和小说家的作品，看到两个世纪以来拉丁美洲文化的独特性和普遍性之间富有张力的对话。

与政治思想、知识分子群体和知识分子历史有关的著作：阿根廷史学家埃利亚斯·何塞·帕尔蒂（Elías José Palti）的《政治时代：十九世纪的语言和历史》[布宜诺斯艾利斯，二十一世纪出版社（阿根廷），2007年]，卡洛斯·阿尔塔米拉诺（Carlos Altamirano）主编的《拉丁美洲知识分子历史》（二卷本，布宜诺斯艾利斯，卡茨出版社，2010年），奥斯卡·特兰等作者的《世纪思想：二十世纪拉丁美洲的知识分子和文化》[布宜诺斯艾利斯，二十一世纪出版社（阿根廷），2004年]，爱德华多·德维斯（Eduardo Devés）的《二十世纪的拉丁美洲思想：在现代化与身份认同之间》[二卷本，布宜诺斯艾利斯和圣地亚哥，比布罗斯－迪巴姆（Biblos-DIBAM）出版社，2000 年和 2003 年]，何塞·路易斯·贝雷德、玛利亚·海伦娜·卡佩拉图（Maria Helena Capelato）、玛利亚·利西亚·柯艾略·普拉多（Maria Lígia Coelho Prado）共同编辑的《美洲的政治交流和文化媒介》（圣保罗，圣保罗州立大学，2010 年）。社会学角度的作品有沃尔多·安萨尔迪（Waldo Ansaldi）和维罗妮卡·吉奥达诺（Verónica Giordano）的《拉丁美洲：秩序的建造》[二卷本，布宜诺斯艾利斯，爱丽尔（Ariel）出版社，2012 年]。近 10 年来，一场活跃的学术运动从不同的方面出发，站在非殖民主义的角度对拉丁美洲的现代性进行了思考，其中包括埃德加多·兰德（Edgardo Lander）等人合著的《知识的殖民性：从拉丁美洲角度看欧洲中心主义与社会科学》(布宜诺斯艾利斯，拉丁美洲社会科学委员会，2000 年)、博温托·德·苏萨·桑托斯（Boaventura de Sousa Santos）的《南美洲认识论：知识的再造和社会解放》[布宜诺斯艾利斯，二十一世纪出版社（阿根廷），2009 年]、瓦尔特·米尼奥罗（Walter Mignolo）的《拉丁美洲思想：殖民伤痕与非殖民主义选择》[巴塞罗那，赫迪萨（Gedisa）出版社，2004 年]。

与反殖民斗争和民族独立过程中的政治语言、现代性和自由主义相关的一些重要作品，对经典的研究做了修订和更新，这些作品包括哈维尔·费尔南德斯·塞巴斯蒂安（Javier Fernández Sebastián）编著的《伊比利亚美洲政治和社会词典：革命时代（1750—1850年）的政治概念》（马德里，卡罗莱纳基金会－政治与宪法研究中心，2009年）、马尔克·帕拉西奥斯（Marco Palacios）编辑的《西班牙语美洲的独立：两个世纪后的阐释》[波哥大，诺尔玛（Norma）出版社，2009年]、曼努埃尔·楚斯特（Manuel Chust）和何塞·安东尼奥·赛拉诺（José Antonio Serrano）编著的《关于伊比利亚美洲独立的讨论》[马德里，伊比利亚美洲韦弗特（Iberoamericana Vervuert）出版社，2007年]、弗朗索瓦－哈维尔·盖拉（François－Xavier Guerra）的《现代性和独立：关于伊比利亚美洲革命的论文》[墨西哥，迈普弗莱（Mapfre）－FCE出版社，2001年]、希尔达·萨巴图（Hilda Sábato）编著的《公民政治身份及国家的形成：拉丁美洲的历史观》（墨西哥，墨西哥学院－FCE出版社，1999年）。该部分提及的作者及作品：奥克塔维奥·伊安尼的《巴西民族》（《政治研究》，第74期，1991年10—11月，第241—256页）、图略·埃尔珀林－唐希的《历史的镜子》（布宜诺斯艾利斯，南美洲出版社，1987年）、吉纳维芙·韦尔多的《权力的代价：阿根廷独立战争（1810—1820年）中代表制的形式和政治用途》（《印第安杂志》，卷62，第225

期，2002年，第385—408页）、西蒙·科利尔的《1830—1860年智利的保守主义：话题与图像》（《新历史：智利历史杂志》，第7期，1983年1—3月，第143—163页）、查尔斯·黑尔的《莫拉时代（1821—1853年）的墨西哥自由主义》[布宜诺斯艾利斯，二十一世纪出版社（阿根廷），1994年]、大卫·布雷丁的《墨西哥民族主义的根源》（墨西哥，时代出版社，1983年）、何塞·路易斯和路易斯·阿尔贝托·罗梅罗的《解放时期政治思想》（加拉加斯，阿亚库乔图书馆出版社，1977年）、埃德蒙多·奥戈曼的《塞尔万多修士著作和回忆录》（墨西哥，墨西哥国立自治大学，1945年）。

关于19世纪民族国家的形成过程及其思想的著作：安东尼奥·阿宁诺（Antonio Aninno）的《国家的发明：十九世纪的伊比利亚美洲》（墨西哥，FCE出版社，2003年），何塞·安东尼奥·阿基拉（José Antonio Aguilar）和拉法埃尔·罗哈斯（Rafael Rojas）的《西班牙语美洲的共和主义：思想和政治史论文》（墨西哥，FCE出版社，2002年），伊万·雅克辛克（Iván Jaksic）和爱德华多·波萨达（Eduardo Posada）编著的《自由主义和权力：十九世纪的拉丁美洲》（墨西哥，FCE出版社，2011年），安东尼奥·阿宁诺、路易斯·卡斯特罗·雷瓦（Luis Castro Leiva）和弗朗索瓦－哈维尔·盖拉的《从帝国到国家：伊比利亚美洲》

[萨拉戈萨，伊伯卡亚（Iber Caja）出版社，1994年]，胡里奥·拉莫斯的《拉丁美洲的现代性解读》（墨西哥，FCE 出版社，1989年）。对世俗主义、世俗化、宗教和政治之间的关系进行了解读的作品是埃内斯托·波霍斯拉夫斯基（Ernesto Bohoslavsky）的《世俗主义和拉丁美洲：1810年以来的政治、宗教和自由》（墨西哥，墨西哥国立自治大学法律研究院，2013年）。该部分引用的作品包括安尼克·伦佩里埃的《现代国家还是巴洛克共和国？1823—1857年的墨西哥》[《新世界》（线上版），BAC－中心作家图书馆，2005年，http://nuevomundo.revues.org/648]、何塞菲娜·巴斯克斯的《墨西哥的自由主义和保守主义》[《埃亚尔（EIAL）》，卷8，第1期，1997年1—6月]、纳塔利奥·博塔纳的《共和主义传统：阿尔贝迪、萨尔门托和其所在时代的政治思想》（布宜诺斯艾利斯，南美洲出版社，2008年）、卡洛斯·雷尔·德阿苏阿的《有关拉丁美洲讨论的可见历史和隐秘历史、人物和关键》（蒙得维的亚，方舟出版社，1975年）、马尔科姆·戴斯的《权力和语法，以及其他有关哥伦比亚历史、政治和文学的论文》（波哥大，第三世界出版社，1993年）。有关在寡头统治（1880—1930年）形式下国家政权巩固过程中的政治思想的作品是查尔斯·黑尔的经典文章《1870—1930年的拉丁美洲政治和社会思想》[收录于莱斯利·贝瑟尔（Leslie Bethell）编著的《拉丁美洲历史》第八章，

巴塞罗那，评论出版社，1991年]。关于政治思想中的实证主义世界观，不得不提到帕特里夏·富内斯（Patricia Funes）和沃尔多·安萨尔迪的观点，即《病理和排斥：种族主义作为寡头秩序的政治合法性的构成要素，以及拉丁美洲政治文化》（《奎库尔科：国家人类学与历史研究所杂志》，新时代出版社，卷1，第2期，1994年9--12月，第193—229页）。关于这一主题的经典著作有莱奥波多·齐阿（Leopoldo Zea）选编并为之写序的《拉丁美洲实证主义思想》（加拉加斯，阿亚库乔图书馆出版社，1980年）、奥斯卡·特兰的《实证主义和国家》[墨西哥，卡顿（Katún）出版社，1993年]、托马斯·斯基德莫尔（Thomas Skidmore）的《黑与白：1870—1930年巴西思想中的种族和民族问题》（圣保罗，和平与地球出版社，1976年）。

两次世界大战之间，除了有关民众主义的著作外，没有讲述拉丁美洲政治思想的一般性书籍。请注意，有关拉丁美洲右翼思想的作品是不多的。以下推荐一些有关这个话题的书籍，以拓宽本书的内容，也为读者提供启发：里卡多·梅尔加·鲍（Ricardo Melgar Bao）的《1934—1940年墨西哥和拉丁美洲的流亡网络和想象》（布宜诺斯艾利斯，网络书籍出版社，2003年）、何塞·阿里科选编并为之写序的《马里亚特吉与拉丁美洲马克思主义的起源》（"过去与未来"丛书，墨西哥，二十一世纪出版社，1978年）、阿尔贝托·弗洛雷斯·加林多的《马里亚特吉的临终挣扎：与共产主义国际的争论》[利马，德斯科（DESCO）出版社，1980年]、巴勃罗·扬克列维奇的《南美洲视角：1910—1930年墨西哥革命在拉普拉塔河的宣传、游说和影响》（墨西哥，墨西哥革命历史研究所，1997年）、图略·埃尔珀林-唐希的《真正的共和国（1910—1930）之诞生与死亡》[布宜诺斯艾利斯，爱丽尔（Ariel）出版社，2000年]、艾伦·奈特（Alan Knight）的《墨西哥革命中的知识分子》（《墨西哥社会学杂志》，第51期，1989年4—6月，第131—159页）、桑德拉·麦吉·德驰（Sandra McGee Deutsch）的《右派之1890—1939年阿根廷、巴西和智利的极右翼》（斯坦福，斯坦福大学出版社，1999年）、弗朗西斯科·萨帕塔的《拉丁美洲的意识形态和政治》（墨西哥，墨西哥学院出版社，1997年）、帕特里夏·富内斯的《拯救国家：拉丁美洲二十年代的知识分子、文化与政治》（布宜诺斯艾利斯，普罗米修斯出版社，2006年）、何塞·路易斯·贝雷德的《在一种新秩序的标志下：1914—1945年巴西和阿根廷的专制政权知识分子》（圣保罗，圣保罗大学-社会历史专业研究生课程-洛约拉出版社，1999年）、比阿特里斯·萨罗的《思想战争》[布宜诺斯艾利斯，爱丽尔（Ariel）出版社，2001年]、哈维尔·圣希内斯（Javier Sanjinés）的《颠倒的混血：现代玻利维亚的审美政治》（匹兹堡，匹兹堡大学，2004年）。从20世纪60年代至今，很少有哪个范畴能像民众主义那样激发如此丰富的个案研究和一般性研究。在这里给大家提供一个十分完整的指南，这部作品还涵盖了20世纪90年代所谓的"新民众主义"经验的内容：玛利亚·莫伊拉·麦金农和马里奥·阿尔贝托·佩特罗内合著的《拉丁美洲的民众主义和新民众主义：灰姑娘的问题》[布宜诺斯艾利斯，乌德巴（Eudeba）出版社，1998年]。

关于20世纪60年代政治、思想、知识分子和文化之间的关系的作品有克劳迪亚·希尔曼的《在笔和枪之间：拉丁美洲革命作家的讨论和困境》[布宜诺斯艾利斯，二十一世纪出版社（阿根廷），2003年]、路易斯·阿尔贝托·莫尼兹·班德拉（Luis Alberto Moniz Bandeira）的《从马蒂到菲德尔：古巴革命和拉丁美洲》[布宜诺斯艾利斯，诺尔玛（Norma）出版社，2008年]、奥斯卡·特兰的《我们的六十年代》（布宜诺斯艾利斯，天堂突击出版社，1993年）、米歇尔·洛威的《神的战争：拉丁美洲的宗教和政治》（墨西哥，二十一世纪出版社，1999年）、安赫尔·拉玛的《1974—1983年日记》[布宜诺斯艾利斯，特里尔斯－埃尔安达列戈（Trilce - El Andariego）出版社，2008年]。关于发展主义和依赖理论，建议阅读两位作者的著作，一本是这个领域的专家所做的总结，另一本是当前的批判性修正：特奥托尼奥·多斯桑托斯的《依赖理论：总结和观点》[墨西哥，普拉萨和雅内斯（Plaza&Janés）出版社，2002年]、费尔南达·贝格尔的《依赖理论的诞生、死亡和复苏》[收录于费尔南达·贝格尔等人所著的《关于拉丁美洲社会思想的批判和理论》，布宜诺斯艾利斯，克拉克索（Clacso）出版社，2006年]。

近10年来，对近代史的个案——尤其是南锥体的军事独裁政权——研究和解读虽然还处于起步阶段，但事实已经证明，这个领域的研究既丰富又扎实。尤其是年轻一代的历史学家，他们从多方面入手，对军事独裁政权的病因和偏差进行了非常扎实的重建和分析，其中就包括独裁的政治思想。有数不胜数的博士论文借助富有创造性的文献资源，克服了多重困难（虽然还未呈现成书，但在不久的将来一定会出版），与丰富的见证文献进行了对话，这种对话让记忆与历史之间的复杂关系变得更具张力。有一部作品能够代表这些辩论：埃内斯托·波霍斯拉夫斯基、玛丽娜·弗兰科（Marina Franco）、玛利亚娜·伊格莱西亚斯（Mariana Iglesias）和丹尼尔·利沃维奇（Daniel Lvovich）合著的《南锥体的近代史问题》（二卷本，布宜诺斯艾利斯，萨米恩托将军国立大学－普罗米修斯出版社，2010年）。还有一些涉及很多讨论的重要作品：诺伯特·莱西纳（Norbert Lechner）的《民主制的内院：主观性与政治》[圣地亚哥，弗拉索（Flacso）出版社，

1988年]、曼努埃尔·安东尼奥·加雷托的《独裁与民主化》[圣地亚哥，弗拉索（Flacso）出版社，1984年]、赫拉尔多·卡埃塔诺（Gerardo Caetano）和何塞·里亚（José Rilla）的《1973—1985年独裁简史》[蒙得维的亚，克莱姆（CLAEH）－东方集团出版社，1987年]、皮拉尔·卡尔韦洛的《权力与失踪：阿根廷的集中营》[布宜诺斯艾利斯，科里修（Colihue）出版社，1998年]。其他有关案例研究或记忆和历史主题的作品：伊丽莎白·杰林（Elizabeth Jelin）的《有关记忆的作品》[布宜诺斯艾利斯，二十一世纪出版社(阿根廷)，2000年]，卡洛斯·费科（Carlos Fico）的《他们是如何行动的——军事独裁的地下活动：间谍和政治警察》（里约热内卢，记录出版社，2001年），马尔科斯·诺瓦罗（Marcos Novaro）和马丁·帕莱尔莫（Martín Palermo）的《1976—1983年的军事独裁：从国家政变到民主重建》[布宜诺斯艾利斯－巴塞罗那－墨西哥，帕多斯（Paidós）出版社，2003年]，巴勃罗·扬克列维奇和西尔维那·詹森（Silvina Jensen）的《流亡：军事独裁下的命运和经历》（布宜诺斯艾利斯，画眉出版社，2007年），伊丽莎白·里拉（Elisabeth Lira）和布瑞恩·拉夫曼（Brian Loveman）的《政治修复阶段：1990—2004年的智利》[圣地亚哥，洛姆（Lom）出版社，2005年]，安妮·佩罗坦－杜蒙的《酷刑报告发布之日，即智利历史复活之时》[《新世界》（线上版），

2005年5月23日上线，http://nuevomundo.revues.org/954]，玻利瓦尔·拉莫尼尔的《对专制巴西的重新审视：选举对开放的影响》（收录于阿尔弗雷德·斯特潘主编的《巴西的民主化》，里约热内卢，和平与地球出版社，1988年），帕特里夏·富内斯的《解读存档文件：拉丁美洲社会科学的诠释学和审查制度》（《符号》，第30期，2008年1月），卡洛斯·德玛西（Carlos Demasi）、阿尔多·马尔切西（Aldo Marchesi）、凡尼亚·马卡里安（Vania Markarian）、阿尔瓦罗·里克（Álvaro Rico）、海梅·雅菲（Jaime Yaffé）合著的《1973—1985年乌拉圭的文官军人独裁》（蒙得维的亚，东方集团出版社，2009年）。关于"秃鹰行动"的作品：埃斯特拉·卡洛尼（Estela Calloni）的《狼的时代：秃鹰行动》（布宜诺斯艾利斯，大洲出版社，1999年）、约翰·丁格斯（John Dinges）的《秃鹰年代：皮诺切特及其盟友是如何将恐怖主义带到三大洲的》（纽约，新新出版社，2005年）、帕特里西·麦克·谢瑞（Patrice Mc Sherry）的《掠食地位：秃鹰行动和拉丁美洲的秘密战争》[马里兰，罗曼和利特尔菲尔德（Rowman and Littlefield）出版社，2005年]、玛利·莫尼克·罗宾（Marie Monique Robin）的《死亡飞行队：法国空军学院》（布宜诺斯艾利斯，南美洲出版社，2005年）。